法者，尺寸也，绳墨也，规矩也，

衡石也，斗斛也，角量也，谓之法。

本书系国家社科基金重大项目《建立健全网络综合治理体系研究》（项目编号：20ZDA062）阶段性成果

网络犯罪治理中的证据与证明问题研究

Research on Evidence and Proof in Cybercrime Governance

王志刚◆著

中国政法大学出版社

2021 · 北京

声　明　1. 版权所有，侵权必究。
2. 如有缺页、倒装问题，由出版社负责退换。

图书在版编目（ＣＩＰ）数据

网络犯罪治理中的证据与证明问题研究/王志刚著. —北京:中国政法大学出版社,2021. 6
ISBN 978-7-5620-9760-0

Ⅰ. ①网…　Ⅱ. ①王…　Ⅲ. ①互联网络－计算机犯罪－认定－研究－中国　Ⅳ. ①D924. 364

中国版本图书馆CIP数据核字(2020)第232032号

书　名　网络犯罪治理中的证据与证明问题研究
WANGLUO FANZUI ZHILI ZHONG DE ZHENGJU YU
ZHENGMING WENTI YANJIU

出版者　中国政法大学出版社

地　址　北京市海淀区西土城路 25 号

邮　箱　fadapress@163.com

网　址　http://www.cuplpress.com (网络实名：中国政法大学出版社)

电　话　010-58908466(第七编辑部) 010-58908334(邮购部)

承　印　固安华明印业有限公司

开　本　720mm × 960mm　1/16

印　张　16

字　数　238 千字

版　次　2021 年 6 月第 1 版

印　次　2021 年 6 月第 1 次印刷

定　价　68.00 元

序　言

2020年9月29日，中国互联网络信息中心（CNNIC）在北京发布第46次《中国互联网络发展状况统计报告》。报告显示，截至2020年6月，我国网民规模为9.40亿人，互联网普及率达67%；我国手机网民规模达9.32亿人，网民通过手机接入互联网的比例高达99%；我国网络购物用户规模达7.49亿人，网络支付用户规模达8.05亿人。2020年上半年，全国网上零售额达51 501元；移动支付金额达196.98亿元，稳居全球第一。电商直播用户、短视频用户迅猛增长，数字治理体系在新冠肺炎疫情的淬炼下也不断完善。[1]以上统计显示，互联网作为信息社会的基础设施，正在并将不断对中国政治、经济、文化、社会等领域的发展产生深刻影响。

任何事物都具有两面性，互联网在给人类社会带来便利的同时，也带来一些新的社会问题。如何维护网络空间安全和网络社会规范有序成为摆在我们面前的一个重大课题。就网络犯罪所造成的后果而言，任何犯罪形式都无法与网络犯罪相比拟。当网络空间的犯罪者实施一个犯罪活动，因网络犯罪在时间、空间上具有极强的延伸性，其危害可在相当长的时间、相当广的范围内延伸。以网络电信诈骗案件为例，近年来借助网络及电信平台实施的诈骗犯罪不断增多，犯罪数额惊人，引起了社会公众的不满。在我国，一系列规制网络犯罪的相关法律法规及司法解释也相应颁布，对预防和惩治网络犯罪起到了积极作用。但从实践情况来看，网络犯罪的态

〔1〕 中国互联网络信息中心："第46次《中国互联网络发展状况统计报告》"，载中国互联网络信息中心网，http://www.cnnic.net.cn/hlwfzyj/hlwxzbg/hlwtjbg/202009/t20200929_ 71257.htm，最后访问时间：2020年12月11日。

势依然非常严峻，网络犯罪的破案率与定罪率依旧处于低位状态。网络犯罪治理中的“发现难、取证难、定罪难”几大难题仍然没有得到缓解。笔者认为，造成上述问题的原因，固然有技术层面的障碍，但更重要的是我国当前对于网络犯罪的研究，尤其是对网络犯罪中的证据与证明问题的研究尚不够深入，上述理论缺陷直接影响了相关可操作性规则的制定与出台，从而影响了对网络犯罪的打击与治理。

网络犯罪的证据构成与证明体系构建区别于传统犯罪。与传统犯罪侦查中“由事到人”的证明模式不同，网络犯罪由于横跨物理和虚拟两个空间，因此网络犯罪的证明往往沿循着“案件事实→涉案计算机→计算机的使用者（被追诉人）”这样一种思路推进。从司法实践情况来看，在网络犯罪案件的追诉过程中，控诉方往往较为看重“涉案计算机”，在这个过程中，大量的电子数据会被侦查机关收集和固定，且这些电子数据最终会成为控诉方提交到法庭的主要证据。但是，如何保障电子数据无争议地应用于诉讼程序，如何顺畅搭建“案件事实→涉案计算机→计算机的使用者（被追诉人）”这个通道的证据链条则存在诸多障碍，使得网络犯罪案件的认定陷入证据困境。2016年初公开审理的深圳快播公司涉黄案（以下简称“快播案”）就是典型一例。“快播案”的庭审过程经媒体曝光后，在网络上引起了较大反响。网络中出现了一种压倒性的支持与同情快播公司的声音，辩护方的质疑、公众的附和与公诉方的应对乏力形成了鲜明对照。我们不得不承认，证据制度在网络时代正在悄然发生着一场革命，这场革命以电子数据进入人类司法殿堂为序幕，以信息化为发展脉络，正在推动着证据规则的重新解释和证明体系内容的重新建构。当前实践中网络犯罪的证明面临一系列难题，可以说证据问题能否得到妥善解决，不仅关乎证据裁判原则的落实，而且直接影响网络犯罪治理的效果，正如瑞士学者萨拉·J. 萨默斯所言，“被告人权利与促进控诉二者之间平衡之争论所寻求的解决办法不是程序性的，而是证据性的”，[1]因此，我们必须深入

---

〔1〕［瑞士］萨拉·J. 萨默斯：《公正审判：欧洲刑事诉讼传统与欧洲人权法院》，朱奎彬、谢进杰译，中国政法大学出版社2012年版，第95页。

研究网络犯罪案件中的证据与证明问题。

本书以网络犯罪治理中的证据运用与认定为研究主线，探求网络犯罪中的证据及证明与传统犯罪中的区别，系统研究网络犯罪中的证据与证明问题。希望通过本书的研究，能够厘清网络犯罪与传统犯罪在证据运用和证明逻辑上的区别，推进我国在信息网络时代下证据理论研究的深入，同时通过对相应证据规则的构建，为解决当前网络犯罪案件中的证据认定困境提供思路。

需要特别说明的是，本书的写作过程也是笔者在重庆邮电大学执教 8 年以来，持续将学术研究与教学工作相结合的过程，很多观点都萌芽于授课及与学生的交流之中。非常欣慰的是，笔者所指导的硕士研究生邢茜茜、陈军、杨敏、韩松余、邓亚玲、高嘉品、刘思卓、敬劲宵、陈丽娜、王慧玲、文黎、张雪、覃已、王雁翔、左一迪、范晨韧等都能积极参加到这一主题的学习与研究中，并且他们在这一过程中都学有所获、研有所长，从某种意义上讲，本书见证和凝结着我们共同的努力和成长。

“能令暂开霁，过是吾无求。”本书仅是一个阶段探索的总结，笔者对网络犯罪治理中证据和证明问题的研究或刚刚启程。敬请各位批评指正！

王志刚

2021 年 1 月于重庆南山

摘　要

人类社会充分享受信息技术快速发展带来的便利和愉悦的同时，近年来借助电脑及互联网实施的犯罪越来越多，如何维护网络空间安全和网络社会规范有序成为摆在我们面前的一个重大课题。根据清华大学经管学院与百度安全联合发布的《中国网络安全现状研究报告（2018）》显示，当前在个人数据与隐私保护、恶意程序攻击、黑产威胁以及金融安全方面仍存在较大的治理困境。与此同时，就网络犯罪所造成的后果而言，任何犯罪形式都无法与网络犯罪相比拟。当网络空间的犯罪者实施一个犯罪活动，因网络犯罪在时间、空间上具有极强的延伸性，其危害可在相当长的时间、相当广的范围内延伸。以网络电信诈骗案件为例，近年来借助网络及电信平台实施的诈骗犯罪不断增多，犯罪数额惊人，引起了社会公众的不满。在我国，一系列规制网络犯罪的相关法律法规及司法解释相应颁布，在一定程度上对预防和惩治网络犯罪起到了积极作用。但从实践情况来看，网络犯罪的态势依然非常严峻，网络犯罪的破案率与定罪率依旧处于低位状态。网络犯罪治理中的“发现难、取证难、定罪难”几大难题仍然没有得到缓解。笔者认为，造成上述问题的原因，固然有技术层面的障碍，但更重要的是我国当前对于网络犯罪的研究，尤其是对网络犯罪中的证据与证明问题的研究尚不够深入，上述理论缺陷直接影响了相关可操作性规则的制定与出台，从而影响了对网络犯罪的打击与治理。

网络犯罪的证据构成与证明体系构建区别于传统犯罪。与传统犯罪侦查中“由事到人”的证明模式不同，网络犯罪由于横跨物理和虚拟两个空间，因此网络犯罪的证明往往沿循着“案件事实→涉案计算机→计算机的使用者（被追诉人）”这样一种思路推进。从司法实践情况来看，在网络犯罪案件的追诉过程中，控诉方往往较为看重“涉案计算机”，在这个过程中，大量的电子数据会被侦查机关收集和固定，且这些电子数据最终会成为控诉方提交到法庭的主要证据。但是，如何保障电子数据无争议地应用于诉讼程序，如何顺畅搭建“案件事实→涉案计算机→计算机的使用者（被追诉人）”这个通道的证据链条则存在诸多障碍，使得网络犯罪案件的认定陷入证据困境。2016年初公开审理的深圳快播公司涉黄案（以下简称“快播案”）就是典型一例。“快播案”庭审过程经媒体曝光后，在网络上引起了较大反响。网络中出现了一种压倒性的支持与同情快播公司的声音，辩护方的质疑、公众的附和与公诉方的应对乏力形成了鲜明对照。我们不得不承认，证据制度在网络时代正在悄然发生着一场革命，这场革命以电子数据进入人类司法殿堂为序幕，以信息化为发展脉络，它正在推动着证据规则的重新解释和证明体系内容的重新建构。当前实践中网络犯罪的证明面临一系列难题，可以说证据问题能否得到妥善解决，不仅关乎证据裁判原则的落实，而且直接影响网络犯罪治理的效果，正如瑞士学者萨拉·J. 萨默斯所言，“被告人权利与促进控诉二者之间平衡之争论所寻求的解决办法不是程序性的，而是证据性的”。因此，我们必须深入研究网络犯罪案件中的证据与证明问题。

本书将以网络犯罪治理中的证据运用与认定为研究主线，探求网络犯罪中的证据及证明与传统犯罪中的区别，系统研究网络犯罪中的证据与证明问题。希望能够通过本书的研究，厘清网络犯罪与传统犯罪在证据运用和证明逻辑上的区别，推进我国在信息网络时代下证据理论研究的深入，同时通过对相应证据规则的构建，为解决当前网络犯罪案件中的证据认定困境提供思路。除引言和附录外，全书分为六章。

第一章为网络犯罪中的证据与证明。本章对网络犯罪的概念、类型和特征进行了分析与界定，通过分析，可以发现网络犯罪与传统犯罪存在显著区别，这种区别使得网络犯罪案件中的证据与证明问题存在独特之处。进而，本章对网络犯罪案件中的证据构成进行了分析，指出网络犯罪案件中的证据主要由电子数据、书证与视听资料以及三类言词证据构成，而电子数据在其中居于最为核心的地位。在此基础上，本章详细分析论证了网络犯罪证明的特点。在网络犯罪证明体系中，首先，证据规则的内涵得以丰富，无论是最佳证据规则、传闻证据规则，还是非法证据排除规则，其内容都得到了重新界定与解释。其次，由于电子数据的广泛采用，在案件证据认定中，关于证据能力和证明力的判断也出现了新标准。最后，证据运用的特殊性也使得刑事推定这种间接认证方式在网络犯罪案件中也得以广泛采用。

第二章为网络犯罪追诉中的电子数据运用。电子数据在网络犯罪案件追诉的证据体系中居于核心和基础地位，可以说网络犯罪案件的追诉体系是以电子数据为核心建立起来的。因此，研究网络犯罪的证据与证明问题，离不开对电子数据的运用情况进行系统分析。本章通过结合实践中的典型案例，对当前电子数据在我国司法实践中存在的三大共性难题——电子数据的提取、电子数据的鉴定以及电子数据的真实性审查进行了系统分析。电子数据提取中的问题主要表现在电子数据提取中的第三方协助、电子数据提取的及时性和电子数据提取的完整性；电子数据鉴定中的问题主要表现在电子数据鉴定人的资质、电子数据鉴定中的“侦鉴一体化”、电子数据鉴定程序的规范性三个方面；电子数据真实性审查方面的问题主要表现在电子数据鉴真的内涵、电子数据鉴真的目的、电子数据鉴真的内容三个方面。本章指出了上述问题的成因所在，并在此基础上提出了相应的解决思路。电子数据冻结是指为了防止电子数据被随意增删修改，运用技术手段对电子数据进行固定保全。从电子数据的特性和司法实践的客观需求来看，电子数据冻结措施作为保护电子数据完整性的重要方法，具有必要性和可行性。但是，电子数据冻结涉及侦查机关、涉案当事人、网络服务提供者等主体，因此这一措施在实施过程中可能存在侵犯公民合法权利、网络服务提供者怠于配合、缺乏制衡机制以及技术能力不足等一系列问题。为了解决上述问题，本章提出从强化数据持有者的权利保障、明确网络服务提供者的侦查协助义务、建立电子数据冻结审批程序、明确电子数据冻结方法等方面着手科学构建电子数据冻结程序。近年来，跨境网络犯罪案件开始大量出现，而这些案件往往涉及大量的境外证据和庞杂的电子数据，给侦查机关的电子数据取证工作带来了新挑战。由于跨境电子取证涉及司法管辖权、网络主权等一系列问题，侦查机关调取存储于境外的电子证据，除了要考虑证据的客观性、完整性以及取证程序的合法性之外，还必须注意取证行为是否侵犯他国主权，是否存在外交风险等。因此，如何高效地取得这些电子证据，成为摆在世界各国侦查机关面前的共同难题。本章对我国当前跨境电子数据取证的立法和实践现状进行了梳理，分析指出当前存在司法协助面临较大障碍、单边取证存在外交风险、易侵犯公民合法权利等几个突出问题，并提出从加强境内外的刑事司法协助、规范单边跨境数据取证方式、保障权利人的相关权利几个方面着手，体系性地破解我国跨境电子数据取证中的现存障碍。

第三章为网络犯罪证据体系中的电子数据提取笔录。电子数据提取笔录在网络犯罪证据体系中起着特殊而重要的作用，就其诉讼价值而言，电子数据提取笔录能够连接电子数据与案件事实、反映电子数据取证过程的合法性以及证明电子数据证据保管链的完整性。就证据属性而言，电子数据在证据地位上具有独立性，它既区别于书证、物证，也区别于其他笔录类证据，因此对其证据能力审查和证明力判断具有独特之处。在网络犯罪案件中使用电子数据提取笔录，一方面需要通过同步录音录像对电子数据提取笔录进行补强，另一方面需要在电子数据提取笔录制作过程中引入外部监督，同时还需要明确笔录制作人员的出庭义务以及强化电子数据提取笔录制作的规范性。

第四章为网络犯罪取证中的网络服务提供者协助。有别于传统犯罪，侦查机关是网络犯罪的侦查取证主体，同时需要诸多部门的密切联动与配合。网络服务提供者在网络社会中的中心枢纽地位，其拥有庞大的用户群体，其所经营的网络平台存储着海量的数据信息，因此其成为网络犯罪侦查取证环节必须依赖的关键主体，也成为网络犯罪证据与证明问题研究中不可缺少的部分。首先，本章讨论了网络服务提供者侦查协助机制构建的必要性与可行性。就必要性而言，构建网络服务提供者侦查协助机制有利于破解技术瓶颈、提高侦查效率、加强个人信息保护；就可行性而言，国内外现有的法律法规中已有关于网络服务提供者的协助侦查义务的规定。

其次，司法实践中，现有的网络服务提供者协助执法的经验也能够为侦查协助机制的构建提供有益的启示。再次，本章对网络服务提供者取证协助存在的问题以及成因进行了分析，即主要表现在协助范围不明确、与网络服务提供者信息保密义务冲突以及缺乏对网络服务提供者的补偿与救济三个方面。最后，本章提出了网络服务提供者取证机制的构建思路。当前，应当从划定协助等级、细化协助内容、严格审批程序以及构建救济与补偿机制等方面入手，系统化地构建网络服务提供者的取证协助机制。

第五章为网络犯罪追诉中的补强证据规则。刑事诉讼是以追究和认定被追诉人的刑事责任为中心展开的，被追诉人身份的认定是案件证明体系中最为核心，也最为基础的环节。这个环节若缺乏充分、确实的证据予以证明，整个刑事追诉活动将难以成立。由于网络犯罪横跨虚拟和现实两个空间，因此网络犯罪案件中认定被追诉人身份同一性时存在证据困境，主要表现为认定方式的间接性、证据体系的脆弱性以及证明结论的非排他性。本章提出通过引入和应用补强证据规则的方式来解决上述问题。通过补强证据规则的建立，不仅能够增强电子数据的证明力、强化证明体系的稳定性，还有利于电子数据运用规则的完善。本章还对网络犯罪证明体系中构建补强证据规则的思路进行了探索，提出构建补强证据规则是一个系统性设计，既需要对补强证据的来源进行明确，还需要对补强证据的调查以及待补强对象进行限定，同时也有赖于刑事推定机制的引入。

第六章为网络犯罪案件的证明。网络犯罪的形态日益复杂化，呈现出多环节、多层级、犯罪数额巨大、被害人众多且证据分散等特征。在案件的证明与认定层面，复杂网络犯罪的存在使得犯罪证明存在诸多难点，本章选择了当前较为突出的三个问题进行分析研究。首先，本章以电信网络诈骗犯罪案件的证明为切入点。电信网络诈骗犯罪是当前危害人民群众利益最突出的网络犯罪形态，这类犯罪具有层级多、涉案金额大、受害人众多、地域跨度大、打击难度大等鲜明特点，此类案件的证明和认定存在证据分散孤立、证据链条易断裂、证据体系难以构建等突出问题，本章在对上述问题进行系统分析的基础上提出了相应的解决思路，并提出通过正确运用印证模式构建证据体系来解决电信网络诈骗案件的证明方法选择问题。其次，如何证明网络犯罪中的“共同故意”问题？这是司法实践中面临的另一个难题。当前，部分网络犯罪（如电信网络诈骗犯罪、网络赌博犯罪、黑客犯罪等）与其他上下游犯罪相结合，共同形成了成熟的犯罪产业链条，这种多环节、多层级、呈链条状互联的新型网络犯罪可称为链条型网络犯罪，而此类犯罪案件中的共同犯罪案件所占比例更是高达82.5%。通过研究发现，当前实践中存在着过度依赖被告人供述及辩解、证人证言等言词证据、证明对象呈现“一刀切”现象、对行为人之间意思联络的论证和证明欠缺等主要问题。造成上述问题的主要原因在于“以言词证据为核心”的印证模式难以构建、行为人分散且意思联络难以证明、未积极适用“帮助信息网络犯罪活动罪”等方面。在对上述问题系统分析的基础上，提出从构建以电子数据为核心的证据体系、针对不同行为人确定相应的证明对象、通过表现形式和具体内容对意思联络进行证明、合理适用“帮助信息网络犯罪活动罪”等方面着手，破解链条型网络犯罪案件中“共同故意”的证明困境。网络犯罪案件的涉案数额如何证明与认定？这是当前网络犯罪案件证明中的另一突出难题。涉案数额庞大、受害者分散是当前网络犯罪的另一主要特征，这也给网络犯罪案件中的涉案数额的证明与认定带来了困难，主要体现在涉案数额庞大且查实难、数据不真实及重复问题难以解决、缺乏明确的法律依据等方面。在解决上述问题的方法上，当前司法实践所采用的等约计量、抽样取证、底线证明等方法各有利弊，本章对此进行了比较分析。在此基础上，本章提出通过将底线证明作为首要选择、将抽样取证作为补充手段、将综合认定作为后援的总体思路来解决网络犯罪案件中的数额证明难题。

除上述六章内容外，本书在附录部分对我国法律、司法解释及部门规章中有关网络犯罪案件证据与证明方面的规定以由近及远的排序方式进行了梳理摘录，便于读者了解我国当前在本领域的立法情况。

目 录

第一章　网络犯罪中的证据与证明　/ 1
第一节　网络犯罪的发展及形态　/ 2
第二节　网络犯罪中的证据构成　/ 7
第三节　网络犯罪证明体系的特点　/ 12

第二章　网络犯罪追诉中的电子数据运用　/ 31
第一节　电子数据提取过程中的问题　/ 32
第二节　电子数据鉴定中的问题　/ 38
第三节　电子数据的真实性审查　/ 43
第四节　电子数据的冻结　/ 53
第五节　跨境电子数据取证　/ 67

第三章　网络犯罪证据体系中的电子数据提取笔录　/ 82
第一节　电子数据提取笔录的诉讼价值　/ 82
第二节　电子数据提取笔录的证据属性　/ 85
第三节　电子数据提取笔录的适用要求　/ 92

第四章　网络犯罪取证中的网络服务提供者协助 ／98

第一节　网络服务提供者协助取证的必要性与可行性 ／99

第二节　网络服务提供者协助取证的主要问题 ／103

第三节　网络服务提供者协助取证的机制构建 ／107

第五章　网络犯罪追诉中的补强证据规则 ／112

第一节　网络犯罪中被追诉人的身份认定困境 ／113

第二节　补强证据规则的引入与应用 ／118

第三节　补强证据规则的构建思路 ／122

第六章　网络犯罪案件的证明 ／128

第一节　电信网络诈骗犯罪案件的证明 ／128

第二节　链条型网络犯罪中的“共同故意”证明 ／142

第三节　网络犯罪涉案数额的证明 ／159

参考文献 ／174

附　录　相关制度规定摘编 ／185

第一章　网络犯罪中的证据与证明

如阿尔伯特·爱因斯坦所说，“科技进步成为病态犯罪者手中所持的一把利斧”，[1]在人类社会充分享受信息技术快速发展带来的便利和愉悦的同时，近年来借助电脑及互联网络实施的犯罪越来越多。随着网络技术的深入发展，几乎所有的传统犯罪都可能“披上网络的外衣”，如网络色情、网络赌博、网络诈骗、网络恐怖、网络盗窃、网络贩毒等，即所谓的网络工具犯罪；一些全新的网络犯罪形式也会衍生出来，如制造、传播计算机病毒，非法侵入计算机系统等，即所谓的网络对象犯罪。面对汹涌而来的网络犯罪，国际组织和主权国家加快了网络犯罪立法的步伐，为有效的防范和惩治网络犯罪提供切实的法律依据。在我国，一系列规制网络犯罪的相关法律、法规也随之颁布，对预防和惩治网络犯罪起到了积极作用。但从实践情况来看，网络犯罪的态势依然非常严峻，网络犯罪的破案率与定罪率依旧处于低位状态。网络犯罪治理中的“发现难、取证难、定罪难”几大难题仍然没有得到解决。

笔者认为，造成上述问题的原因，固然有技术层面的障碍，但更重要的是我国当前对于网络犯罪的研究，尤其是对网络犯罪中的证据与证明问题的研究尚不够深入，上述理论缺陷直接影响了相关可操作性规则的制定与出台，从而影响了对网络犯罪的打击与治理。有鉴于此，笔者在本书首先对网络犯罪的特点以及网络犯罪中的证据与证明问题进行分析。

---

〔1〕 Fred Galves, Christine Galves, “Ensuring the Admissibility of Electronic Forensic Evidence and Enhancing Its Probative Value at rial”, 19-*SPG Crim. Just.* 37 (2004).

第一节　网络犯罪的发展及形态

网络犯罪证据与证明问题的研究始于网络犯罪，因此首先需要对于网络犯罪的概念和特征进行简要介绍。

一、网络犯罪的发展

什么是网络犯罪，它与计算机犯罪有何区别呢？通常认为，计算机犯罪是行为人以计算机的技术知识发挥作用为基础，而实施的与计算机特性有关的各种犯罪行为的总称。网络犯罪同样也是行为人以计算机的技术知识发挥作用为基础，而实施的是与信息网络特性有关的犯罪行为。但是，网络犯罪不能简单地被认为是计算机犯罪。网络犯罪的概念是伴随着计算机及计算机网络的发展，从“计算机网络犯罪”这一概念逐步发展形成的，共经历了三个阶段：第一阶段“计算机网络犯罪”（20 世纪 50 年代至 80 年代），是指计算机单机犯罪或计算机局域网络系统犯罪，所侵害的多为单一权益，如财产侵害、财产欺诈、个人隐私侵犯等；第二阶段“计算机网络信息犯罪”（20 世纪 80 年代中后期），计算机犯罪所侵害的权益延伸到更多的领域，内涵也在不断扩大，并从犯罪与计算机的关系上来界定计算机网络犯罪，计算机网络信息系统犯罪的概念也逐渐被引入；第三阶段“网络犯罪”（20 世纪 90 年代以来），越来越多的计算机网络犯罪与 Internet（因特网）有关，犯罪表现为利用网络窃取各种机密资料、销售毒品赃物、传播色情、侵犯知识产权等，“网络犯罪”的概念也被专家学者们采用，所以，网络犯罪的外延远远超过计算机犯罪。

就网络犯罪的概念而言，网络犯罪在我国大致可以归纳为以下几类学说。第一，工具说。该学说是以网络的工具性价值为标准对网络犯罪概念加以定义的。如张楚认为，“网络犯罪，是指行为人通过计算机、通信等技术手段，或者利用其所处的特殊地位，在网络环境中实施的侵害或威胁法益并应受刑罚处罚的行为。”〔1〕第二，对象说。该学说主要是以侵害的对象为标准对网络犯罪概念加以界定的。如许秀中认为，“计算机网络犯罪是利用计算机技术对计算机信息系统的完整性或正常运行造成危害结果、构成犯罪的行为。”第三，工具对象说。该学说强调以网络为犯罪工具或以网络为犯罪对象。如冯卫国认为，“网络犯罪，是指发生在网络空间的，以计算机网络为犯罪工具或者攻击对象的严重危害社会的行为。”第四，折衷说。如李双其认为，“网络犯罪是指行为人利用网络专门知识，以计算机为工具对存在于网络空间里的信息进行侵犯的严重危害社会的行为。”〔2〕

上述研究从不同角度对网络犯罪的特点进行了概括，综合来看，我们可知：网络犯罪，是指行为人利用计算机技术，借助于网络对其系统或信息进行攻击、破坏或利用网络进行其他犯罪的总称。既包括行为人运用其编程，加密、解码技术或工具在网络上实施的犯罪，也包括行为人利用软件指令、网络系统或产品加密等技术在网络内外交互实施的犯罪，还包括行为人借助于其居于网络服务提供者特定地位或其他方法在网络系统实施的犯罪。简言之，网络犯罪是针对和利用网络进行的犯罪，网络犯罪的本质特征是危害网络及其信息的安全与秩序。

二、网络犯罪的类型

在刑法理论上，基于上述以网络作为犯罪对象或犯罪工具进行区分，可将网络犯罪分为对象型网络犯罪（又称纯正网络犯罪）和工具型网络犯罪（又称不纯正网络犯罪）。前者主要是以信息网络以及网络中的数据、信息作为犯罪对象的犯罪，如《中华人民共和国刑法》（以下简称《刑法》）第285条、第286条规定的非法侵入计算机信息系统罪，破坏计算机信息系统罪，非法获取计算机信息系统数据罪，非法控制计算机信息系统罪，为非法侵入、控制计算机信息系统提供程序、工具罪，等等。后者

〔1〕 常建平等编著：《网络安全与计算机犯罪》，中国人民公安大学出版社2002年版，第9页。
〔2〕 皮勇：《网络犯罪比较研究》，中国人民公安大学出版社2005年第1版，第6页。

则主要是指以网络作为犯罪工具和手段，实施的破坏社会主义市场经济秩序和妨害社会管理秩序的犯罪，侵犯公民人身、民主权利、财产权利等合法权利的犯罪等。如《刑法》第287条规定，利用计算机实施金融诈骗、盗窃、贪污或者其他犯罪的，依照本法有关规定定罪处罚。[1]相比较而言，“对象型网络犯罪”的相关法律条文较为明确，在理论上和司法实践中认识也较为一致，而“工具型网络犯罪”涉及的面较广，尽管《刑法》作出了原则性的规定，但相关的争议较多，有些尚无定论，在法律适用中遇到的障碍也较多。从近几年的实践案例来看，上述两种犯罪出现交叉态势，比如，破坏计算机信息系统以实施盗窃、控制计算机信息系统以实施诈骗等案例屡见不鲜。此外，需要特别注意的是，近年来传统犯罪的网络变异，也已经成为刑事立法、司法中无法回避的最为棘手的问题之一。“网络也给传统犯罪行为开辟了新的渠道和领域，犯罪方法不断翻新，传统犯罪结构亦随之改变。也即传统犯罪的网络变异现象已经严重冲击和销蚀着传统的刑法基础理论；同时，网络对于传统刑事立法也起着无法回避的弱化、虚化作用，它对于刑事法律体系的影响日益增大，已经不再局限于刑事立法的一般框架和范畴，转而开始逐渐侵蚀其基础理论架构。”上述变化，使得我们研究网络犯罪时需要使用更为广阔的理论视野，弱化传统犯罪与网络犯罪的概念分界，从更为广泛的意义上去理解网络犯罪。

三、网络犯罪的特征

（一）跨地域性

当各式各样的信息通过互联网进行传送时，国界和地理距离就会在我们眼前消失，从而为犯罪分子跨地域、跨国界作案提供了便利条件，使犯罪分子只要拥有一台联网的计算机，就可以随时随地地在任何一个国家的网络上实施犯罪活动，网络犯罪呈现国际化趋势。另外，网络犯罪与传统犯罪有着明显的不同，网络犯罪没有刀、枪等实质性的物质工具实施犯

[1] 戴长林主编：《网络犯罪司法实务研究及相关司法解释理解与适用》，人民法院出版社2014年版，第3页。

罪，也没有相应的物理犯罪现场可以留下指纹、足迹、毛发等客观的作案痕迹，网络犯罪行为地与网络犯罪的危害结果发生地往往是相分离的，可以说实现了跨地域、跨国界的犯罪。这种网络无国界的特性，造成在对网络犯罪侦破的过程中，对犯罪事实取证和认证相当困难，给量刑与执法过程也增加了较大难度。随着网络形态的多样化发展，会产生各地法律规范相互之间的冲突以及各地法院之间的管辖权争议问题。

（二）突出的隐蔽性

所有犯罪行为都有一个共同特点，就是隐蔽性，因为刑罚是犯罪的必然后果。犯罪分子用一切可以利用的手段增加犯罪的隐蔽性，意图逃避严酷的刑罚，而网络犯罪的隐蔽性表现则更加突出。网络空间的虚拟性决定了网络犯罪具有隐蔽性和较高的犯罪黑数。网络中的主体是虚拟的，行为人可以通过隐藏真实身份、地址而使自己成为一个“透明人”，以匿名、假名、网名等非真实身份登录网络，并且可以通过技术手段如重复登录来隐藏自己，这大大增强了网络犯罪活动的隐蔽性。计算机网络犯罪不受时间和地点的限制，从时间上看，犯罪分子不分白天或黑夜，24 小时都能够在网上作案。从空间上看，犯罪分子可以在家里、办公室、网吧等任何有计算机联网的地方实施犯罪，而且作案时间短、过程简单，可以单独作案，也可以结伙作案。现实世界的安全常识在网络世界里几乎毫无用武之地，被害者因缺乏警惕性或自我保护知识而很容易受到侵犯。网络犯罪的作案痕迹很容易被更改、删除或者销毁。所以司法部门在打击网络犯罪时面临着四大难题，即发现难、抓捕难、取证难、定罪难。网络犯罪的证据形式主要是电子证据，这种证据不像传统的证据具有较强的固定性，电子证据存在于无形的信息中，很容易被更改、删除或销毁。后文对此将有详述。

（三）高度的智能性

计算机是现代社会科学技术发展的产物，是人类智力水平已达到一定高度的充分体现，网络系统在计算机发展的基础上又大大前进了一步，网络犯罪则显示出高度智能性的特点。网络犯罪行为人大多有着较高文化程度，有着丰富的计算机及网络技术，他们借助四通八达的网络，对网络系统中各种电子数据、资料等信息发动进攻，进行破坏。在利用深厚的计算机知识和精湛的计算机技术攻击他们所熟悉的网络系统的缺陷和漏洞时，他们的犯罪手段也不同于传统的犯罪类型。尤其是随着计算机及网络信息安全技术的不断发展，一些原为计算机及网络技术和信息安全技术专家的职务人员甚至也铤而走险，致使网络犯罪所采用的手段更加专业化。

（四）巨大的危害性

随着计算机网络化的进程不断加快，网络信息系统对社会所起的作用越来越重要，网络犯罪的社会危害性也就越大。计算机网络技术与国民经济生活日益紧密结合在一起，计算机网络系统控制着国防、金融、电力电信、交通、军事指挥等部门的关键设施，如果这些部门的计算机网络系统的任何一个环节出现漏洞或安全隐患，后果将不堪设想，损失也将是无法估量的。与此同时，就网络犯罪所造成的后果而言，任何犯罪形式都无法与网络犯罪相比拟。当网络犯罪分子实施一个犯罪活动，因网络犯罪在时间、空间上具有极强的延伸性，危害可在相当长时间、相当广的范围内延伸。以电信诈骗案件为例，近年来借助网络及电信平台实施的诈骗犯罪突出显现，犯罪数额惊人，引起社会公众的强烈不满。据相关数据显示：2016年1—8月，广东省电信诈骗案已造成群众直接财产损失6.1亿元，单案损失100万元以上案件37宗；全国范围内，2016年1—7月，全国共立电信诈骗案件35.5万起，同比上升36.4%，造成损失114.2亿元。[1]上述数据触目惊心，可以说，离开网络这个媒介，上述犯罪是不可能如此顺畅地实施，破坏程度也不至于如此之大。

综上可知，网络犯罪作为一种新型犯罪，伴随着互联网的出现而出现，也伴随着互联网的快速发展而日益突出。迥异于传统犯罪的犯罪方式和犯罪特征，网络犯罪在追诉过程中面临着特殊的证据和证明规则，因此有必要加强针对性的研究。

---

〔1〕“电信诈骗为何‘野火烧不尽’?”，载南方日报网：http://tech.sina.com.cn/t/，最后访问时间：2020年9月11日。

第二节 网络犯罪中的证据构成

与传统犯罪的追诉一样，在对网络犯罪的追诉过程中，也需要多种证据的综合使用。但区别于传统犯罪，在网络犯罪的证明体系中，居于核心地位、基础地位的证据是电子数据，因此，本书的研究重点也主要聚焦于电子数据，也将以电子数据为核心展开研究。需要特别说明的是，在网络犯罪案件的证据体系中，除了居于基础和核心地位的电子数据之外，还有其他证据种类存在，这是由网络犯罪跨越虚拟和现实两个场域这个特点决定的，对于此类证据也不能忽视，必须注意全面收集，与电子数据相互补充运用。这些证据的存在，对电子数据也能够起到补强作用。为了更全面地认识网络犯罪中的证据，笔者在此将对网络犯罪案件中的常见证据种类作简要介绍。

一、电子数据

随着信息科学技术的发展，人类生活方式在悄然发生变化，技术也在影响和改变着传统的诉讼方式，正如美国学者所说，“无论是好事还是坏事，沟通交流方式的变化和‘无纸化办公’的广泛运用意味着技术已经改变了我们接受、处置和出示证据的方式”，〔1〕而这种变化，正是以电子数据在诉讼中的大量出现为标志。在我国，对于电子数据的认识经历了一个逐步深入的过程，大体上可以分为三个阶段：第一个阶段为2012年新修订的《中华人民共和国刑事诉讼法》（以下简称《刑事诉讼法》）和《中华人民共和国民事诉讼法》（以下简称《民事诉讼法》）出台之前；第二个阶段为2012年《刑事诉讼法》出台之后；第三个阶段则为2016年10月1日最高人民法院、最高人民检察院、公安部《关于办理刑事案件收集提取和审查判断电子数据若干问题的规定》（以下简称《电子数据规定》）正

---

〔1〕 Richard A. Ginkowski, “Getting to Know and Love Electronic Evidence”, 19-*WTR Crim. Just* 14 (2005).

式施行之后。在第一个阶段，电子数据的称谓不同，有称之为电子证据的，也有称之为电子数据证据的，由于立法层面未规定，此类证据并无“合法”身份，主要运用于理论研究的语境之中。由于立法无规定，早期理论界还把电子数据归入“视听资料”这类证据进行研究，认为视听资料包含录音、录像、计算机存储等资料。[1]随着理论研究的深入，电子数据的独特特性越来越被发现，进而推动了其在立法中的身份确认。2012年修订后的《刑事诉讼法》和《民事诉讼法》均明确将“电子数据”列举为法定证据种类之一，电子数据由此获得合法身份，随后出台的司法解释中则进一步将电子数据的范围明确为对于电子邮件、电子数据交换、网上聊天记录 、博客、微博客、手机短信、电子签名、域名等电子证据等存储在电子介质中的信息。随着立法的明确，电子数据这一名称替代了电子证据而成为此类证据的法定称谓，并开始越来越多地应用于各类案件之中。但是，由于立法及相关解释不够细化，电子数据在实践中也出现了不会用、不敢用、不愿用的窘境。2016年初公开审理的“深圳快播公司涉黄案”更是将这种使用困境展现于公众面前。在此背景下，2016年10月1日，《电子数据规定》得以实施。

《电子数据规定》第1条第1款规定：“电子数据是案件发生过程中形成的，以数字化形式存储、处理、传输的，能够证明案件事实的数据。”依据上述规定，可以进一步对电子数据进行界定：第一，证据语境中的电子数据是指形成于案件发生过程中的数据。这种时间性要求在一定程度上限缩了电子数据的范围，导致本应属于电子数据的证据不能归入到该法定证据种类之中。比如有学者评论指出：“案件发生之后，被害人以手机短信的方式向公安机关进行报案，再比如案件发生之后，犯罪嫌疑人以短信形式向公安机关交涉自首事宜。按照上述时间性要求，用来证明报案、自首等事实的短信就不属于电子证据范畴”，“这种时间性限定与刑事诉讼法关

---

[1] 何家弘主编：《证据学论坛》（第六卷），中国检察出版社2003版，第185页。

于证据的规定存在冲突之处。”〔1〕笔者赞同上述学者观点，也认为对此需要进一步解释。第二，进一步对电子数据的形式作出明确，即电子数据必须是以数字化形式存储、处理、传输的数据。第三，明确只有能够证明案件事实的电子数据才是作为证据使用的电子数据。笔者认为，这种基于功用价值的界定可能会带来认识困境。关联性是任何材料作为证据的必备要件之一，根据证据关联性要求，只有能够证明案件事实的材料才能够作为证据，与案件事实无关的材料则不能作为证据。作为定案依据的电子数据无疑也应当具有关联性，即必须能够证明案件。但是，最终认定是否与案件事实有关只能发生在事实认定（审判）阶段，而在提取、流转、保管等诸多环节中，又该如何使用、如何称谓此类证据（证据材料）？这种过于明确、过于限定的解释反而会带来认识与运用困境。

《电子数据规定》第 1 条第 2 款则从积极层面列举了电子数据的常见形式，包括以往立法条文中所列举的网页、微博、手机短信、电子邮件、数字证书、计算机程序等信息和电子文件，同时阐明电子数据并不限于上述形式，从而为未来可能出现的新形态电子数据证据预留了空间，信息技术快速发展、电子数据展现形态不断出现，穷尽我们的想象也无法完全概括其形态，在此情况下，上述阐明极具价值。《电子数据规定》第 1 条第 3 款从消极层面规定，以数字化形式记载的证人证言、被害人陈述以及犯罪嫌疑人、被告人供述和辩解等证据，不属于电子数据。本款规定不存在理论争议，在同步录音录像在司法实践中广泛运用的情况下，数据化形式仅是固定证人证言、被害人陈述以及犯罪嫌疑人、被告人供述等言词证据的手段和方式，本质并未改变，故不属于电子数据。

由上可以看出，电子数据在我国经历了一个从抽象到具体、从孤立到体系、从概括到日益具体的立法过程，应当说，当前对于电子数据的概念

〔1〕 该学者指出：2012 年《刑事诉讼法》第 48 条第 1 款规定：“可以用于证明案件事实的材料，都是证据。”这里对于证据的界定，仅要求其能够证明案件事实，而没有要求其必须形成于案件发生过程之中。根据该款之规定，能够证明案件事实的电子数据也都是证据，而并不必然要求电子数据形成于案件发生过程中。参见谢登科：“专家解读：两高一部关于《电子数据提取等规定》”，载搜狐网，http://learning.sohu.com，最后访问时间：2020 年 9 月 11 日。

及范围已不存在大的理论争议。如上所述，电子数据在网络犯罪的证明体系中居于基础地位，发挥着支撑证明体系的核心作用。

二、书证与视听资料

在电子数据作为独立证据种类之前，电子邮件或聊天记录、电子对账单等电子数据信息往往会被打印出来作为书证使用，而随着电子数据作为独立证据种类的确立，这种做法或将逐渐消失。但是，在网络犯罪案件中，仍然存在一些书证材料，需要注意收集及运用。比如，犯罪嫌疑人的身份户籍信息证明，自行打印并运用的文稿、账本以及书写的来往记录，以及有关方面出具的关于某些信息的证明或说明材料等，这些都是网络犯罪证明中的重要证据，不能忽视。

网络犯罪案件中的视听资料目前主要体现为制作远程勘验工作记录过程中形成的勘验过程的录像、制作电子证物检查工作笔录过程中形成的光盘等，上述证据的证明目的在于证明证据提取过程的合法性、规范性，因此是必不可少的，应当同时附案移送。但是，视听资料和电子数据存在诸多相似之处，尤其是面对以电子形态存在的图片以及影像视频资料时，更难明确区分。有论者提出以“模拟信号”以及“数字信号”这两种不同存储方式来区分视听资料，比如同为影像视频，用录像带（模拟信号）存储或胶卷相机拍摄的为视听资料，而以数字形态存在的视频及图片则为电子数据，这种区分在十年前或具实践指导价值，但这种区分方式随着信息技术的快速发展而面临困境。随着数字多媒体技术的广泛应用，图片、影像资料或将完全实现以数字化形式存储，此时如何进一步界定视听资料与电子数据的区别？在证据种类上，视听资料是否会被电子数据这个证据种类覆盖和吸收？笔者认为，对此值得研究，值得期待。

三、三类言词证据

在网络犯罪的证据构成中，同样存在着证人证言、被害人陈述以及犯罪嫌疑人辩解这三类言词证据。上述证据在基本要求上与传统案件并无区别，但是也具有其独特之处。

（一）证人证言与被害人陈述

就证人证言和被害人陈述而言，网络犯罪案件由于无真实姓名、地域分散等原因，证人证言和被害人陈述获取难度大。在此种情况下，可以通过"线上追踪、线下落定"的方式进行，即通过网站后台账户、IP 地址查询等方式寻找相关证人身份住址等信息，然后在同证人取得联系后实地取证。对此，侦查机关不应有畏难情绪，也应克服怕麻烦的心理，唯有尽可能多地获取证人证言，才可能更好地构建犯罪构成要件体系。若最终追查无果，则需侦查机关出具证明。面对证人证言的获取难度以及打击网络犯罪的现实需求，我国立法也作出了一些变通性的特殊规定，如根据 2010 年最高人民法院、最高人民检察院、公安部《关于办理网络赌博犯罪案件适用法律若干问题的意见》的规定，有证据证明犯罪嫌疑人在赌博网站上的账号设置有下级账号的，应当认定其为赌博网站的代理。之所以这样规定：实践中有的要求获取某一代理的三名下线的证言才能认定其为赌博网站的代理，但基于网络犯罪的跨地域性、虚拟性特征，上述要求经常难以得到满足。但是，由于赌博网站中的上下线关系比较明确，通过网站的数据是可以发现其账号设置下的下级账号的，则可以证明其有下线，进而认定其为赌博网站的代理。这是对网络犯罪案件证人证言难以获取情况的一种变通，但实际上也涉及推定规则在网络犯罪证明中的运用，需要慎重使用，下文将有详述，在此不再赘述。

（二）犯罪嫌疑人、被告人的供述和辩解

网络犯罪案件中犯罪嫌疑人、被告人的供述和辩解具有特殊性。区别于传统犯罪侦查中"由事到人"的侦查模式，网络犯罪由于横跨物理和虚拟两个空间，因此网络犯罪的侦查取证往往沿循着"案件事实→涉案计算机→计算机的使用者（被追诉人）"这样一种思路推进。在"案件事实→涉案计算机"这个环节，主要依靠电子数据来搭建证据通道，在"涉案计算机→计算机的使用者（被追诉人）"这个环节，则主要依靠犯罪嫌疑人供述和辩解、证人证言等证据来搭建证据通道。但是，在缺乏证人证言等其他证据时，若犯罪嫌疑人拒不承认，在证明体系中打通"案件事实→涉案计算机→计算机的使用者（被追诉人）"的难度就很大，因此可以说，犯罪嫌疑人供述和辩解同样也是网络犯罪证据构成中的重要一环。但是由于网络犯罪涉及资金来往的次数、人数往往较多，有时犯罪嫌疑人记忆模糊或者存在侥幸心理，这使得涉案数额往往不能有效地确定。所以，要注意犯罪嫌疑人对于涉案数额、违法所得数额前后供述的一致性，同时注意与支付宝、财付通、网上银行等资金通道的支付明细、交易记录的一致性，全面取证、综合运用。在犯罪嫌疑人供述缺失或翻供的情况下，如何处理？笔者在下文专门分析。

值得再次指出的是，《电子数据规定》第 1 条第 3 款明确规定，以数字化形式记载的证人证言、被害人陈述以及犯罪嫌疑人、被告人供述和辩解等证据，不属于电子数据。也即意味着，对上述三类言词证据的审查与传统案件并无区别，仍需严格遵守非法证据排除等证据规则的约束。

第三节　网络犯罪证明体系的特点

证明体系是一个相对系统的框架，它既涵盖证据构成、证据规则，也包括认证方式，从广义理解的角度看，证明体系还包括证据的获得、保管、流转等可能影响证据认定的前置程序，案件类型不同，其证明体系的构建也会有所区别。由于网络犯罪具有迥异于传统犯罪的特点，体现在其案件证明体系的构建上，也出现了新的特点和动向。

一、证据规则的内涵得以丰富

从一般意义上讲，常见刑事证据规则包括最佳证据规则、传闻证据规则、非法证据排除规则、补强证据规则、推定规则等。随着网络犯罪的出现，尤其是电子数据在刑事诉讼中的应用，传统证据规则的内容需要重新加以解读，并且需要确立新的证据规则来应对司法实践需求。

（一）最佳证据规则

如何看待证据的复制件？复制件在何种情况下可以作为定案依据？传统观念认为，只有在对原件真实性不存在怀疑的情况下，才可以采纳复制件，源自文书证据的“最佳证据规则”，这一规则的设置目的在于预防伪造或者欺诈，同时，防止“在引入一套全面的文书所选定的某部分内容中，对于对方无法看到的哪些部分会造成有意或无意的误导。”〔1〕《美国联邦证据规则》第1002条规定：“为证明文书、记录或者照片的内容，除国会所制定的法律或本规则另有规定外，应当提出该文书、记录或照片的原件。”〔2〕《加拿大证据法》有关证据规则也要求提供原件。这就是英美法系证据法中的最佳证据规则（the Best Evidence Rule）。该规则需要文书原件的提出，如不能提出原件，直到有满意的说明之前，是拒绝其他证据的提出的。其原因正如哈佛大学法学院的摩根教授所言，“文字或其他符号，如差之毫厘，其意义可能失之千里，观察时的错误危险甚大，尤其是实质上在视觉上有所近似时更是这样，所以，除提出文书的原件以供查阅之外，在证明文书的内容时，诈伪及类似错误机会当然是很多的”。〔3〕

电子数据的出现无疑给传统最佳证据规则的适用带来难题。如上所述，电子数据的原件是以数字形式存储、记录的电磁信号，上述数据是无法直接可见和感知的，难以直接作为证据使用。为了解决这一问题，在司法实践中公诉机关通常会将电子数据用传统方法打印、冲洗成照片、刻录成光盘等，再提交至法庭，并另附《证据明细》，上述做法在涉众型网络犯罪中尤为常见。〔4〕这种做法虽便于各方感知证据内容，严格地讲，却并不符合最佳证据规则的要求，这种电子数据已非“原件”。其原因在于：第一，这种提取方法改变了电子数据的存在形态，使电子数据脱离了原始存储介质和存储路径，无法体现证据的原始状态；第二，电子邮件、短信、社交软件上记载的文字、音频、图像等内容，在网络或电信运营商的服务器中都会有所记录，但公诉机关往往并没有向运营商收集相关证据，缺乏

〔1〕［美］约翰·W. 斯特龙主编：《麦考密克论证据》，汤维建等译，中国政法出版社2004年版，第465页。

〔2〕陈界融译著：《〈美国联邦证据规则（2004）〉译析》，中国人民大学出版社2004年版，第153页。

〔3〕［美］Edmund M. Morgan：《证据法之基本问题》，李学灯译，世界书局1982年版，第285页。

〔4〕蔡杰、娄超：“论涉众型网络犯罪中电子证据的审查与认定”，载《北京邮电大学学报（社会科学版）》2015年第6期。

一致性验证，就难以辨别相关证据之真伪；第三，所附之《证据明细》也仅是对证据情况进行了统计、说明，并未提供证据之外新的信息，无法起到补强或印证作用。为了解决这一难题，“原件”概念得以重新界定。联合国《电子商务示范法》第 8 条重新定义了“原件”，“如法律要求信息须以其原始形式展现或留存，倘若情况如下，则一项数据电文或充当其他用途之时起，该信息保持了完整性；并且，如要求将信息展现，可将该信息显示给观看信息的人。”联合国国际贸易法委员会对原件采取了“功能等同说”，只要数据电文确实起到了在“功能上等同或基本等同于书面原件的效果，便可视为一种合法有效的原件，就能满足证据法对原件的要求。”〔1〕英美法系则采取了“扩大原件范围，增加拟制原件”的做法。如《加拿大统一电子证据法》中“电子记录”的概念就包括了数据的展示、打印件或其他输出形式，并同时规定“对于电子记录而言，如果能够证明记录或保存数据的电子记录系统的完整性，算是满足了最佳证据规则的要求。”《美国联邦证据规则》第 1001 条也规定：对于储存在电脑或相似设备中的资料，任何印出物或其他可以视觉阅读的输出物，如果显示正确地反映这些资料，那么它也是“原件”。〔2〕2001 年《菲律宾电子证据规则》之规则 4 规定，“如果某一文件在同一时刻或前后不久就同一内容执行两份或更多复本，或者该文件是通过与原件相同的印模，或者通过机械或电子的再录制，或者通过化学复制方法，或者通过其他能正确复制原件的相应技术而形成的复制件，则对该复本或复制件均应视为原件的相当物”。〔3〕

通过上述立法例可见，电子数据的应用使得最佳证据规则中“原件”的内涵发生了变化，上述国家在坚持最佳证据规则的前提下，也发现了电子数据的特殊性，从而肯定了“真实复制、完整呈现”的电子数据的原件属性，而至于如何保证是“真实复制、完整呈现”的电子数据，则是通过

〔1〕 吕国民：《国际贸易中 EDI 法律问题研究》，法律出版社 2001 年版，第 181~182 页。

〔2〕 陈界融译著：《〈美国联邦证据规则（2004）〉译析》，中国人民大学出版社 2004 年版，第 150 页。

〔3〕 戴长林主编：《网络犯罪司法实务研究及相关司法解释理解与适用》，人民法院出版社 2014 年版，第 214 页。

对输出形式真实性、系统可信性、电子记录完整性的审查来予以实现。[1]

(二)传闻证据规则

传闻证据规则，即传闻证据排除规则，属英美法系中的主要证据规则，主要针对证据的可采性问题，它与大陆法系的直接言词原则相对应。传闻证据规则具有防止人们在庭外作出的不可靠的并对裁决结果施加不当影响的功能，考虑到人们可能误解或误传他们的经历，传闻证据规则表达出了一种在法庭上当庭审查证人陈述的强烈偏向，从而要求证人出庭接受交叉询问。[2]《美国联邦证据规则》第801条(c)项规定，“传闻”(hearsay)是指不在审判或庭审程序中作证的陈述人所为的，而被提出作为证明一方主张的为真实的证据的陈述。第802条规定，除本规则、最高法院依其法定权力所制定的规则或国会所规定的法律另有规定外，传闻证据一般不可采。[3]关于设立传闻证据规则的理由，存在着诸多说法。英美传统经验认为，证人陈述证言通常必须遵守三大条件：宣誓、亲自到庭以及接受交叉询问，有人认为设置传闻证据规则的最初原因就在于遵守这三个理想条件。[4]在笔者看来，传闻证据之所以不可采，一方面是由于传闻证据经过转述、转载后，其证据信息存在减损、失真的可能性，其可信度由此而降低；另一方面则是侵犯了被告与证人当庭对质的权利。传闻证据规则在英美法证据体系中具有重要地位，正如美国著名的证据法学家威格摩尔所评价：“它是英美证据法上最具特色的规则，其受重视的程度仅次于陪审制，是杰出的司法体制对人类诉讼程序的一大贡献。”[5]

在传闻证据规则下，如何看待电子数据？这又分为两种情况，一种是未被人为改动的计算机生成记录，另一种包含陈述形式的计算机存储记

---

〔1〕戴莹：《刑事侦查电子取证研究》，中国政法大学出版社2013年版，第30~31页。

〔2〕Canadian Uniform Electronic Evidence ACT.

〔3〕陈界融译著：《〈美国联邦证据规则(2004)〉译析》，中国人民大学出版社2004年版，第107页。

〔4〕转引自吴丹红、黄士元：“传闻证据规则研究”，载《国家检察官学院学报》2004年第1期。

〔5〕[美]约翰·W. 斯特龙主编：《麦考密克论证据》，汤维建等译，中国政法出版社2004年版，第478页。

录，如电子备忘录、报告等。对于前一种情况，美国通过判例认定上述未经过改动的电子记录不属于传闻，“打印出来的计算机内部运行结构不属于传闻证据，它并不是某个陈述者在法庭外的陈述输入计算机后再输出的结果……机器则不存在这种有意识的歪曲事实真相的功能，而且对数据失真或误读的可能，只有在机器功能不能正常运转的情形下才会表现出来。”〔1〕后一种由于其中含有人的陈述，故必须符合传闻证据规则的例外方能被采纳用作证明所称事项的真实性。换言之，法庭在许可采纳该记录前，必须确认其中所含陈述是在能够确保可信的条件下做成的。但是，由于电子数据具有信息量大和高速流转的特性，要求每一案件中的电子记录制作人就其内容出庭作证不具有现实可操作性。因此，目前英美法系各国基本上是以传闻证据规则的例外解决电子证据的可采性问题，即将其归入“业务记录”的范畴。《美国联邦证据规则》第 803 条规定了符合传闻证据排除规则例外情形的业务记录之构成要件；加拿大将电子证据归入《加拿大证据法》第 29 条所规定的“银行记录”的例外，认可电子银行记录系统的可信性；1984 年《英国警察与刑事证据法》第 69 条中规定了计算机文书陈述的例外采纳条件；我国香港地区也在《香港诉讼证据条例》第 20 条规定：“由电脑储存所编制的文件，如果为合格人士编制，未受干扰，电脑操作正常，其记录为业务内所用，并由职员宣誓作证的文件，即接纳为证据。”〔2〕

由上可见，英美法系国家或地区普遍没有因为电子数据的出现与应用而动摇传闻证据规则的地位，而是通过增加一些“例外”性规定，同时配合约束性和限制性条件来实现电子数据的诉讼准入资格，就此意义而言，电子数据的出现实际上是丰富和发展了传闻证据规则的内容。

（三）非法证据排除规则

非法证据排除规则，是对非法取得的供述和非法搜查扣押取得的证据予以排除的统称，也就是说，除法律另有规定，司法机关不得采纳非法证

〔1〕 刘方权编译：《犯罪侦查中对计算机的搜查扣押与电子证据的获取》，中国检察出版社 2006 年版，第 326~327 页。

〔2〕 戴莹：《刑事侦查电子取证研究》，中国政法大学出版社 2013 年版，第 32~33 页。

据，将其作为定案的证据。应当说，近年我国对于非法证据排除规则的研究成果较多，也相对深入，本书不再赘述。仅就其诉讼价值而言，非法证据排除规则无疑是保障刑事诉讼行为合法性的重要支撑性规则之一，通过非法证据排除规则的建立，由法院排除违法侦查所获得证据之证据能力的形式来否定违法侦查行为，既是对违法侦查行为的惩戒，也是一种被追诉人的权利救济途径。

电子数据的出现，无疑丰富了非法证据排除规则的内涵。我国刑事诉讼法对于非法取得的言词证据采用绝对排除，而对于非法取得的实物证据则采用“补正+裁量排除”的模式，电子数据作为一种特殊的实物证据，对违反相关规定取得的特殊实物证据是否仍是“补正+裁量排除”呢？笔者认为，不能将其与其他实物证据采用一样的标准。有美国学者也指出了传统场所搜查与计算机搜查的四点区别：第一，场所搜查需要物理进入与观察，而计算机搜查只需要运行软件，在电脑显示屏幕或其他终端上观察即可获取电子数据；第二，场所搜查往往发生在嫌疑人的住宅，而计算机搜查往往是在侦查机关的办公地，由侦查人员在办公电脑上对从嫌疑人电脑上复制出来的电子数据进行查看；第三，场所搜查通常会涉及一定数量的财产扣押，而计算机搜查仅涉及虚拟数据信息；第四，不同于住所搜查，计算机搜查是通过专门的取证软件来搭建现实与虚拟空间的通道，并由此主张对电子数据的搜查与扣押应建立区别于传统证据搜查与扣押要求的准则。〔1〕而在司法实践中，美国对电子数据的搜查扣押是否可以适用“一览无余”（Plain View）〔2〕原则也经历了激烈的争论，不同法院在不同案件中也作出了观点不同的判决。〔3〕但是，美国关于搜查和扣押的理论极为复

---

〔1〕 Orin S. Kerr, “Searches and Seizures in a Digital World”, 119 Harv. L. Rev. 531 (2005).

〔2〕《美国联邦宪法第四修正案》规定，美国公民不能遭到非法搜查与扣押。如果没有搜查令状，警察就丧失了法律依据，所获取证据将会被排除，但是以下几种情况例外：(1) 被搜查者同意（Consent）；(2) 合法逮捕后进行的搜查（Search Incident to Lawful Arrest）；(3) 在警察的视线内一览无余（Plain View）；(4) 合理根据（Probable Cause）；(5) 紧急情况（Exigent）；(6) 检查站例行检查（Traffic Check）。

〔3〕 David H. Angeli, “The Plain View Doctrine and Computer Searches”, 34-*AUG Champion* 18 (2010).

杂、琐碎。正如美国最高法院前任大法官波特·斯图尔特在退休前将美国最高法院搜查、扣押理论描述为“和在任何一个法学理论领域一样的，对规则、例外和精细理论的复杂描述”，然而“回头看，排除规则似乎有点偷工减料——就像一个过山车的轨道是在过山车运行的过程中修筑的一样。每一个新的一截轨道都是匆忙安装的，与先前轨道的衔接也不完美，仅仅是及时阻止过山车摧毁，但是没有时间测量前面的弯度和坡度，或者预先考虑前面必然存在的转弯。事后来看，当然有可能批评关于排除规则的判决意见，因为其对先前判决的错误适用或者错误解释，以及因为未能考虑一个特定的决定将对法律未来发展产生影响。”〔1〕因此，很难系统了解美国在对待非法获取的电子数据的稳定态度和立场。

不过，由于电子数据的特性，我们可以发现，对于动摇电子数据真实性的非法取证、保管失当行为，现在法治国家在总体倾向上采取的是一种绝对排除的态度。对电子数据的真实性审查主要集中于证据取证程序的规范性和证据保管链的完整性上。就取证程序而言，迄今为止具有代表性的相关思想是“六原则论”和“三原则论”，前者为计算机证据国际组织于2000年12月4日在八国集团的会议上提出的，后者为美国司法部于2001年在《美国计算机现场勘查指南》中颁布的，两者在电子取证的规则原则方面基本上是一致的，都是主要基于电子取证的技术角度、兼顾考虑电子取证的法律程序而设立的规则标准。〔2〕取证程序不规范会破坏电子数据的原始性和完整性，进而动摇电子数据的真实性，此种情形下取得的证据理应予以排除。就证据保管链而言，美国学者艾琳·科尼利提出，调查人员应当从如下方面保证电子数据的真实性：“（1）严禁在收集、存储和分析过程中改变原始的电子数据；（2）在收集、存储和分析电子数据的过程中严格作书面记录；（3）对电子数据的任何改变都要作记录和解释；（4）保持电子数据的连续性；（5）对于有争议的证据进行完整复制；（6）复制电子数据的方法必须可靠；（7）尽可能采用安全措施；（8）正确标注各个环节的时

〔1〕［美］克雷格·布拉德利：《刑事诉讼革命的失败》，郑旭译，北京大学出版社2009年版，第51页。

〔2〕刘品新主编：《电子取证的法律规制》，中国法制出版社2010年版，第12~13页。

间、日期和来源；（9）限制接触电子数据的人员，并进行记录。”[1] 对于违反上述要求，导致证据保管链断裂，可能引起电子数据原始性和完整性遭到破坏的情形，无疑也应当采用绝对排除的原则。

我国于2016年10月1日施行的《电子数据规定》中，贯穿始终的都是关于电子数据提取和保管程序规范性的规定。《电子数据规定》第8条对电子数据存储介质封存作出了明确规定，它要求原则上应当封存原始存储介质，并对封存的标准、程序作出了明确规定。《电子数据规定》第18条要求对于收集、提取的原始存储介质或者电子数据，应当以封存状态随案移送。原始存储介质封存、移送，可以减少因硬盘破坏、数据覆盖等因素而产生电子数据失真或者破坏的风险。只有在符合《电子数据规定》第9条规定的例外情形下，才可以不扣押、封存原始存储介质，但需要在笔录中注明不能扣押原始存储介质的原因、原始存储介质的存放地点或者电子数据的来源等情况，并计算电子数据的完整性校验值，以便为核实电子数据的真实性提供基础。《电子数据规定》第14条对电子数据收集、提取中的笔录、录像等制度予以规定。该条要求记录案由、对象、内容、收集、提取电子数据的时间、地点、方法、过程，并附电子数据清单，注明类别、文件格式、完整性校验值等，由侦查人员、电子数据持有人（提供人）签名或者盖章。而根据《电子数据规定》第24条第2项的规定，法院在审查电子数据时需对其收集、提取笔录的上述要素进行审查。如果欠缺某一要素，电子数据就属于瑕疵证据。如果不能补正或者作出合理解释的，则该电子数据不得作为定案的根据。《电子数据规定》第18条则对电子数据的移送环节进行规范，可以防止在移送、传递中出现的电子数据保管链条断裂而影响其真实性。《电子数据规定》第28条则明确规定了违反上述规定的程序性后果，该条规定，对于电子数据系篡改、伪造或者无法确定真伪的，电子数据有增加、删除、修改等情形，影响电子数据真实性的，或者其他无法保证电子数据真实性的情形，此时，电子数据不能作为

[1] See Erin Kenneally: “Confluence of Digital Evidence and the Law, On the Forensic Soundness of Live-Remote Digital Evidence Collection”, 5 *UCLA Journal of Law and Technology* (2005), p. 10.

认定案件事实的根据。从上述规定可以看出，对于违反取证程序、证据保管链断裂从而影响电子数据真实性的行为，我国立法也同样采用了绝对排除的态度，对此应当予以肯定。

二、证据能力和证明力判断出现新标准

证据能力和证明力的审查判断是证据材料进入诉讼并得以认定事实的关键环节，是决定一个证据材料是否能走进诉讼的“门槛”及进入“门槛”后是否能作为定案的根据。依据学界主流意见，某一证据必须具有关联性、合法性与真实性才能作为定案的依据，证据证明力的大小则取决于确定性与充分性。电子数据的特殊性，使得传统的证据能力和证明力审查判断规则的内涵发生变化。

（一）证据能力

证据的证据能力审查，即对证据有无可采性的审查，是对证据材料是否可以作为证明案件事实的证据的资格的评判，只有具备可采性，才能被认可为证据。从学界通论和立法规定情况来看，对证据可采性的审查，主要是指对电子数据的证据资格审查也应围绕真实性、关联性和合法性三个方面。对于电子数据的合法性审查重点主要是电子数据的提取程序，相对较为直观，笔者在下文也有详述，故在此不再展开，笔者仅就电子数据的真实性和关联性两个问题略作探讨。

1. 真实性

真实性也叫作证据的客观性或者确实性，它是指证据所反映的内容应当是真实的、客观存在的。任何案件事实都是在一定的时间和空间发生的。案件事实发生后，必然会在客观外界遗留下某些物品或痕迹。这些事实以及它们同案件事实的联系都是客观的。真实性是证据最本质的特征，学界对其研究较多，讨论也较为深入，解释说法不一。有的认为证据的客观性是指证据必须来源于案件事实，必须在形式上或表面上真实，否则不能被采纳。[1]有的则认为是指证据必须来源于正确的事实，是一种不以人

---

〔1〕 刘品新：《中国电子证据立法研究》，中国人民大学出版社2005年版，第196页。

的主观意念控制的客观存在。[1]而从司法实践来看，一个证据成为定案依据，则需要同时符合以下几点形式要求：第一，证据载体相对固定；第二，证据未被篡改；第三，证据能够在法庭上直接呈现并能被卷宗归档。笔者看来，其实上述理解的基本思路是一致的，只是从不同角度对证据客观性的解释。归纳来看，证据的客观性包含两个方面的内容，即证据的客观性应符合以下基本要件：一是证据的形式客观，即该证据可以为人们所感知，可以被提取和保存；二是证据的内容客观，即该证据应是产生于案件进程中，具备再现案件事实的功能。

就其属性而言，电子数据属于实物证据的一种，因此从证据客观性的形式要件看，它是客观存在的。但是，电子数据又是一种特殊的实物证据，因网络犯罪手段具有多样性、高科技性、隐蔽性等特征，证据的生成、提取、流传、运用等每个环节都存在伪造或毁损的可能性，正如有学者指出，"如果说物证、书证属于办案人员'收集'或'提取'的实物证据的话，那么，视听资料、电子证据则属于办案人员'制造'或者'制作'出来的实物证据"。[2]这种特性使得除了要从电子数据本身判断其客观性，还需要根据其和犯罪事实之间的关系、其和相关证据的联系，以及其和全部犯罪事实的关系，多方面地判断电子数据的客观性，认定难度极大。域外对此都在进行探索，值得引起关注的是，英国通过为企业制定标准规范来保障电子数据的完整性和证明力。英国标准协会在2009年发布了英国标准BS10008-电子信息证据效力和法律可采性的规范。该项标准规定了电子信息管理体系的实施和运行要求，包括电子信息的存储和传送，并规范了与信息真实性和完整性相关的问题。英国标准BS10008通过对企业信息管理系统的设计、实施、运行、监控和升级等方面的规范要求来确保商业交易中每一条电子信息证据效力的最大化。英国BS10008所涉及的具体领域包括：（1）电子信息的长期管理，包括在技术更新过程中保持信息的完整性这一至关重要的商业特征；（2）如何管理与电子信息相关的各种

---

〔1〕　白俊华主编：《证据法学》，群众出版社2005版，第32页。

〔2〕　陈瑞华："实物证据的鉴真问题"，载《法学研究》2011年第5期。

风险；(3) 如何证实电子信息的真实性；(4) 文件扫描过程中的质量管理；(5) 电子数据的完整历史备份。负责制定英国标准 BS10008 的 BSI 技术委员会主席 Alan Shipman 先生介绍说："新的标准为保证证据法的法律可采性在英国迈出了重要一步。"〔1〕

综合域外及我国相关立法情况来看，当前对电子数据的真实性审查主要是从形式和内容两个层面进行。在形式上，主要审查以下方面：一是电子证据的生成、传输和存储的硬件及软件系统是否可靠，系统运行是否正常，传输和存储是否有加密等安全措施；二是电子证据的制作主体、制作方法等是否可靠；三是电子证据的内容是否完整，有无人为增加、删除或篡改。在内容上的审查则主要有以下几种方式：一是自认。如果电子证据对一方当事人有不利的证明作用，而该方当事人又承认该电子证据的真实性，那么实践中基本认可该电子证据的真实性。二是证据印证。实践中，通过证据之间的相互印证来审查电子证据的真实性是较常用的一种方法。〔2〕三是鉴定。如果一方当事人对电子证据的真实性提出质疑，而该电子证据又是案件的关键证据，又无法通过其他证据印证或排除，那么就将该证据提交鉴定机构作出鉴定，通过该鉴定意见来认定电子证据的真实性。四是推定，下文对此将有专门分析。如《加拿大统一电子证据法》第 5 条第 1 款规定："在任何法律程序中，如果没有相反的证据，则可以通过那些支持如下裁定的证据，推定记录或者存储电子证据的那一电子记录系统具有完整性，即裁定该计算机系统或其他类似设备在所有关键时刻〔3〕均处于正常状态，或者，即便不处于正常状态，但其不正常运行的事实并不影响电子记录的完整性，并且没有其他合理理由对该电子记录的完整性产生

〔1〕 王晶晶："英国标准协会（BSI）发布了新的电子信息证据效力和法律可采性的英国标准"，载《中国标准化》2009 年第 3 期。

〔2〕 以电子图片为例，如果一方当事人不仅提交了电子数据格式的图片，同时申请了证人出庭作证以下事项：第一，证人对图片中的物品或景象熟悉；证人可以解释其对图片中内容熟悉的基础或原因。第二，证人可以识别出图片中的内容。第三，该图片在相对应的时间里，对于其记载的物品或景象是一个准确、客观、真实且完整的展现。这时该电子图片就可以被认定为真实的。

〔3〕 "关键时刻"一般理解为对于电子数据的生成、传送、存储、显示等环节具有重要意义的时刻。

怀疑。”

2. 关联性

证据的关联性又称相关性，是指证据与案件事实之间存在客观联系。客观性固然是证据的重要特征，但仅有客观性的事实还不能成为证据，还必须与案件事实存在客观联系。与案件情况没有联系的客观事实，不能起证明案件真实情况的作用，不能成为案件的证据。关联性是证据获取证据资格的前提条件之一，正如日本学者所指出，“为了承认证据具有证据能力，首先该证据必须有针对待证事实的最低限度证明力。证明力根据证据的‘可信赖性’与‘关联性’来确定。在许多情况下，两者被合在一起作为‘自然关联性’的问题来处理。但是，即使存在自然关联性，在可能使裁判官抱有不当的预断及偏见，从而有导致事实误认的高度危险那样的情况下，也可以认为没有‘法律上的关联性’而否定证据能力。”〔1〕关联性是客观存在的，是可以被认知的，只是其表现的形式多样化，可能是因果关系，也可能是空间、时间、直接或者间接的关系。就这一特征来讲，关联性是证据资格的条件，关联的紧密程度也是衡量证明力大小的因素。然而，对于“关联性”的界定，很难有量化标准，司法实践中需依赖经验法则、逻辑判断等进行裁量。美国对于电子数据讨论的主轴，在于电子数据作为证据资料是否具有许可性的问题，也即是否有证据能力的问题，所以只要认可了电子数据的许可性，该电子数据中蕴含的证据信息就可以呈现于陪审团前，而将其呈现的证据方法通常是通过《美国联邦证据规则》第702条所规定的“专家证人”来实现。〔2〕

电子数据在我国正式入法之后，《最高人民法院关于适用〈中华人民

〔1〕［日］西原春夫主编：《日本刑事法的形成与特色》，李海东等译，法律出版社、日本成文堂1997年版，第166页。

〔2〕《美国联邦证据规则》第702条规定：如果科学、技术或者其他专门知识能够帮助事实的审问者了解证据或者判定争议中的事实，那么满足作为专家要求的知识、技能、经验、训练或者教育的证人就可以专家意见或者其他形式作证。《美国联邦证据规则》于2000年4月对第702条进行了修正，在原先的基础上增加了三个限定性条件，即提供专家证言须符合以下条件：（1）证言基于充足的事实或数据；（2）证言是可靠的原理或方法的产物；（3）证人将这些原理和方法可靠地适用于案件的事实。参见Kenneth S. Cohen，Expert Witnessing and Scientific Testimony：Surviving in the Courtroom，*Talor & Francis Group LLC*，2008，pp. 357-358.

共和国刑事诉讼法〉的解释》（以下简称《最高法刑诉解释》）第93条第4款、第5款即规定对电子数据需审查“电子数据与案件事实有无关联”“与案件事实有关联的电子数据是否全面收集”，上述条款实际上规定了两个递进要求：电子数据必须与案件有关联，有关联的证据必须全面收集。但是，计算机网络系统信息密集度高，刑事案件的电子数据之间存在多种牵扯，很多数据都可能和案件事实有关联，而具备关联性的数据必须是和犯罪事实有实质联系，可以证明犯罪真实情况的数据，这使得实践中对相关电子数据的收集以及审查判断带来极大障碍。笔者查阅了大量资料，均未发现对电子数据关联性进行明确规定的相关条文，其主要原因在于实践中的证据形态千差万别，案件形态和性质也各不相同，很难对电子数据的关联性作出清晰界定。也正因此，英美法系法官的自由心证制度的重点即为关联性的审查判断。我国虽然没有确立自由心证制度，但是相关人员的个人因素仍然通过关联性对电子数据的刑事证明力产生着影响。这些个人因素包括受教育程度、业务水平、个人喜好、脾气性格，等等。例如可能会因为某侦查人员专业技能不强，在电子数据的提取过程中掺杂了大量的无关数据，遗漏了关键数据，从而造成该电子数据与案件事实无关联或不全面。笔者认为，电子数据的关联性审查应体现在两个方面：第一，该电子数据与案件事实的联系（既包括直接联系与间接联系，也包括必然联系与偶然联系）；第二，上述电子数据是在何种系统环境下生成、以何种方式提取保管、以何种方式展现。上述两个方面均需同时予以审查。

（二）证明力

电子数据一旦形成便能够保持其最原始的形态，并能客观地反映事物的本来面貌，因此电子数据的生成、传递都必须以计算机技术、网络技术为支持，并且它的一系列存储传输过程都具有完备的安全保障系统，如果没有人为因素的蓄意篡改或技术差错的影响，电子数据自身的高科技含量足以保证其较强的证明力。然而电子数据的特性决定了其本身易被篡改同时又具可恢复性，这为电子数据的证明力认定带来了一系列问题。一般而言，人们总是对自己不了解的东西持质疑和担心态度，更习惯相信自己所熟知的东西。电子数据的应用就体现了这种特征。长期以来，司法人员习惯于将电子数据转化为其他形式的证据，或者更愿意以电子数据为线索收集更多的证据，就充分反映了这一现象。事实上，无论是电子数据还是传统证据都有自身的不安全或不可靠因素，司法人员之所以不愿意主动使用电子数据，其实是一个观念问题，而非技术问题。随着电子数据的广泛运用，我们必须正视电子数据的证明力问题。证明力的审查是一个极为复杂的问题，和证据关联性的审查一样，很难有量化标准，司法实践中也需依赖经验法则、逻辑判断等进行裁量，我国有学者也从概率论的角度设计出电子证据的印证公式。[1]笔者看来，这个电子证据印证公式非常新颖，这种定量分析方法也是电子数据理论研究的一次突破，但是若将其应用于指导实践，目前还存在一些认识和运用层面的障碍。受研究视域所限，笔者在本书仅就电子数据的孤证问题和不同证据证明力的判断规则略作分析。

我国的证据制度以唯物辩证法为指导思想，要求只有从相互印证的关系中才能判明证据是否确实、充分。对于单个的证据材料，即使其内容本身是符合逻辑的，即使证据提供者的品格无可非议，也无法从其自身确定其是否属实。[2]换言之，一个案件事实的认定，必须由若干份证据构成一个相互印证的体系，即形成完整的证据体系或证据锁链。同样，网络犯罪中的电子数据也不能是“孤证”，同样必须构成证据体系。比如，一封电子邮件可以证明犯罪嫌疑人的动机和作案过程，但这封邮件是否真实、完整，是否经过病毒感染、远程修改则需要其他证据的佐证。也就是说，对电子数据应当采用综合采信原则，“孤证不能定案”，最终认定案件时，要结合该电子数据的一些附属信息以及其他证据，通过彼此的相互印证构成证据体系后综合审查采信。值得指出的是，电子数据的证据体系区别于传统证据，它可以分为现实空间的证据体系和虚拟空间的证据体系：前者由若干份电子数据与传统证据相互印证，构成一个虚拟空间与现实空间的证据相结合的锁链；后者则依靠的是不同呈现形态的电子数据，既包括内容数据信息数据，也包含附属数据信息数据。两种证据体系的审查需综合

---

〔1〕 何家弘主编：《刑事诉讼中科学证据的审查规则与采信标准》，中国人民公安大学出版社 2014 年版，第 210~220 页。

〔2〕 李建明：“刑事证据相互印证的合理性与合理限度”，载《法学研究》2005 年第 6 期。

进行。

那么，对于同一事实存在若干份电子数据时，其证明力如何判定，从实践情况来看，可采用以下两项判断规则。第一，经公证获得的电子数据，其证明力一般大于非经公证获得的电子数据。公证取证，是指各方当事人为了以后进行诉讼的需要，请求公证处通过公证的方式，预先将某项证据固定下来。涉及电子数据的公证，除了一些传统公证手段外，国内外都出现了电子公证这种新的手段。〔1〕基于公证处的特殊性质和中立地位，我国法律对公证取得的证据承认其预决的真实性，除有相反证据外不得推翻。公证的预决效力当然适用于电子数据，凡是采取合格的公证取证，经公证的电子数据的证明力一般大于非经公证的电子数据的证明力。但是，如果有证据证明公证机关实施的是不合格的公证取证，也可能导致所取得的证据证明力的降低乃至丧失。第二，在正常业务活动中留存的电子数据，其证明力一般大于为诉讼目的而制作的电子数据。〔2〕以制作时间不同，电子数据可分为在正常业务活动中留存的电子数据与为各种诉讼目的而制作的电子数据。前者是在正常业务活动中留存的电子数据，后者是为诉讼目的而制作的电子数据，如代理律师为赢得诉讼而秘密录制的他人之间的电话交谈、聘请取证公司远程获得的电子邮件数据等。前者的形成通常经过系统的核对且通常由第三方所持有，因此一般为人们在实际业务活动中所信赖，后者则难以杜绝制作者为胜诉而进行人为选择甚至造假的可能性，故真实性相对较弱。

三、刑事推定广泛采用

根据证据裁判原则，案件事实的认定必须得到相应证据予以证明，没有证据或者未经司法证明，任何事实都不能被认定为真实的。但作为这一原则的例外，有些事实不需要提出证据或经过司法证明就可以得到认定。

---

〔1〕 戴长林主编：《网络犯罪司法实务研究及相关司法解释理解与适用》，人民法院出版社2014年版，第238页。

〔2〕 何家弘主编：《刑事诉讼中科学证据的审查规则与采信标准》，中国人民公安大学出版社2014年版，第201~202页。

在证据法中，这种不通过司法证明即可认定案件事实的方法，一般被称为"替代司法证明的方法"，这种"替代司法证明的方法"也被称为"间接认证"，推定是其中最为常见的一种方法。与司法证明一样，推定也是一种认定案件事实的方法，它对司法证明具有一种替代作用，是以特殊方式认定案件事实成立的方法，"具体说来，推定是一种根据所证明的基础事实来认定推定事实成立的方法。其中，基础事实的成立，是认定推定事实成立的前提；而推定事实的成立，并不是根据证据事实直接推导出来的结论，而是法官运用推定规则所作的法律认定；在基础事实与推定事实之间，并没有建立必然的因果关系，而可能存在一种逻辑推理上的跳跃。"〔1〕

般而言，推定在刑事案件中是被严格限制的，因为使用推定就意味着司法证明过程的中断，并因此可能会带来事实认定的错误，但是刑事证明体系中允许推定的存在，主要是为了解决特定事实的认定困难以及提升事实认定的效率，这也正是网络犯罪案件中广泛使用推定的原因所在。网络犯罪案件中的推定主要适用两个方面：第一，电子数据的真实性认定；第二，在其他证据确实、充分，而被告人拒不认罪时，为打通"案件事实→涉案计算机→计算机的使用者（被追诉人）"这个证据通道，认定被追诉人身份时的推定。对于第二种推定，目前存在一定理论争议，但笔者认为有必要确立，具体理由在下文将有分析，在此笔者仅对当前使用较多的对电子数据真实性之推定进行分析。

在认定电子数据的真实性时，英美法系国家和大陆法系国家都有各自的证据规则加以约束和指引。英美法系国家围绕电子数据认证规则采用变通式认定，即转移为其他因素来考察认定真实性，大陆法系国家围绕证据审查制度运用自由心证进行推定，两者都不约而同地选择推定来处理电子数据的真实性认定问题。之所以采用推定，在理论上和技术上都有其必然性：从理论上看，正如《加拿大统一电子证据法》第 4 条第 1 款的注释部分所述——电子数据隐蔽性和易变更性较强，如果只是一味要求从正面举证其未曾受到任何变动往往难度很高，甚至不具可行性，为诉讼的成本与

〔1〕 陈瑞华："论刑事法中的推定"，载《法学》2015 年第 5 期。

效率计，只能退而求其次来论证其他因素。从技术上看，只要电子数据所依赖的设备系统是可靠完整的，由此而生成的电子数据的真实性同样能够得到保证，除非有相反证据推翻上述推定。从实践中看，对电子数据真实性的推定主要有以下几种方法。

（一）诉讼双方认可

这是根据自认制度来确立的方法。在审判过程中，一方所持有并提交至法庭的电子数据往往是对另一方不利的，如果处于不利一方的当事人没有对电子数据的真实性提出任何异议，那么就推定该电子数据为真实。此观点在新加坡电子交易法中已有明确记载。

（二）稳定的计算机系统所产生

电子数据是软件的产物，它的准确性在很大程度上取决于系统的稳定性。对于纯粹的由系统自身所产生的电子数据，只要系统本身不出现错误，那么电子数据的真实性就有了可靠保障；对于由人工录入计算机系统内的电子数据，其真实性除受录入人员的操作影响外，还取决于计算机系统的稳定性。由此可见，在很多情况下所产生的电子数据的真实性取决于系统的运行状况。因此，在确保系统运行安全可靠的前提下，除非有相反证据证明，否则可以推定该系统所产生的电子数据的真实性。上述做法已经被加拿大、新加坡等国立法采用。《加拿大统一电子证据法》第5条第1款规定："在任何法律程序中，如果没有相反的证据，则可以通过那些支持如下裁定的证据，推定记录或者存储电子证据的那一电子记录系统具有完整性，即裁定该计算机系统或其他类似设备在所有关键时刻均处于正常状态，或者，即便不处于正常状态，但其不正常运行的事实并不影响电子记录的完整性，并且没有其他合理理由对该电子记录的完整性产生怀疑。"1998年《新加坡电子交易法》第18条"安全的电子记录和电子签名的一般原则"规定，（1）在安全电子记录中的任何程式下，除非有相反证据出现，应当认为，到确立安全状态的时间点为止，该电子记录未被修改；（2）在安全电子签名的任何程式下，除非有相反证据出现，应当认为，到确立安全状态的时间点为止，a安全电子签名属于对应人的签名；且b签名者附加这一安全数字签名是为了签署电子记录或对电子记录表示同意。

（三）正常业务活动中留存

如上文所述，以制作时间不同，电子数据可分为在正常业务活动中留存的电子数据与为各种诉讼目的而制作的电子数据。前者是在正常业务活动中留存的电子数据，即各种主体在业务活动当时或其后不久，按照业务习惯而作出的、用于保全信息的电子数据，如案发现场的监控录像、日程运营中的电子发票等；后者是为诉讼目的而制作的电子数据，如代理律师为赢得诉讼而秘密录制的他人之间的电话交谈、聘请取证公司远程获得的电子邮件数据等。前者在英美法系国家被称为业务记录，往往拥有可靠的信息来源、电子存储设备，它的形成通常经过系统的核对，且为人们在实际业务活动中所信赖，在无相反证据的情况下，一般推定其为真实。如2001年《菲律宾电子证据规则》中就有类似表述，其规则7“电子文档的证明力”之中第2条“信息或通信系统的完整性”中规定，信息和通信系统是记录或存储电子文档或电子数据信息的，在其信息和通信系统完整性有争议时，法院将考虑以下因素：（a）信息和通信系统或其他类似装置是否按照不影响电子文档的完整性的方式运行，不存在其他合理理由怀疑信息和通信系统的完整性；（b）电子文档由某人记录或储存，用于对该当事人不利的诉讼；或者（c）电子文档是否在通常的经营过程中由某人记录或存储，而该人不是诉讼一方当事人且不在使用该电子文档方的控制下行事。

（四）技术人员证明为实

电子数据的产生和运行往往都离不开技术人员，这些技术人员有的负责系统运行、有的负责数据监控、有的负责数据分析，这些人员都需要对电子数据进行跟踪性审核，如果发现错误或者异常就会报告并且及时修改，如果运行正常则会按照正常的程序进行打包存储。上述技术人员身份特殊，他们不仅具有专业技能，也具有密切接触这些电子数据的机会，且非案件当事人，因此他们可以作为证人证明自己所接触的电子数据是否真实可靠。若上述技术人员向法庭作证，证明自己所接触的涉案电子数据未经修改，具有原始性和完整性，在无相反证据的前提下，可推定上述电子数据的真实性。

需要指出的是，刑事法律中的绝大多数法律推定都不是绝对的，都是“可推翻的”，作为推定成立的前提，在于与推定事实相反的事实未能得到证明。换言之，上述推定的成立都是存在于无相反证据时，若有相反证据出现时，则需要法官对不同证据的证明力进行比较后予以判断。

综上所述，我们不难发现，证据制度在网络时代正在悄然发生着一场革命，这场革命以电子数据进入人类司法殿堂为序幕，以信息化为发展脉络，它正在推动着证据规则和证明体系内容的重新解释，上述变化已经使得美国自2009年开始就启动了《美国联邦证据规则》的“重构”计划。[1]上述趋势值得我们重视。

---

〔1〕 David A. Schlueter, “Technology-Related Rules”, 24-*FALL Crim. Just.* 72 (2009).

第二章　网络犯罪追诉中的电子数据运用

电子数据的提取、鉴定及真实性审查无疑是网络犯罪证明体系研究中最为核心的问题，当前在上述环节，司法实践中存在诸多问题，2016年初公开审理的“快播案”就是一个非常典型的例子。[1]为了更为直观地探讨上述问题，笔者将以“快播案”为样本展开分析。该案于2016年1月7日在北京市海淀区人民法院开庭审理，快播公司涉案的4名被告人出庭接受审理。公诉机关指控被告单位深圳市快播公司自2007年12月成立以来，基于流媒体播放技术，通过向国际互联网发布免费的QVOD媒体服务器安装程序和快播播放器软件的方式，为网络用户提供网络视频服务。由于被告单位及主管人员的“明知+放任”，导致大量淫秽视频在国际互联网上传播，故被告单位及上述4名被告构成传播淫秽物品牟利罪。上述被告及辩护人均作出无罪辩护。[2]“快播案”庭审过程经媒体曝光后，在网络上引起了较大反响，网络中出现了一种压倒性的支持与同情快播公司的声音，辩护方的质疑、公众的附和与公诉方的应对乏力形成了鲜明对照。笔者无意从实体层面对该案进行评判，单从证据层面看，笔者认为“快播案”实际上暴露出我国当前运用电子数据的几个共性难题，上述难题客观上增加

---

[1] 2016年9月13日，北京市海淀区人民法院对“快播案”进行一审宣判。法院认定快播公司及其CEO在内的4名高管均构成传播淫秽物品牟利罪，对该公司判处1000万罚金，对4名被告人判处3年6个月到3年不等的有期徒刑，涉案被告均当庭表示不上诉。从一审进行时检方提出的“要求判处10年以上有期徒刑”的量刑建议到实际判决，差别巨大。“认罪认罚从宽程序”的启用无疑是造成上述悬殊的原因。而控方之所以能够接受这种结果，固然因为该案作为新型案件确实面临刑事实体法层面边界模糊、定性困难的障碍，更重要的原因可能还在于本案指控证据存在的瑕疵。

[2] 本书关于“快播案”庭审过程的相关援引，皆来源于由腾讯科技整理发布的“快播涉黄案公开庭审全程文字实录”，特此说明。参见“快播涉黄案公开庭审全程文字实录”，载腾讯网：http://tech.qq.com/a/20160108/062986.htm，最后访问时间：2020年9月11日。

了本案公诉的难度。

“快播案”庭审中，公诉方指控被告犯罪的关键证据是快播公司托管服务器中提取出的以电子数据形态存在的21 251个淫秽视频文件。本组证据的流转路径是“北京市海淀区文化委员会查获快播公司托管的四台服务器→送北京市版权局进行鉴定→北京市公安局海淀分局从北京市版权局版权管理处接受上述四台服务器→送北京市公安局治安管理总队→北京市公安局治安管理总队委托某信息技术公司进行技术支持（开启服务器、提取数据、解码、导出至硬盘）→北京市公安局治安管理总队鉴黄部门民警对上述硬盘中的数据进行涉黄鉴定”。

该组证据遭到了辩护方的质疑。通过庭审实录进行归纳，笔者发现，辩护方的质疑主要集中在以下几个方面：第一，涉黄服务器的原始性和完整性被破坏；第二，涉黄服务器的扣押保管不符合法律规定；第三，证据转移有问题，不排除有调包和证据污染的可能性；第四，提取、开启、鉴定电子证据手续不合法。概括来看，上述质疑实际上包含了当前我国电子数据在司法实践运用中的三个共性难题：电子数据的提取程序、电子数据的鉴定和电子数据的真实性审查。鉴于上述问题是网络犯罪证明体系中的核心问题，笔者将结合“快播案”进行分析。

第一节　电子数据提取过程中的问题

电子数据不同于传统证据，其自身具有迥异于传统实物证据的一系列特征，这决定了对电子数据的提取不同于对传统证据的搜查、扣押。电子数据提取过程的规范性对于保障电子数据的真实性和完整性具有重要作用。在“快播案”庭审中，辩护人对电子数据提取程序提出了一系列质疑，归纳来看，质疑集中于三个方面：第一，第三方是否有资格接触、提取涉案服务器中的数据？第二，是否保障了电子数据提取的及时性？第三，是否保证了电子数据的原始性和完整性？笔者将对这三个方面进行分析。

一、电子数据提取中的第三方协助

在“快播案”中，最先接触、扣押涉案服务器的主体是北京市海淀区文化委员会。北京市海淀区文化委员会作为行政执法机关所获取的证据能否应用于刑事案件？这是许多网民质疑的一个焦点。实际上，这个答案是肯定的。《刑事诉讼法》第52条第2款明确规定：“行政机关在行政执法和查办案件过程中收集的物证、书证、视听资料、电子数据等证据材料，在刑事诉讼中可以作为证据使用。”因此，北京市海淀区文化委员会在文化执法过程中获取的物证和电子数据是可以作为刑事诉讼中的证据使用的。那么，北京市海淀区文化委员会有无检查电子数据、扣押服务器的权力依据？这点也是没有疑义的。文化部2012年9月24日颁行的《网络文化市场执法工作指引（试行）》第5章“现场取证”、第6章“电子数据分析与认定”对文化市场执法部门扣押、搜查电子数据提供了依据。据此，北京市海淀区文化委员会扣押服务器、公安机关将上述服务器应用于刑事诉讼活动是没有问题的。

问题产生于电子数据的流转与提取过程：涉案服务器由北京市海淀区文化委员会扣押并移交北京市版权局鉴定，公安机关从北京市版权局接手后再委托第三方公司进行重新开启、提取、解码相关电子数据，公安机关的鉴定人（鉴黄师）又根据第三方公司解码后导出至硬盘，将视频文件分析后形成的鉴定意见作为指控证据。这种流转过程的特殊性就引发了一个重要问题——在刑事案件侦查过程中，公安机关委托第三方机构进行解码、分析并导出至硬盘的过程有无法律依据？

我国立法对于刑事诉讼中电子数据的法定收集主体并没有特殊规定，仍是审判人员、检察人员、侦查人员以及辩护人、诉讼代理人、刑事自诉案件的自诉人与被告人。也就是说，第三方介入侦查取证过程提取电子数据并无法律依据，因此辩护方的质疑不无道理。但是，由于电子数据在收集、提取和分析过程中具有较高的技术要求，这就要求证据收集人员必须具备相当水平的计算机专业水平，而这对于传统以法学和侦查学为知识背景的侦查人员来说很难达到。“快播案”中，侦查机关正是由于这种技术瓶颈而求助于第三方，而当前我国立法中并没有明确第三方取证的资格问题，从而造成了侦查机关的“求助”具有必要性，但缺乏合法性。笔者认为，为了更为有效地运用电子数据，避免再度出现此类问题，我国当前有必要借鉴域外经验，尽快明确第三方的技术协助资格。

从域外立法情况来看，这种技术第三方又被称为“潜在证人”，第三方一般包括使用计算机及外设记录其活动状况的人、监视数据输入的管理人、对计算机及外设的硬件和程序编制的人等。[1]第三方的协助取证资格确立后，另一个需要解决的问题是第三方如何开展协助？这就包含两种情况：第一，涉案电子数据为第三方所持有，比如涉案电子数据服务器所在公司；第二，第三方受侦查机关委托介入，比如“快播案”中的第三方介入。上述问题在美国也产生过争议，但随着合众国诉米勒一案和类似判例的出现，美国司法实践中形成了所谓的“第三方搜查原则”，即假如犯罪嫌疑人的电子信息为第三方合理地持有或获知，则第三方在协助警察开展计算机搜查时无需以申领令状为前提。[2]此外，美国司法部（Department of Justice）所制定的《美国搜查与扣押指南》中也明确了技术专家在侦查取证活动中的介入资格，并同时规定侦查起诉方所聘请的技术专家视同侦查起诉官员，同样需要申请令状以及遵照令状，以符合美国宪法第四修正案的要求。[3]这种立法趋势值得我国借鉴，笔者认为，我国当前对于技术第三方的协助取证问题，应从两个方面着手进行。第一，建立有资质的第

〔1〕从域外立法情况来看，各国对网络证据收集主体的规定都不太相同。许多网络技术比较发达的国家成立了专门的计算机取证公司、取证实验室或其他相关组织，从事与网络证据收集相关的工作。例如，美国的“电子数据发现公司”“网络侦探”“数字犯罪现场技术员”以及高科技犯罪侦查组织等。英国也有一些拥有特殊称谓的收集主体，如第一响应人（或一组人）、镜像制作员。在任何时候，第一响应人都必须遵守一系列国际公认的准则，“处理数字证据时必须应用一切通用的取证和程序性准则，保护和收集电子数据采取的措施不应当改变证据；所有关系到数字证据查封、访问、存储和转移的活动都必须被完整记录、保存，以备复查”。参见［英］杰拉尔德·科瓦契奇，安迪·琼斯：《高技术犯罪调查手册　建立和管理高技术犯罪防范计划》（原书第二版），吴渝等译，科学出版社2009年版，第137页。

〔2〕刘品新主编：《电子取证的法律规制》，中国法制出版社2010年版，第48页。

〔3〕James Adam, “Suppressing Evidence Gained by Government Surveillance of Computers”, 19-*SPG Crim. Just.* 46 (2004).

三方取证机构的名录库。对此，首先可由人民法院牵头组织专业人士对相关技术机构进行审查，审查合格后根据技术特点分类确立资质并纳入名录库。第二，在侦查过程中，侦查机关认为有必要取得第三方技术支持的，经过内部批准程序后即可从上述名录库中随机抽选第三方，在取得侦查机关书面文书委托后，该第三方就可介入侦查过程，配合侦查机关取证。另外需要特别指出的是，在第三方受托正式接触电子数据前，应当保证电子数据存储介质处于固定封存状态，以保证电子数据的原始性和完整性。

二、电子数据提取的及时性

“快播案”庭审中，辩护人提出的另一个重要观点就是：快播播放器和 QSI 仅仅是一种工具，淫秽物品有可能会短时间作为一种临时文件出现在缓存服务器，而不会长时间地留存。本案从立案到从缓存服务器中提取数据，经历环节过多、时间过长，因此不能保障数据的原始性和完整性。这种质疑实际上暴露出电子数据提取中的另一个重要问题——数据提取的及时性问题。

“快播案”中，存储于缓存服务器的数据属于网络电子数据，这种网络电子数据区别于以稳定形态存储于电脑硬盘的静态电子数据。网络电子数据具有高速流转性，从理论上说，其传输速度可达光速且不受地域空间的限制，而处于传输状态的电子数据（动态电子数据）在网络系统（缓存服务器）中保留的时间非常有限。因此，对于网络电子数据必须迅速进行保护和提取。从当前司法实践情况来看，侦查人员对于网络电子数据提取的紧迫性意识不够，由此在电子数据封存、提取、固化过程中因“贻误战机”而身陷被动，本案即是一例。

“迅速及时”是侦查取证工作的一个最基本原则，电子数据的提取也不例外。分析当前造成提取涉案电子数据普遍不够及时的原因，从表面看是由于技术障碍带来的“心有余而力不逮”，但更深层次的原因还是侦查人员对于电子数据在案件证明体系中地位的忽视。因此，解决电子数据提取的时效性问题，首先要让侦查人员充分认识到电子数据在追诉犯罪特别是网络犯罪证明体系中的核心地位，强化侦查人员及时收集电子数据的主动性和紧迫性。此外，还需要建立相应配套制度予以跟进。笔者认为，当前可考虑建立两个制度，一个旨在为侦查人员“加压”，另一个则旨在为侦查人员“减负”。第一，建立对因不合理延误所收集电子数据的证据排除机制，以增强侦查人员取证的时效观念。如上文所述，网络电子数据具有高速流转性，这些数据在缓存服务器中保留的时间非常有限，一旦时间被延误，这些旧数据就会被新数据覆盖，即便事后通过技术手段对原有数据进行恢复，但原有数据的原始性和完整性已经遭到破坏，从而动摇了电子数据的真实性根基。因此，对于侦查人员不合理延误所收集到的电子数据，对其真实性的合理怀疑是客观存在的，法院可基于此对上述电子数据进行排除。第二，建立网络服务提供者的协助义务，为侦查人员取证创造良好的技术环境。技术障碍是制约当前侦查人员收集电子数据的重要因素，对此，一方面我们可以通过技术第三方的介入增强侦查人员的取证能力、提升取证效率，另一方面还需要网络服务提供者的配合与支持。就网络服务提供者的配合与支持而言，当前可参照国外立法实践，在我国建立“电子数据快速保护机制”。“电子数据快速保护机制”是指快速保存已经以静态形式存在的计算机数据，防止由于外部原因而改变或灭失，从而维持现存计算机数据的安全和完整。该机制通常要求网络服务提供者自行保存其计算机、网络系统中的信息，而后按照一定程序提交给有权机关。

三、电子数据提取的完整性

“快播案”庭审中，控辩双方辩论的一个重要焦点就是“快播公司有无主动传播行为”。辩方提出，快播视频的播放需要经过播放器端、资源服务器端、调度端等多个端口，以电子数据形态存在的视频文件需要经过编号、发布、搜索、下载、解码、播放等多个环节，而公诉人仅仅利用侦查机关在缓存服务器中所提取到的电子数据予以指控并不能揭示这些视频文件的来源和运行环境，故不能证明快播公司传播淫秽视频的行为。对于被告人及其辩护人的上述观点，公诉方并未作出有力应对。这种情况的出现，又暴露出当前电子数据提取中的另一个问题——电子数据提取的完整性问题。

电子数据提取的完整性，不仅包括对涉案电子数据无遗漏、无毁损的提取，还包括要对电子数据进行“全面提取”。众所周知，电子数据的特殊性使得其必须存储于、运行于、展示于一定的系统环境，而这些系统环境又是由计算机软件、硬件环境共同组成，换言之，计算机的软件、硬件环境会影响、改变电子数据的形态。“快播案”中，公诉人提出，“鉴定人（信诺公司）所做的物理特征与服务器是吻合的，因此原始数据无问题”，上述判断是基于 IP 地址来确定的；被告人及其辩护人则提出，电脑的 IP 地址改动极为容易，不能据此来认定电子数据的原始性。对于上述争点，笔者认为核心不是厘清电子数据存在于哪块硬盘之中，而是另一个深层问题——涉案的电子数据是以什么样的形态存在、在什么样的环境下提取？在本案中，我们看到，公诉人所出示的证据中似乎并无此类证据，这实际上反映当前司法实践中侦查人员对于附属信息数据提取的忽视。

附属数据信息，是指记录内容数据信息形成、处理、存储、传输等与内容信息数据相关的运行环境和适用条件，例如，视频文件大小、文件位置、修改时间，发送、传输、下载路径等附属信息的数据。2001 年 11 月由欧盟委员会（European Commission）主导、多国签署的《网络犯罪公约》（Convention on Cybercrime）将附属数据信息称为“往来数据”。“往来数据”是指任何涉及借助计算机系统的通讯的计算机数据，该数据由构成通讯链一部分的计算机系统生成，揭示了通讯的来源、目的地、路径、次数、日期、规模、持续时间或基本服务的类型。[1]附属数据信息存在之价值，就在于佐证内容数据信息的真实性和客观性。虽然附属数据信息不能对案件主要事实起到证明作用，但其主要用于证明内容数据信息的真实可靠性，使电子数据本身形成一个完整的证据链条。[2]如果某一证据是由某种电脑程序或系统运作而得到的，对该证据的证真和识别，则需要用描述

---

〔1〕 Council of Europe Portal，“Explanatory Report of Covention on Cybercrime.”，载 http://conventions.coe.int/Treaty/en/Reports/Html/185.htm，最后访问时间：2020 年 9 月 11 日。

〔2〕 徐燕平主编：《刑事证据运用》，中国检察出版社 2008 年版，第 83 页。

该程序或系统的证言来进行。[1]

从当前我国司法实践反映的情况来看，侦查人员往往把注意力放在内容数据信息的收集上，而容易忽略附属数据信息的收集。由于内容数据信息通常易遭到修改且不易被发现，使得被告人及其辩护人对电子数据的真实性质疑较多，如果没有相应的附属数据信息予以佐证，证据链条将存在重大缺失，电子数据的真实性将难以确认，“快播案”就是其中一个代表。“快播案”中，侦查人员和公诉人就淫秽视频的取证、举证的重点在于这些电子数据是从快播公司所使用的缓存服务器中所获得的，而对于这些电子数据的运行环境、运行系统等信息却忽略提取，由此使得涉案电子数据的真实性受到广泛质疑。笔者认为，我国应当在立法中明确电子数据的“全面提取原则”。全面提取主要体现在以下几个方面：第一，既要提取有罪、罪重的电子数据，又要提取无罪、罪轻的电子数据，从而保障电子数据的客观性；第二，既要重视内容数据信息的提取，又要保障附属数据信息的提取，从而保障电子数据的完整性；第三，既要遵循重视对电子数据本身的提取，又要对提取过程进行全程、全覆盖式的记录，从而保障提取过程的可追溯性、证据链条的可视性。[2]

第二节　电子数据鉴定中的问题

“快播案”庭审过程中，令人印象最为深刻的无疑是围绕涉案淫秽视频的鉴定展开的辩论。在这个过程中，被告人及其辩护人对公诉人及出庭作证的鉴定人的一轮又一轮质疑，被网民称为对控诉方的“技术拷问”“花样吊打”。为什么这样一个严肃的庭审质证过程会在网上引起围观？其原因在于，通过庭审直播反映的情况来看，被告人及其辩护人通过精巧的设问，使得涉案视频鉴定过程中的瑕疵展现于众，而公诉人和鉴定人对这

〔1〕 陈界融译著：《〈美国联邦证据规则（2004）〉译析》，中国人民大学出版社2005年版，第141页以下。

〔2〕 证据链条的可视性，是指能够运用证据证明、显现证据保管链的状态及形成过程。

些瑕疵缺乏具有说服力的回应，这种矛盾和落差使得公众对控诉的正当性产生了怀疑。客观地说，笔者非常理解公诉人和鉴定人的处境，我们无需质疑他们的立场动机及业务水准，之所以出现上述情况，其核心原因是当前我国电子数据鉴定中存在已久的一些共性问题。

一、电子数据鉴定人的资质

“快播案”庭审中，围绕鉴定问题展开的首要争点就是本案侦查取证过程中，对涉案服务器中的电子数据进行提取、转码的文创公司有无鉴定资质问题。公诉人认为，文创公司提供的是一种技术协助，并非鉴定行为，因此无需提供资质证明。而辩护人则认为，对电子数据的提取与转码属于专门性问题，文创公司对专门性问题的处理实际上是在行鉴定人之实，因此需要具备司法鉴定资质。由上可以看出，“电子数据鉴定人的资质问题”是本案中的一个重要争点，这实际上也是当前司法实践中一个亟待规范的难点所在。

电子数据之司法鉴定取决于电子数据的特点，而电子数据是以二进制形式存在于各种存储媒介和网络数据流中的信息，这使它有别于传统的司法鉴定，既可以定性，又可以定量。[1]因而，对电子数据司法鉴定人员的资质具有非常严格的要求。就公安机关电子数据鉴定人的要求而言，2005年《公安机关电子数据鉴定规则》明确规定，从事电子数据鉴定的人员，应当经地市级以上公安机关公共信息网络安全监察部门推荐，通过公安部组织的有关考试、考核，并取得公安部颁发的《公安机关电子数据鉴定人资格证书》，并被公安机关电子数据鉴定机构聘任方可从事电子数据鉴定工作。上述规则同时规定了电子数据鉴定人应当具备的四个条件。从“快播案”庭审情况来看，不仅上述文创公司无相关鉴定资质，就连作为鉴定人出庭的北京市公安局治安管理总队鉴黄部门民警也无符合上述要求的资质。“快播案”庭审质证环节，有这样一段对话：

〔1〕 麦永浩主编：《电子数据司法鉴定实务》，法律出版社2011年版，第9页。

辩护人：您在治安总队专门负责淫秽物品的审验工作，是否有鉴定资格的证书或者鉴定的资质？

鉴定人：就是接受指派担任此工作，审验工作是根据1993年公安部和新闻出版总署的一个规定设立的。

辩护人：对于审验员的选任，有没有相应的法律文件？

鉴定人：没有。

上述对话使得鉴定人的资质缺陷暴露无遗，从而动摇了鉴定意见的中立性和权威性，使得该组重要证据存在明显瑕疵。此案绝非个例，据笔者了解的情况来看，当前我国关于电子数据鉴定人员准入所应具备的从业知识以及技能条件的相关法律规定总体缺乏统一标准，关于电子数据司法鉴定机构的设立和电子数据司法鉴定人的权利义务等规定参差不齐，技术标准和法律水准不一。

英国学者克利夫·梅对于如何赋予计算机专家鉴定电子数据的资格问题曾提出过如下建议，“在遴选计算机专家时，应着重考虑的因素有：（1）备选人员是否具有计算机科学和法学的学历背景；（2）备选人员此前是否有相关成功的实验经历；（3）备选专家是否熟知电子数据的处理标准”，[1]上述建议不无启发。笔者认为，当前首先应当通过统一立法的形式对电子数据司法鉴定人的资质作出明确统一的规定，避免部门立法可能产生的冲突和执行不力的情况。在电子数据鉴定人的资质设定上，应强调同时具备以下两个方面的能力。第一，专业技术能力。“非专业无权威”，专业技能无疑是成为鉴定人的首要前提，唯有掌握精湛专业技能的鉴定人才能产生权威、令人信服的分析意见。第二，法律知识和出庭能力。司法鉴定人的“司法”属性使其区别于一般的专业技术人员，因此电子数据司法鉴定人需要具有相关的法律专业知识，这样有利于鉴定人员在做鉴定时更好地按照法定要求进行鉴定，为证据运用和法庭审查奠定良好的基础。随着鉴定人出庭作证制度的建立，也有必要要求鉴定人熟悉庭审流程和作

〔1〕 Clifford May, “Computer-based Evidence”, *Computer Law & Security Report*, vol. 16 no. 3 (2000).

证规则，以保障庭审高效迅速地进行。此外，需要对电子数据鉴定人的准入标准、考核内容、考核程序和考核主体进行细化规定。同时，在证据能力的判定上，对于无鉴定资质的技术人员所作出的鉴定意见，应当采取绝对排除的原则。

二、电子数据鉴定中的“侦鉴一体化”

“快播案”庭审中的另一大亮点是作为鉴定人（北京市公安局治安管理总队鉴黄部门民警）的出庭作证。在鉴定人出庭范围问题上，我国的立法规定日益明确、日益具体，〔1〕鉴定人从“幕后”走到了“台前”，从“实验室”走到了“审判庭”。“快播案”庭审中，鉴定人的出庭尽管没有消除质疑，但是通过鉴定人的出庭使得鉴定过程中的一些瑕疵和问题暴露出来。笔者认为，这本身就是一种进步，值得肯定。但是，对“快播案”庭审中的鉴定人身份，公众普遍存在一种质疑——公安机关自己内部的民警担任鉴定人能不能保障鉴定意见的公正性？这种质疑不无道理，它实际上涉及当前我国电子数据鉴定中的另一个需要探讨的问题——“侦鉴一体化”问题。

根据2005年《全国人民代表大会常务委员会关于司法鉴定管理问题的决定》的相关规定，侦查机关有权设立鉴定机构，这样就导致实践中侦查机关和鉴定机构的部分重合。这种“侦鉴一体化”模式固然有利于提升侦查工作效率、节省工作成本，但是“自侦自鉴、边侦边鉴”工作方式的弊端也非常明显。第一，鉴定检材在获取、保管、移交过程中缺乏第三方介入与监管，检材的真实性和完整性易受质疑；第二，取证人与鉴定人身

---

〔1〕2005年《全国人民代表大会常务委员会关于司法鉴定管理问题的决定》第11条规定：“在诉讼中，当事人对鉴定意见有异议的，经人民法院依法通知，鉴定人应当出庭作证。”2007年《司法鉴定程序通则》第7条规定：“司法鉴定人经人民法院依法通知，应当出庭作证，回答与鉴定事项有关的问题。”同年，《关于进一步严格依法办案确保办理死刑案件质量的意见》中进一步将法院通知鉴定人出庭的情形明确为：控辩双方对鉴定意见有异议，且鉴定意见对定罪量刑有重大影响的；法院认定不出庭的鉴定人的书面鉴定陈述无法确认的。2013年1月1日实施的《刑事诉讼法》进一步明确了鉴定人出庭的条件：一是诉讼双方对鉴定意见存在争议；二是经过法院的通知；三是鉴定意见对被告人的定罪量刑有重大影响。

份的合一难以避免鉴定人有罪预断的产生，其中立性易受质疑；第三，鉴定人因可能参与侦查取证过程而违反回避规定，其公正性易受质疑；第四，鉴定的启动、受理以及鉴定人的受托等相关程序由侦查机关独立决定，其程序正当性易受质疑。上述弊端的存在，使得“侦鉴一体化”问题一直饱受争议，“快播案”再次使这种争议走到了公众面前。

笔者相信，内设于侦查机关内部的鉴定机构绝大多数都能客观地、公正地作出经得起历史检验的鉴定意见，但是，正是基于这种相信，笔者才更倾向于将鉴定机构从侦查机关内部剥离出来。程序公正是现代法治的重要内涵，而权力制衡是程序公正的首要要求，因此为了保障电子数据的合法性根基，有必要在鉴定环节落实程序公正的相关要求。当前可逐步将内设于侦查机关的鉴定机构独立出来，在高校和科研院所培育一批具有电子数据鉴定资质的机构，同时在侦查机关内部规范相关工作机制，需要进行电子数据鉴定的，应当及时交由中立机构进行鉴定，从而消除公众对鉴定机构的怀疑，从体制层面保证鉴定意见的公正性和客观性。

三、电子数据鉴定程序的规范性

“快播案”中，辩护人对本案涉案淫秽视频文件的鉴定过程、方法、程序存在诸多质疑，比如提出了鉴定人代替另一个鉴定人签名、鉴定标准的判断和把握无明确依据、鉴定检材的来源和保管缺乏具体明确的记录等一系列问题。上述问题集中于一点，就是电子数据鉴定程序的规范性问题。笔者认为，上述问题的出现，其根源在于我国当前关于电子数据鉴定程序的相关规定的滞后与粗疏。

电子数据的提取和利用是由四个环节组成：一是准备阶段；二是收集保全阶段；三是检验分析阶段；四是提交阶段。可以说，在电子数据的准备和收集保全中，提取电子数据只是第一步，核心环节还在于后续对电子数据的检验分析。鉴定过程的不规范会使电子数据的原始性状发生改变，供做鉴定分析、呈现证据信息的电子数据可能已非来源于“案件中的电子数据”，其真实性已发生改变。此外，鉴定人的水平以及鉴定技术的可靠性也直接影响电子数据的真实性。2005 年公安部发布实施的《公安机关电子数据鉴定规则》中对“鉴定的委托”“鉴定的受理”“鉴定程序”“鉴定文书”等内容分别予以规定，2016年修订实施的《司法鉴定程序通则》专章分别规定了“司法鉴定的委托与受理”“司法鉴定的实施”和“司法鉴定意见书的出具”，上述规定在宏观上保障了电子数据鉴定程序的规范性。然而，随着计算机的发展与普及，电子数据鉴定的范围越来越广，鉴定手段、方式也会不断变化——从静态、事后鉴定到动态、过程中鉴定，从个人电脑硬盘中的电子数据鉴定到网络云盘中的电子数据鉴定，从计算机鉴定到智能手机鉴定，上述司法鉴定的程序规定已经很难再满足当前电子数据鉴定的实际需求，因此需要更加具体的鉴定流程模型来指导和规范相应的鉴定工作。有学者即提出将电子数据鉴定的具体流程分为案件受理，鉴定方案制订，数据收集获取，数据固定和副本制作，数据搜索分析，数据提取，数据保全，证据报告和验证、出庭、证据管理等过程和环节。[1]对于鉴定程序的规范问题，也有学者从鉴定受理的规范、鉴定实施过程中的技术规范、《电子证据鉴定书》的内容规范几个方面进行了较为全面的论述。[2]笔者认为，当前应当吸收相关研究成果，针对信息技术发展特点和电子数据的应用实际，及时出台电子数据鉴定程序的具体规定，为电子数据鉴定程序提供明确指引，解决鉴定程序规范性问题。

第三节 电子数据的真实性审查

作为一种特殊的实物证据，电子数据以数字方式存储于磁性介质中，通过肉眼是无法看到其中的存储信息的，只有通过转换及复制显示才能被识读，在此过程中，任何电子数据信息元素的变化或通过网络连接电子数据传输的丢失，都会降低电子数据的客观性。上述形成特点，使得电子数据具有易修改、易湮灭、易污染[3]的特性，电子数据的真实性往往容易

〔1〕 郭秋香、朱金义：“电子数据鉴定体系建设构想”，载《中国司法鉴定》2010年第2期。
〔2〕 台冶强：“规制电子证据鉴定的几个基本问题”，载《中国司法鉴定》2012年第2期。
〔3〕 此处的“污染”指的是受电脑病毒侵袭和破坏。

受到质疑。而有别于传统实物证据，电子数据在本质上属于办案人员“制造”或者“制作”出来的实物证据，[1]为避免电子数据出现伪造、变造，提出证据的一方需要对这些证据所记载的内容进行真实性验证，即电子数据的鉴真。网络犯罪证明体系中，电子数据的真实性审查是通过鉴真规则的设置来实现的，鉴真对于保障电子数据在诉讼中的准入资格具有核心作用，因此有必要专门加以研究。

一、电子数据鉴真的内涵

鉴真[2]规则是证据法中的一个重要原则，威格莫尔认为，鉴真是指如果所涉及的只是一个对象，那么需要证明其就是与某人、某一时间、某一地点或某一条件相关的那个对象；辨认是指如果所涉及的是表面上不同的两个对象，那么需要明确这两者实际上是同一个对象，或是完全独立的两个不同对象。[3]也有学者认为，鉴真是证明某一证据就是其提出者所主张的某个特定证据的证明过程；对实物证据进行鉴真的过程，被称为证据辨认。[4]鉴真应当是电子数据获取证据能力和证明力的前提和基础。

电子数据鉴真，是指在诉讼中应有充分理由证明电子数据来源可靠，而且这些证据的提取、收集程序合法，以及提取或收集到的信息在庭审证据开示之前能得到真实性保证。有别于传统证据，电子数据以数字方式存储于磁性介质中，通过肉眼是无法看到其中的存储信息的，只有通过转换及复制显示在实物证据上才能被识读。在此过程中，任何电子数据信息元素的变化或通过网络连接电子数据造成的传输中的丢失，都会降低电子数

---

〔1〕 陈瑞华：“实物证据的鉴真问题”，载《法学研究》，2011 年第 5 期。

〔2〕 “鉴真”一词之英文表述为“Authentication”，意思可译为，“证明某人或某物系证据提出者所主张的事项”，具有确定证据的“真实性”（authenticity）的意思。参见［美］罗纳德·J. 艾伦、理查德·B. 库恩斯、埃莉诺·斯威夫特：《证据法 文本、问题和案例》，张保生、王进喜、赵滢译，高等教育出版社 2006 年版，第 212 页。

〔3〕 See Paul C. Giannelli, “Chain of Custody and the Handling of Real Evidence”, 20 *Am. Crim. L. Rev.* 527 (1982-1983).

〔4〕 Edward J. Imwinkelried, “Identification of Original, Real Evidence”, 61 *Mil. L. Rev.* 145 (1973).

据的客观性，从而使庭审中呈现的电子数据受到质疑。[1]

我国2013年实施的《最高法刑诉解释》对电子数据的鉴真提出了明确要求，[2]但从实践情况来看，上述要求似乎仍显粗疏，因而并未能够有效指导、约束侦查机关的取证工作，从而使得电子数据的真实性审查成为当前司法实践中的一大难题。

2016年初公开审理“快播案”的庭审中，关于电子数据真实性问题无疑是质证最为激烈的问题。从被告人及其辩护人的质疑归纳来看，无外乎两点。第一，电子数据提取过程的合法性与规范性无法证明；第二，电子数据转移过程无法证明，不能排除电子数据被污染、被调包的可能。一言以蔽之，程序合法性的不可证动摇了电子数据的真实之基。从庭审情况来看，对于被告人及其辩护人的上述质疑，公诉人似乎确实未能提供有说服力的证据。这就使得我国当前电子数据运用中另一个难点——如何用证据来证明（审查）电子数据的真实性，显现在了公众面前。2016年10月1日实施的《电子数据规定》通过诸多条款对电子数据的真实性审查提出要求，这也正是对上述存在的问题的正视与应对。

---

〔1〕 英国高级警察协会制作的《英国数据证据良好操作指南》指出：“在法庭上展示证据的客观性，如同展示证据的连贯性和完整性一样，都是至关重要的。同样，也有必要展示证据是如何被发现的，要展示获取证据的每一个步骤。证据应当被保存到这种程度：第三方通过重复同样的步骤也能够得到（与控方提交到法庭的证据）同样的结果。”参见陈永生：“电子数据搜查、扣押的法律规制”，载《现代法学》2014年第5期。

〔2〕 2013年实施的《最高法刑诉解释》第93条规定：“对电子邮件、电子数据交换、网上聊天记录、博客、微博客、手机短信、电子签名、域名等电子数据，应当着重审查以下内容：（一）是否随原始存储介质移送；在原始存储介质无法封存、不便移动或者依法应当由有关部门保管、处理、返还时，提取、复制电子数据是否由二人以上进行，是否足以保证电子数据的完整性，有无提取、复制过程及原始存储介质存放地点的文字说明和签名；（二）收集程序、方式是否符合法律及有关技术规范；经勘验、检查、搜查等侦查活动收集的电子数据，是否附有笔录、清单，并经侦查人员、电子数据持有人、见证人签名；没有持有人签名的，是否注明原因；远程调取境外或者异地的电子数据的，是否注明相关情况；对电子数据的规格、类别、文件格式等注明是否清楚；（三）电子数据内容是否真实，有无删除、修改、增加等情形；（四）电子数据与案件事实有无关联；（五）与案件事实有关联的电子数据是否全面收集。”

二、电子数据鉴真的目的

对电子数据进行鉴真，基于实现以下几项目的。

（一）保障电子数据的合法准入

如上所述，电子数据以数字方式存储于磁性介质中，通过肉眼是无法看到其中的存储信息的，只有通过转换及复制显示才能被识读，在此过程中，任何电子数据信息元素的变化或通过网络连接电子数据而造成的传输中的丢失，都会降低电子数据的客观性。上述特点使得电子数据具有易修改、易湮灭、易污染的特点。此外，电子数据鉴定的特殊性以及电子数据所经历的诸多流转环节和检验报告反映检验分析状况的局限性，都可能影响我们真实地揭示该证据的客观属性，并最终影响该证据反映事实真相的可靠性和证明力。以“快播案”的庭审为例，“快播案”庭审中，公诉方指控被告犯罪的关键证据是快播公司托管服务器中提取出的以电子数据形态存在的21 251个淫秽视频文件。本组证据的流转路径是“北京市海淀区文化委员会查获快播公司托管的四台服务器→送北京市版权局进行鉴定→北京市公安局海淀分局从北京市版权局版权管理处接受上述四台服务器→送北京市公安局治安管理总队→北京市公安局治安管理总队委托某信息技术公司进行技术支持（开启服务器、提取数据、解码、导出至硬盘）→北京市公安局治安管理总队鉴黄部门民警对上述硬盘中的数据进行涉黄鉴定。”该组证据遭到了辩护方的质疑。通过庭审实录进行归纳，笔者发现，辩护方的质疑主要集中在以下几个方面：第一，涉黄服务器的原始性和完整性被破坏；第二，涉黄服务器的扣押保管不符合法律规定；第三，证据转移有问题，不排除有调包和被污染的可能性；第四，提取、开启、鉴定电子证据手续不合法。上述质疑实际上直指电子数据的真实性问题，若上述电子数据的真实性得不到证明，无疑不具有进入诉讼的资格。

（二）确保事实认定的准确性

事实是证据法的逻辑起点，审判活动始于事实认定，事实认定又构成了审判活动的主要内容。[1]刑事诉讼中需要予以认定的事实具有历史性，事实一旦发生即无法更改，也无法重现，只能通过案件中留下的各种信息资料来还原、证明既往事实。重要证据一旦被毁损，很可能会对事实认定者准确认定案件事实造成无法挽回的消极影响。为了尽可能准确地认定事实，就必须尽可能地保证证据的完整性，以全面反映案件事实。从侦查机关收集证据，到证据被移送到鉴定机构进行鉴定或向法庭出示的过程中，电子数据会由侦查人员从犯罪现场移送到侦查机关所在地，并可能会在侦查机关所在地与鉴定机构所在地往返，最后还会移送到法院当庭出示，如“快播案”中的关键电子数据就经历了多环节、长时间的转移流转。证据在不同地点、不同持有人之间转移的多个环节中，如果交接不当或轻视环节之间的保管，证据极易发生混淆、遗失。因此，必须对此过程进行严格审查，方能保证其在事实认定中的资格。

(三) 防止证据灭失、毁损或被替换

从实践情况看，侦查程序中证据的收集、转移、保管以及鉴定都是在侦查机关单方面控制之下完成的，其他单位或当事人通常无法参与上述过程。由于证据流转过程的不透明，缺乏有效监督，所运用的证据存在失真的风险。加之电子数据是一种不具有明显自然特征、不易直接确定的证据，这使得调包或替换都具有可能性。针对上述问题，我国各立法部门也已颁布了不少法律法规以完善电子证据的保管链条。例如，公安部 2005 年发布的《计算机犯罪现场勘验与电子证据检查规则》全面规定了计算机犯罪现场勘验、检查的程序和方法。其中，第 3 章规定了电子证据的固定与封存；第 4 章规定了现场勘验检查；第 5 章规定了远程勘验；第 6 章规定了电子证据检查；第 7 章规定了勘验检查记录。在电子证据保管链的构建中，该规则第 14 条具体规定了固定存储媒介和电子数据的方式包括三种，分别是：完整性校验方式、备份方式和封存方式。第 16 条规定：“对现场状况以及提取数据、封存物品文件的过程、在线分析的关键步骤应当录像，录像带应当编号封存。”第 28 条规定：“从电子证据中提取电子数据，

[1] 张保生主编：《证据法学》，中国政法大学出版社 2009 年版，第 1 页。

应当制作《提取电子数据清单》，记录该电子数据的来源和提取方法。”第29条规定了复制、制作原始存储媒介的备份原则：一是复制并重新封存原始存储媒介；二是对解除封存状态、开始复制、复制结束、重新封存等关键步骤应当录像记录检查人员实施的操作；三是复制完成后应当依照第13条规定重新封存原始存储媒介，并制作、填写《封存电子证据清单》。

同时，第33条规定了制作勘验、检查的工作记录的签名盖章要求。通过上述条款，电子证据保管链条中证据制作、存储、传递、获得、收集、出示等环节中涉及证据真实性的各个方面都有了严格规定。2016年10月1日开始正式实施的《电子数据规定》进一步对电子数据保管链条作出了明确规定。《电子数据规定》第18条规定：“收集、提取的原始存储介质或者电子数据，应当以封存状态随案移送，并制作电子数据的备份一并移送。对网页、文档、图片等可以直接展示的电子数据，可以不随案移送打印件；人民法院、人民检察院因设备等条件限制无法直接展示电子数据的，侦查机关应当随案移送打印件，或者附展示工具和展示方法说明。对冻结的电子数据，应当移送被冻结电子数据的清单，注明类别、文件格式、冻结主体、证据要点、相关网络应用账号，并附查看工具和方法的说明。”鉴真程序的存在，就是使电子数据能够有据可查，还原电子数据从提取到利用的全过程，根据相应记录查询这一个过程中的每个中转节点、每个经手人都有，从而起到跟进、监督过程，增强办案人员责任心的作用，从而防止证据灭失、毁损或被替换的情况出现。

三、电子数据鉴真的内容

对电子数据进行鉴真，重点应当放在哪些地方？笔者认为，重点应放在以下几个方面。

（一）电子数据提取过程的可回溯性

由于电子数据的特殊性，电子数据的形成受提取时间、地点、提取人和设备情况的影响，电子数据的原始性和完整性可能都会受到影响，也就是说，电子数据在本质上属于办案人员“制造”或者“制作”出来的实物证据，这一“制造”或者“制作”过程的规范对于保障电子数据的原始性和完整性具有重要意义。尤其是所提取电子数据的目标电脑为个人拥有、处于私人领域而具有“天然合理隐私期待”的情况下，取证的合法性将直接影响电子数据的合法性。[1]电子数据提取过程的可回溯性就是使上述过程有迹可循——涉案电子数据是由何人、何时、在何地、采用何种方式提取，有无见证人在场等必备细节能够予以完整回溯，从而防止证据“栽赃”(由他人案发后植入)、调包、混合等情况发生。如上文所述，“快播案”用以指控犯罪的那组关键电子数据的提取经历了极为漫长和曲折的过程：北京市海淀区文化委员会查获快播公司托管的四台服务器→送北京市版权局进行鉴定→北京市公安局海淀分局从北京市版权局版权管理处接受上述四台服务器→送北京市公安局治安管理总队→北京市公安局治安管理总队委托某信息技术公司进行技术支持（开启服务器、提取数据、解码、导出至硬盘)。这种提取过程的漫长性和曲折性，使得有迹可循的证据来源通道尤为重要。

在进行证据分析时有三个问题必然涉及：“(1) 必须被证明的最终主张是什么？(2) 可用数据是什么？(3) 在这些数据和最终主张之间，存在什么样的似真或可辩解关系？”[2]电子证据从现场提取到应用于法庭经历了一个相当漫长的过程，而且要实现从物证到鉴定意见这样一个证据形态的转化，这种情况下，搭建一个可用数据与最终主张之间的桥梁尤为重要。那么，这个通道如何建立？笔者认为，上述整个过程、各个环节均应有相应证据佐证，各环节之间应无缝对接、自然过渡，从而形成一个可追溯、可逆推的证据通道。“快播案”中显然缺乏了这种证据通道的搭建，从而使得公诉人难以对辩护方的质疑作出有说服力的回应。

《美国联邦证据规则》将鉴真作为一个条件相关性和逻辑相关性的问题。104（b）规则规定，“当证据的相关性取决于某事实是否存在时，必须提出足以支持认定该事实确实存在的证明”，这是条件相关性；901（a）

〔1〕 Rachel S. Martin. Watch What You Type: as the FBI Records Your Keystrokes, the Fourth Amendment Develops Carpal Tunnel Syndrome. 40 am. Crim. L. Rev. 1271 (2003).

〔2〕［美］特伦斯·安德森、戴维·舒姆、威廉·特文宁：《证据分析》，张保生等译，中国人民大学出版社 2012 年版，第 146 页。

规则规定："为满足对证据进行验真或辨认的要求，证据提出者必须提出足以支持该证据系证据提出者所主张证据之认定的证据"，这是逻辑相关性。[1]证明实际出示的证据就是打算出示的证据，适用前者；证明打算出示的证据与案件相关，适用后者。在使用电子数据的案件中，缺乏电子数据提取过程的证明，就很难认定所提取的电子数据与案件事实的关联性；缺乏提取结果，提取过程对案件事实自然也失去证明价值。实践中，回溯电子数据的提取过程是可以通过对电子数据提取笔录的审查来进行的，这就要求从事现场证据收集的侦查人员必须客观、全面、如实地制作电子数据提取笔录，通过笔录的内容尽可能完整地、直观地还原电子数据的提取过程，用以证明该份电子数据的原始来源、检材提取过程的规范性和合法性，为该份证据的后续应用奠定基础。

（二）电子数据鉴定过程的可靠性

我国有学者指出，实物证据的鉴真和鉴定是两种带有独立性的证据鉴别活动，[2]笔者赞同这种观点，原因主要有三个方面。第一，诉讼作用不同。鉴真既是保障实物证据合法性的必要支撑，也是对主证据（实物证据）证明力的一种补强。如在英国，在对某一物证的真实性存在疑问的情况下，法官通常会调查该物证的来源以及提取物证的整个过程，这被视为确保物证真实性的程序要求。而在美国，鉴真属于实物证据具备可采性的基本条件之一，未经鉴真的实物证据是不具有可采性的，法官可以将其排除于法庭之外。鉴定则是一种专业性的鉴别活动，它是鉴定人就案件中所涉及的专门科学技术问题进行的分析，以解决司法人员的专业认识障碍。第二，行使主体不同。鉴真作为一种真实性审查，其主要是由法官来进行的，是法官裁判权的一种行使方式。鉴定则是某一领域的技术专家在被委托或聘请的前提下进行，其借助专业知识分析判断后形成的鉴定意见并不对事实认定者产生必然约束力。第三，设置原因不同。证据之所以需要鉴真，是因为在证据的收集提取与法庭审理之间存在一个时间间隔，

---

〔1〕王进喜：《美国〈联邦证据规则〉（2011年重塑版）条解》，中国法制出版社2012年版，第20页、第309页。

〔2〕陈瑞华："实物证据的鉴真问题"，载《法学研究》2011年第5期。

而经过这种间隔，实物证据的真实性可能会发生变化，实物证据的同一性也会引起合理的怀疑。证据之所以需要鉴定，是因为证据中蕴含着大量信息，只有通过鉴定人利用专业技术、专业工具才能过滤无关信息，才能将有证明价值的事实信息挖掘出来并以直观可视的形式呈现于司法人员面前。

由于电子数据的特性，它对提取、保管、鉴定等环节流程的规范性极为敏感，分析过程的不规范会使电子数据的原始性和完整性发生改变，供做鉴定分析、呈现证据信息的电子数据可能已非来源于“案件中的电子数据”，其真实性已发生改变。此外，鉴定人的技术水平和鉴定技术的规范性也会影响电子数据的真实性。在“快播案”中，围绕涉案电子数据真实性的激烈抗辩实际上也正是围绕上述问题展开。当前我国对于鉴定机构资质认定有相关法律规定，而鉴定活动主要是依据实验室技术操作规范来进行，并无专门针对鉴定过程的具体法律规范。通常情况下，侦查机关将检材（样本）交给鉴定机构委托鉴定后，就由鉴定机构的鉴定人进行非公开的鉴定，然后坐等鉴定结果作出。鉴定过程成为一个缺乏见证与监督的封闭性操作环节，而这个环节恰恰是电子数据从提取到应用于认定案件事实的诉讼流程中最为关键的一步，这个环节若缺乏审查，电子数据的真实性将无法得到信服。因此，对电子数据的真实性审查，必然应包括对鉴定过程可靠性的审查。笔者认为，当前对电子数据鉴定过程可靠性的审查应放在对电子数据客观真实性和证明力产生影响的技术方式、鉴定检验设备、操作流程等重要方面的审查上，具体包括鉴定机构资质，鉴定机构管理水平，鉴定人资质、检验方法、防污染措施，鉴定技术和方法的可靠性及适用性，最终结果与鉴定要求的符合度等方面。

（三）电子数据证据保管链的完整性

证据保管链是指负责保管证据的人员，由证据收集到证据最终被处理，按时间顺序持续记录证据被收集、转移、存放、使用、处理等全部环节的证明文件所反映的证据流动路径。[1]由此可以看出，证据保管链反

---

〔1〕 杜国栋：《论证据的完整性》，中国政法大学出版社 2012 年版，第 171~172 页。

映的是证据流动、运行的过程，这一过程的证明由证据保管人员和证据保管文件来实现的。证据保管人员，是参与证据的收集、保管、移送、使用及最后处理的负责人员。证据保管人员承担着证据安全保障的职责，也承担着记录证据流动情况的工作，还是就其参与的证据保管情况进行当庭作证的证人。完整的证据保管链需要所有经手证据的相关保管者当庭指认证据，并提供证明证据交接情况及证据在其掌管期间存放于安全地点的证言。〔1〕证据保管文件是证据保管人员记录证据保管情况的书面材料，既可作为证明证据流动情况的书证，也可和证据保管人员的证言形成印证。完整的证据保管链详细记录了证据的收集、保管、移送和使用情况，这种记录也是对侦控机关内部证据保管责任的界定以及证据保管流程的梳理，通过明确的证据保管责任划分和科学的流程设计，可以有效地防范证据丢失、替换、污染、损毁等情况发生，从而确保证据的安全。同时，通过证据保管链，可以发现证据被替换、污染或者灭失的发生环节、发生原因，并据此确定保管不当的责任承担方式以及决定证据的可采性。“快播案”中，我们看到，存有淫秽视频文件的缓存服务器硬盘经历了多部门、多名人员的接触和保管，至鉴定人手中时，四块硬盘已经有一块硬盘被毁损，其余三块硬盘也未处于封存状态。在这个漫长、曲折的过程中，上述硬盘经历了什么样的流转过程、过了哪些人的手、硬盘在各阶段的完整性如何？对于这些重要问题，似乎公诉方并未拿出能够予以证明上述保管过程的相应证据，从而造成本案中的证据保管链条处于不可视、不可审的断裂状态。

笔者认为，为了保障电子数据的提取、保存、展示至法庭质证这一全过程的可回溯性，同时保障电子数据证据保管链的可视性，有必要重视电子数据提取笔录的制作。电子数据提取笔录就是对电子数据提取、流转、保管、分析至法庭质证全过程的见证和记载，其实质是以主观化形式将电子数据的提取、流转过程客观化，以佐证电子数据获取方式的规范性和合

〔1〕［美］约翰·W. 斯特龙主编：《麦考密克论证据》，汤维建等译，中国政法大学出版社2004年版，第220页。

法性。[1]作为记录电子数据获取、流转等过程的电子数据提取笔录，在电子数据的真实性审查上起着不可替代的作用，它既可以搭建可用数据与最终主张之间的桥梁，又可以反映电子数据取证过程的合法性以及证明电子数据保管链条的完整性，同时也可以对鉴定过程的可靠性予以证明。因此，可将电子数据提取笔录作为运用于电子数据案件中的必要证据，即在庭审中所运用的电子数据必须有电子数据提取笔录进行印证和支撑，以解决电子数据真实性审查的依据问题。笔者在下文将对电子数据提取笔录这一重要证据形式进行专门论述。

值得提出的是，2016年10月1日实施的《电子数据规定》对鉴真主体、鉴真内容以及鉴真后的处理作出了明确规定，将电子数据的鉴真主体明确规定为法院。第22条要求法院对电子数据有无增加、删除、修改等情形予以审查，审查电子数据是否具有数字签名、数字证书等特殊标识，还需审查电子数据的完整性。而在第28条则明确规定对于电子数据系篡改、伪造或者无法确定真伪的，电子数据有增加、删除、修改等情形，影响电子数据真实性的，或者其他无法保证电子数据真实性的情形的，应当否定其证据资格，不能作为认定案件事实的根据。这实际上对电子数据鉴真的内容初步作出了规定，但笔者认为上述规定仍显粗疏，是否能有效指导和规范当前司法实践中电子数据的提取和应用，仍待进一步观察。

第四节 电子数据的冻结

为规范电子数据的收集、提取和审查判断，提高刑事案件办理质量，

[1] 本书所指的“电子数据提取笔录”不同于“电子数据勘验笔录”。所谓的“电子数据勘验笔录”实际上是勘验笔录的一种，它是对侦查机关“勘验”过程的记录。与电子数据有关的勘验是指侦查人员对与犯罪有关的场所、物品进行查看、固定的侦查行为，它主要是以场所、物品为对象进行的，具体而言，“与犯罪有关的场所”主要是指犯罪现场、现场外围以及其他可能留存电子数据的地方；与犯罪有关的“物品”是指作为存储涉案电子数据的载体及辅助作案工具。可见，“勘验”区别于“电子数据的收集、保存和流转行为”，电子数据提取笔录与“电子数据勘验、检查笔录”本质上是两种不同的笔录。

2016年9月9日，最高人民法院、最高人民检察院、公安部联合印发的《电子数据规定》首次建立了“电子数据冻结程序”。作为保护电子数据完整性的一种新方法，电子数据冻结程序的提出必然会给司法机关的侦查工作带来巨大的挑战，如何应对这种挑战成为当下亟待解决的问题。本书试图对电子数据冻结的属性及其适用进行初步探讨，以抛砖引玉。

一、电子数据“冻结”的概念

（一）诉讼语境中的“冻结”

冻结（Freeze），“比喻阻止流动或变动”，[1] 如冻结人员、资金、物价等。法学意义上的冻结有两种含义，一是使变得固定而不能增加，如冻结利率、冻结价格。二是由政府命令或银行行动使其不动，[2] 如冻结资产、冻结银行账户。可见，“冻结”一词在法律环境下又衍生了不同于传统汉语语境下的意义，更甚者，冻结在三大诉讼法中的含义与性质也不尽相同。尽管法律没有专门对“冻结”一词作出解释，我们仍然可以通过对比研究三大诉讼法中关于“冻结”的条款，管窥冻结的含义与性质。

《中华人民共和国行政诉讼法》第12条第2款规定，人民法院受理公民、法人或者其他组织提起的下列诉讼：对限制人身自由或者对财产的查封、扣押、冻结等行政强制措施和行政强制执行不服的……可见，在《中华人民共和国行政诉讼法》中，冻结是一种和查封、扣押并列的行政强制措施，而且主要是限制金融资产流动的强制措施。冻结的对象既包括银行存款、汇款和邮政企业汇款，也包括股票等有价证券。

《刑事诉讼法》第144条规定：“人民检察院、公安机关根据侦查犯罪的需要，可以依照规定查询、冻结犯罪嫌疑人的存款、汇款、债券、股票、基金份额等财产。有关单位和个人应当配合。犯罪嫌疑人的存款、汇款、债券、股票、基金份额等财产已被冻结的，不得重复冻结。”冻结同查询一样是我国侦查机关的一项法定职权，也是一种法定的强制性措施。

---

〔1〕 参见《现代汉语词典》，“冻结”条，第233页。

〔2〕 Black’s Law Dictionary（9th Ed）. West Group 2009, p. 737.

尽管《刑事诉讼法》没有对冻结的性质作出明确规定，但我们可以从法条中推断，人民检察院和公安机关是为了侦查犯罪的需要才冻结犯罪嫌疑人的存款、汇款等。因此，这里的冻结可以理解为一种对物的强制性措施。

《民事诉讼法》第103条规定，“财产保全采取查封、扣押、冻结或者法律规定的其他方法……”这里的冻结，是指人民法院向银行、证券公司等金融机构发出协助执行通知书，不准被执行人在一定期限内提取和转移该项存款、证券的执行措施。可见，民事诉讼法中的冻结不同于行政诉讼法和刑事诉讼法中的冻结，它是一种防止被执行人转移、隐匿财产的财产保全措施。

通过对三大诉讼法中相关“冻结”条款的梳理，可以得出结论——冻结在我国诉讼法上的属性主要是一种限制金融资产流动的强制性措施。除了民事诉讼法中的财产保全外，冻结的对象既包括银行存款、汇款等，也包括股票等有价证券。

（二）电子数据冻结的属性

通过上面的分析，不难发现，在传统司法实践中，冻结一般仅限于财物，如存款、汇款、股票、证券等。《电子数据规定》的出台，使“电子数据冻结”出现在我国刑事司法的实践当中。那么，什么是“电子数据冻结”？笔者认为，所谓“电子数据冻结”，是指为防止电子数据被随意增删修改，而运用技术手段对电子数据进行的固定保全。

那么对于无形的电子数据是否能够冻结呢？我们可以通过分析电子数据冻结的必要性与可行性来回答这个问题。

1. 电子数据冻结的必要性

所谓电子数据取证，即通过各种合法取证手段对相关储存介质中的涉案信息进行发现、收集与固定。[1] 与传统证据相比，作为一种新的证据类型，电子数据在取证过程中更容易发生变化。比如，当行为人认为某份

---

〔1〕 王永强、陈成：“职务犯罪侦查中电子数据取证问题研究”，载《湖南警察学院学报》2015年第5期。

文件不具有保存价值时，只需用鼠标轻点“删除”（delete）指令，即可将文件删除，几乎不需要耗费任何时间和精力。[1] 英国高级警察协会（ACPO）在《英国数据证据良好操作指南》中指出，“操作系统和其他程序的经常更改，添加和删除电子内容存储都可以自动发生而不为用户所知”。[2] 也即是说，即使行为人没有对数据实施操作，电脑程序本身的运行也会导致电子数据的改变。电子数据脆弱易变的特征使得其极易遭到外来破坏，尽管被删除后的电子数据往往能够进行数据恢复，但相关恢复工作所耗费的时间很可能使案件侦查错过最佳时机，尤其是一些较为特殊的电子数据，其一经破损灭失，便再难以修复和再现。此时，电子数据冻结的及时性就显得尤为突出了。

在传统司法实践中，侦查机关收集提取电子数据的方式主要是搜查、扣押。扣押保存能证明案件事实的存储涉案数据的计算机设备或数据存储设备，采用扣押的方式能够有效阻止犯罪信息的进一步传播，减轻社会危害性。但搜查、扣押存在着很大的局限性，例如，对于大型网站的计算机网络系统，就很难采用扣押全部设备的方式，即便是只扣押其中的某些数据库计算机系统，也可能使商业网站不能正常运作。[3] 除此之外，在当前及未来继续发展的云计算存储环境下，数据存储将呈现分布式的状态，即数据可以以碎片化的形式在不同位置得以保存。在分布式存储的状态下，侦查人员根本无法判断哪个是原始存储介质，甚至找不到原始存储介质的所在之地。涉案数据可能分散存储在不同的第三方平台，这使得扣押原始介质这种取证方式很难实现收集提取证据的目标。

2. 电子数据冻结的可行性

经过多年的发展，现有的取证技术已经日趋成熟。例如，数据复原技术、数据监控技术、密码破译技术、日志分析技术、数据复制技术、镜像备份技术等能够精确地搜查电子数据继而进行数据冻结，取证工具的推陈

---

〔1〕 陈永生：“电子数据搜查、扣押的法律规制”，载《现代法学》2014 年第 5 期。

〔2〕 ACPO Good Practice Guide for Digital Evidence, March 2012.

〔3〕 皮勇：“电子证据的搜查扣押措施研究”，载《江西公安专科学校学报》2004 年第 1 期。

出新也为电子数据的收集提供了保障。[1]另外，电子数据取证需要遵循严格的技术标准与程序，这对取证人员的计算机专业水平提出了很高的要求，而一般的侦查取证人员并不具备这种专业水平。基于电子数据取证的实践困境，第三方专业取证机构便应运而生，并在协助侦查机关收集提取电子数据方面发挥了举足轻重的作用。比如“快播案”中，北京市公安局治安管理总队由于自身技术瓶颈，委托某信息技术公司协助其开启、提取、解码相关涉案电子数据，获得了涉案的关键证据。[2]

除此之外，在大数据时代，电子数据主体与其实际持有者发生了分离，大部分个人信息并没有掌握在信息主体手中，而是为网络平台所掌控。腾讯、阿里巴巴、新浪、京东商城、亚马逊、Facebook 等平台型企业逐步壮大，并深刻影响着人们的生活、交往方式。在这种趋势下，持有海量电子数据的网络平台也就逐渐成了电子数据取证的重要来源。[3]而《中华人民共和国网络安全法》（以下简称《网络安全法》）的出台为网络服务提供者设置了安全保护义务，如确定了网络安全负责人制度，强化防范危害网络安全行为的技术措施，采取数据分类、重要数据备份和加密等措施，同时要求网络运营者采取监测、记录网络运行状态、网络安全事件的技术措施，并按照规定留存相关的网络日志不少于六个月。这一规定为网络服务提供者协助侦查机关冻结电子数据提供了法律基础。

二、电子数据冻结程序的运行障碍

冻结同搜查、扣押一样，都是提取电子数据的一种手段，二者既有联系又有区别。联系在于扣押、冻结电子数据前都要先确定电子数据是否存在于某个服务器或存储设备上。区别在于，提取电子数据以扣押存储设备

---

〔1〕美国 Guidance Sofware 公司的 EnCase、厦门美亚柏科信息股份有限公司的取证大师等软件为一些执法机关所采用。另外市场上还有电子邮件取证分析软件、苹果分析取证软件等专门取证软件。

〔2〕王志刚：“从‘快播案’看当前电子数据运用困境”，载《法治研究》2016 年第 4 期。

〔3〕王燃：“大数据时代个人信息保护视野下的电子取证——以网络平台为视角”，载《山东警察学院学报》2015 年第 5 期。

为原则，当设备不便于提取时才考虑对电子数据进行冻结。因此，搜查、扣押电子数据面临的实践难题也会是电子数据冻结要面临的问题，我们可以通过对比电子数据搜查、扣押实践的困境来分析电子数据冻结将会面临的问题，并提出解决方案。

（一）电子数据冻结侵权问题突出

电子数据冻结措施影响的不只是电子数据持有者，还常常关涉网络服务提供者、第三人乃至公众的利益。因此，电子数据冻结中的权利保障问题是我们应该重点关注的问题。〔1〕

第一，易侵犯犯罪嫌疑人和第三人的权利。取证人员在冻结电子数据之前往往要先搜查涉案计算机系统及其存储设备，对于联网的计算机还要搜查相关网络服务系统，以便于确认是否冻结电子数据，以及冻结的范围。但搜查电子数据和保护信息主体的隐私权是相互矛盾的，因为涉案计算机系统一般存储着海量的、各式各样的电子数据，其中既有涉案的犯罪嫌疑人的信息，也有毫无关联的第三人的信息。同理，对第三人进行电子数据冻结时也可能侵犯其合法权利，影响其正常的信息往来、交流。比如，犯罪嫌疑人利用计算机实施了网络诈骗，侦查人员在对涉案计算机进行搜查取证时，可能会搜查到与案件无关的如其子女的姓名、家庭住址、单位、职业等个人隐私信息。此时，侦查机关的取证行为就有可能侵犯第三人和犯罪嫌疑人的隐私权。

第二，易侵犯网络服务提供者的权利。网络服务提供者的计算机系统在正常运营的情况下不仅存储着网络用户的信息，也存储着其自身的一些重要信息，比如商业秘密、重要客户资源等。如果需要搜查、冻结企业用户的网络系统，通常会要求这些企业提供配合、协助。如此一来，就可能对企业的正常运行造成障碍，增加其人力、物力的负担，甚至可能导致这些企业的商业秘密泄露，造成经济损失，损害企业商业利益。〔2〕这也是网络服务提供者在实践中不愿协助侦查机关调查取证的一个重要原因。

〔1〕 皮勇：“电子证据的搜查扣押措施研究”，载《江西公安专科学校学报》2004年第1期。

〔2〕 皮勇：“电子证据的搜查扣押措施研究”，载《江西公安专科学校学报》2004年第1期。

（二）网络服务提供者怠于履行其侦查协助义务

刑事侦查是打击犯罪的重要国家活动，因此公安机关收集提取电子数据的目的就是查清案件事实，打击犯罪。而网络服务提供者基于合同义务和侵权法上的权益保护义务必须对信息主体提供个人信息保护。[1]在两种价值目标下，如何协调侦查机关收集电子数据的职责需要与网络服务提供者的信息保护义务，就成了实践中的一个棘手问题。

除了能向侦查机关提供犯罪嫌疑人的涉案个人数据外，在犯罪嫌疑人对数据实施加密、隐匿等反侦查措施的时候，网络服务提供者基于其技术优势也能为侦查机关提供必要的技术支持。实践中，大型的网络服务提供者掌握着大量的电了数据，如果侦查机关能掌握到这些电了数据，对案件的迅速、准确侦破将会十分有利。事实上，很多网络服务提供者不愿配合侦查机关取证，怠于履行其侦查协助义务。近年来的“秦火火案件”“韩兴昌案件”引起了社会的高度关注。在这些案件中，网络服务提供者怠于履行其管理职责，或出于自身利益考虑，不积极协助办案机关进行调查，是导致案件难以侦破的主要原因。这种行为不但严重影响了侦查机关的工作效率，还对相关网络犯罪起到了推波助澜的作用，危害极大。由于缺乏具体而严厉的惩罚措施，司法实践中，各大互联网企业经常以“不存储数据”“保护个人信息”“取证时间长”等理由来应对司法机关的协助取证要求。另外，《中华人民共和国刑法修正案（九）》（以下简称《刑法修正案（九）》）也提出了网络服务提供者承担刑事责任的新模式。不履行网络安全管理义务导致违法信息大量传播等危害结果的网络服务提供者将可能承担刑事责任。[2]这给网络服务提供者无正当理由拒不承担侦查协助义务入刑提供了重要参考。

（三）电子数据冻结程序制衡机制不规范

《电子数据规定》第 11 条规定：“具有下列情形之一的，经县级以上公安机关负责人或者检察长批准，可以对电子数据进行冻结：（一）数据

---

〔1〕 谢珺：“论网络服务提供者的个人信息保护义务”，载《新闻知识》2011 年第 2 期。

〔2〕 涂龙科：“网络内容管理义务与网络服务提供者的刑事责任”，载《法学评论》2016 年第 3 期。

量大，无法或者不便提取的；（二）提取时间长，可能造成电子数据被篡改或者灭失的；（三）通过网络应用可以更为直观地展示电子数据的；（四）其他需要冻结的情形。”

但这一规定只是一种原则性的规定，在实践中可能引发诸多问题。首先，进行电子数据冻结前，到底是报公安机关批准还是报检察机关批准呢？这在实践中可能会引起争议，导致公安机关和检察机关“掐架”。另外，检察机关在某些案件中本身也是侦查机关，“自批自侦”无法保证监督的有效性，容易流于形式，甚至可能导致公权力对私权利的侵犯。正如孟德斯鸠所言，“一切有权力的人都容易滥用权力”，这是一条亘古不变的规律。实践中可能存在电子数据冻结既由侦查机关批准又由侦查机关执行的尴尬场面。侦查机关的冻结行为缺乏有效的外部监督，极易引发公众对权利保障的担忧。与此同时，“数据量大”“无法、不便提取”等应该如何界定？这种模糊的用词，既缺少规范化的解释，又无明确的操作标准，极易导致侦查机关扩大冻结范围，任意决定冻结的对象与范围。例如，冻结与案件无关的电子数据、应冻结而不冻结、将所冻结的电子数据随意解冻，这些行为都可能引发纠纷与矛盾。尤其是有的侦查机关在“要案必破”的压力下，为了尽快破案，甚至是在某些经济利益的推动下，往往不加区分地将嫌疑人的所有电子数据“一网打尽”，从而侵犯嫌疑人的合法权利。法律规定的阙如，中立监督机关的缺失，使得电子数据冻结程序很难发挥出其应有的作用。

（四）电子数据冻结面临的技术问题

《电子数据规定》第12条第2款规定：“冻结电子数据，应当采取以下一种或者几种方法：（一）计算电子数据的完整性校验值；（二）锁定网络应用账号；（三）其他防止增加、删除、修改电子数据的措施。”

该条指出了冻结电子数据的两种技术方法——计算电子数据的完整性校验值和封锁行为人的账号。但在司法实践中，这两种方法并不一定奏效。

计算电子数据的完整性校验值。根据笔者的理解，冻结是一种数据固定的方法，起到固定保全数据的作用，但是这个过程却是看不见摸不着的。而进行数据完整性校验值的计算，通常情况下是将两个文件进行对比，确保两个文件的一致性。笔者认为，该方法在电子数据冻结过程中的可操作性不大。当前是一个大数据时代，所谓“大”，首先指的便是数据“量”的巨大，当用户的数据达到一定程度的时候，它的计算量会非常大，无论是将数据打包计算还是单个计算，都会占用非常多的资源。有时一个1T 文件会被系统拆分成两个 500G 的小文件存放在不同的存储设备中，而行为人账号下显示的是一个完整的文件，下载之后也是完整的，如此一来，单独计算变得毫无意义。

而采用封锁行为人的账号的冻结方法同样不具有现实可操作性。众所周知，网络本身便是一个开放式的共享平台，网络数据正是基于其便捷性和共享性才得以迅速传播。虽然侦查人员或网络服务提供者封锁了行为人的一个账号，但不能确保该用户只有这一个账号。目前我国个人信息保护体系并不完善，犯罪分子冒用他人名义注册账号进行违法犯罪活动时有发生。当冻结了犯罪分子的一个账号后，说不定会打草惊蛇，导致其使用另外的账号进行数据备份，并逃之夭夭。另外，锁定账号虽然禁止了行为人自身登录使用该账号的行为，但其后台数据同样可能因数据共存或系统运行等原因而发生改变。

三、电子数据冻结程序的规范化构建

根据我国当前司法实践来看，电子数据冻结面临着法律规制和技术提升的双重任务。既要在法律规制方面保障数据持有者的权利，明确司法化电子数据冻结程序，明确网络服务提供者的侦查协助义务，又要在技术上采用数据汇流与镜像备份服务等方式来进行电子数据冻结。笔者认为，当前在电子数据冻结程序规范化构建中需要注意以下几个方面的问题。

（一）强化数据持有者的权利保障

采用电子数据冻结来收集证据对于及时、准确地侦破案件十分有利，但却给信息主体的隐私权带来了新的挑战，无形中置公民的权利于危险之下，导致了刑事诉讼中侦查权力的扩张。[1]《电子数据规定》对电子数据

〔1〕 刘建杰、王琳：“网络犯罪中电子证据取证相关问题探析”，载《学术界》2013 年第 S1 期。

冻结的范围规定得过于宽泛，在未来的立法或者司法解释中，应该细化其范围，明确其标准。比如，如何界定“数据量大，无法或者不便提取的”和“提取时间长，可能造成电子数据被篡改或者灭失的”中的“数量较大”“不便提取”？只有细化其标准，消除其不确定性，才能减少对电子数据持有人及相关网络服务提供者权利的侵犯，也能减少侦查机关的违法操作空间。

然而，电子数据信息量的庞大以及不可分离性使得区分其是否跟案件有关变得十分棘手，网络技术的迅速发展也使得立法无法逐一列举电子数据冻结的范围，因此我们就应该在电子数据被错误冻结后给予相对人充分的救济。一般说来，向侦查机关进行复议申诉获得救济的可能性不会太大。我们可以效仿错误冻结财产的救济方式，将电子数据错误冻结造成的损失纳入《中华人民共和国国家赔偿法》的范围，通过国家赔偿来使相对人获得一定的救济。

除了在实体法上对相对人进行救济之外，还应该对侦查机关的冻结程序进行相应的规范。除了规定侦查机关应该遵循哪些程序，不能作出哪些行为之外，还应对违反冻结电子数据的程序的行为进行相应的制裁。目前，我国只对非法获得的言词证据进行了排除，非法获得的实物证据仍然可以作为证据使用。笔者建议，我国应当构建电子数据的非法证据排除规则，把非法收集的电子数据排除在法庭之外，一方面可以切断侦查机关违法取证的动机，另一方面也保证了相对人的合法权利。

（二）明确网络服务提供者的侦查协助义务

在配合、协助公权力机关监督检查和侦查的义务上，《中华人民共和国电信条例》《互联网信息服务管理办法》以及《全国人民代表大会常务委员会关于加强网络信息保护的决定》等法律法规中都早已有相关规定。[1]最

---

〔1〕《中华人民共和国电信条例》第65条第1款规定：“……除因国家安全或者追查刑事犯罪的需要，由公安机关、国家安全机关或者人民检察院依照法律规定的程序对电信内容进行检查外，任何组织或者个人不得以任何理由对电信内容进行检查。”《互联网信息服务管理办法》第16条规定，互联网信息服务提供者发现其网站传输的信息明显属于本办法第15条（反对宪法所确定的基本原则的……散布谣言，扰乱社会秩序，破坏社会稳定的……）所列内容之一的，应当立即

新的《网络安全法》和《电子数据规定》也再次强调了网络服务提供者的侦查协助义务。

然而，通过对比这些法律规定，不难发现，第一，现有的法律规定过于强调侦查机关的权力，一味强调网络服务提供者的责任与义务，却忽视了他们的权利与相应的救济措施。殊不知，维护网络安全需要共同治理，网络服务提供者同网络用户一样，也是网络空间的参与者，同样应当享有一定的权利并在权利受侵害后获得相应的救济措施。网络服务提供者的本质上是市场主体，利用其技术优势为监管机关提供相应的服务，其为监管而付出的成本应当有相应的对价补偿机制，如此才能增加其协助的积极性。

第二，上述法律法规尽管确立了网络服务提供者的协助义务，但其过于原则化，应该结合实际情况进行细化。除了应对互联网企业配合调查取证的时限、管辖等程序性规则进行明确之外，还应规定具体的惩罚机制。正是由于网络服务提供者的行为一般只受行政法规的规制而不用承担刑事责任，也没有严厉的针对性惩罚措施，才导致很多案件中的网络服务提供者怠于行使其管理职责，也不愿配合公安机关的查处工作。笔者认为，我国法律应当对没有正当理由拒不履行协助义务的互联网企业应该承担的责任进行具体而明确的规定。

在侦查协助方面，金融机构在协助侦查机关调查取证方面已经做得相当成熟，积累了较为丰富的经验，有很多方面值得我们参考借鉴。[1]例如，

(接上页) 停止传输，保存有关记录，并向国家有关机关报告。第23条规定，违反本办法第16条规定的义务的，由省、自治区、直辖市电信管理机构责令改正；情节严重的，对经营性互联网信息服务提供者，并由发证机关吊销经营许可证，对非经营性互联网信息服务提供者，并由备案机关责令关闭网站。《全国人民代表大会常务委员会关于加强网络信息保护的决定》第10条规定，有关主管部门依法履行职责时，网络服务提供者应当予以配合，提供技术支持。

〔1〕 金融机构在协助侦查机关查询、冻结、扣划等方面已有相关的行业管理规定，相关规定都对金融机构协助侦查机关冻结工作制定了较为明晰、便于执行的程序与操作流程。如《金融机构协助查询、冻结、扣划工作管理规定》第7条规定："金融机构应当在其营业机构确定专职部门或专职人员，负责接待要求协助查询、冻结、扣划的有权机关，及时处理协助事宜，并注意保守国家秘密。"第8条规定："办理协助查询业务时，经办人员应当核实执法人员的工作证件，以及有权机关县团级以上（含，下同）机构签发的协助查询存款通知书。"《银行业金融机构协助人民

效仿侦查机关与金融机构签订协助协议的做法，侦查机关可与储存较多涉案网络电子数据的网络服务提供者签订协议，进行合作。比如百度云盘经常被犯罪分子利用以传播淫秽视频，百度公司的相关服务器就存储有大量涉案信息。侦查机关可以通过与其合作来冻结涉案电子数据。再者，有条件的网络服务提供者可以效仿金融机构设立专职部门或专职人员，负责接待要求电子数据冻结的司法机关，及时处理协助事宜，等等。

（三）建立电子数据冻结审批程序

如前文所述，电子数据冻结是一种对物的强制措施。这种强制措施涉及公民的隐私权和处分权、企业的商业秘密等重要权利，必须严格贯彻司法审查原则，以保障相对人的合法权利。对此，可以参照发达国家对物强制措施的审查方法。如法国只允许预审法官决定是否对物采取强制性措施。德国只允许由法官决定，或在有延误危险时也可以由检察院和其辅助官作出决定。意大利由司法机关决定相关事宜。《美国联邦刑事诉讼规则》规定，签发扣押令状的权限在联邦治安法官或联邦辖区内的州法院。英国规定对物的强制行为的决定权在治安法官。[1]

借鉴发达国家的经验并结合我国目前的司法实践，笔者建议电子数据冻结可以采用“事前审查为主、事后审查为辅”的方式。在侦查机关实施冻结行为前对其进行司法审查，能及时有效地防止侦查机关违法实施冻结行为，使之符合程序正当的要求，达到保障公民合法权益的目的。对侦查机关的冻结行为实行事前审查能起到积极有效的侦查监督作用。具体而言，一般情况下，侦查机关冻结犯罪嫌疑人的电子数据须有法院签发的冻结令。事后审查是在出现某种特殊的紧急情况时，侦查机关如不及时采取措施将严重影响侦查效果，如犯罪嫌疑人可能会在公安机关申请司法审查时转移、删除、篡改电子数据以逃避侦查。所以应当允许侦查机关在紧急

（接上页）检察院公安机关国家安全机关查询冻结工作规定》第6条第1款规定：“银行业金融机构应当在总部，省、自治区、直辖市、计划单列市分行和有条件的地市级分行指定专门受理部门和专人负责，在其他分支机构指定专门受理部门或者专人负责，统一接收和反馈人民检察院、公安机关、国家安全机关查询、冻结要求。”

〔1〕 冯军、孙延庆：“侦查机关查询冻结制度的检视与完善”，载《东方法学》2010年第3期。

情况下行使“先执行后申请”的权力，但是应当严格限制适用的条件，包括应明确规定紧急情况的认定标准、执行后的申请期限等，否则容易侵犯被执行人的财产权。事后审查可由法官负责审查侦查机关的冻结行为是否符合程序正当的要求。事前审查即侦查人员在采取电子数据冻结前必须取得法院的令状。事后审查是对事前审查的一个弥补，即当发生了不及时冻结电子数据可能导致该证据有毁损灭失的紧急情况时，侦查机关可以先行冻结涉案电子数据，与此同时，侦查人员应该在法定期限内及时提请法院审查。

（四）明确电子数据冻结方法

1. 冻结应当是对数据的冻结而非对账户的冻结

此处的数据指的是同案件相关联的电子数据。以传播淫秽物品案件为例，其中的数据就可以包括视频文件、用户操作记录文件、存储映射记录文件等多种同案件事实相关的信息载体。

在网络数据的存储中，文件的操作已经不再是传统意义上的修改、复制、粘贴，这是因为网络服务提供者在追求经济效益和满足客户需求的过程中早已形成了一套行之有效的操作方法。如张三的网盘中有一份名为“疯狂动物城—电影世界”的文件，而李四的网盘中有一份名为“疯狂动物城—电影共享”的文件。其实这两个人的网盘中存储的是同一个文件，只不过文件名不一样，网络服务提供者会在这种情况下利用一些识别文件相同性的算法，例如计算 MD5 值。只要两个文件的 MD5 值一样，文件大小一样，就认定两份文件是相同的。假如网络中存在着一份文件，那么与其 MD5 值相同的文件在这家网盘中只有唯一的一份，其他所有用户个人网盘中的只不过是这个文件的一个映射。而网盘用户对自己网盘储存空间的操作实际上大多只是操作一种映射文件。

冻结主体在进行冻结操作的时候以数据本身为出发点，除冻结执行机关外，其他人并不知晓冻结的目的。网络服务提供者对于相同文件的存储执行方式，是一种类似于放射性的模式，即只有一个中心，虽然各个支点可能有不同的表现形式，但是其本质都是一样的，从各个支点都能找到这个中心，而从该数据中心出发并不能确认具体的支点。这样不仅可以解决仅冻结行为人账号带来的弊端，而且当冻结的数据出现灭失或删改时，可以明确该网络服务提供者的责任，方便查纠追责，同时也能确保电子数据的完整性。

2. 采用数据汇流与镜像备份继续服务方法

数据汇流与镜像备份继续服务的方法，是笔者提出的一种数据冻结思路，也可以理解为证据固定思路，它可以应对网络服务将数据分割、分散存储的实践，并具有隐蔽作用，能够确保电子数据在冻结的过程中不被犯罪嫌疑人察觉，也有利于保护数据，并能在犯罪分子使用数据的过程中对其进行定位。

（1）数据汇流。

网络服务中的数据是以分布式、聚群存储系统为主导的方式存储，这种方式经常会将体积过大的文件进行分割，以达到网络服务提供者所追求的经济效益。也就是说，在网络服务中，同一个用户的数据不一定存放在同一块硬盘或同一个服务器中，同一个文件也有可能因为存储方式不同而被系统自动分割成几个小块而放置于不同的服务器中。因此，我们在进行数据冻结的时候要考虑到电子数据作为证据时其信息的可识别性，而且直接对原始的数据文件进行操作也不符合电子数据“禁止操作原件”的规定。

对此，笔者提出了一种解决思路。首先对可能涉及的独立数据文件计算哈希值，然后将这些数据拷贝或转移至服务器中的一个充足的空间（足以容纳所需要的全部文件），就像小溪汇入湖泊之中。这样做是在服务器内部进行转移，相当于存有数据的服务器同时进行运算，能使传输效率最大化，极大地缩短拷贝所需要的时间，并且这种操作在客户端是没有任何反馈的，不会引起犯罪嫌疑人的警惕。以传播淫秽物品案件为例，犯罪嫌疑人是一个团伙而非个人，该团伙成员网盘中存在的多是视频文件的映射文件，因此数据汇流也是完全具有可操作性的。

（2）镜像备份继续服务。

正如美国学者欧林·S. 克尔指出的，“为了确保原始证据的完整性（integrity），计算机法庭科学的第一步通常是生成一个原始存储设备的完美

'比特流'备份或者'镜像'，这些'比特流'备份或者'镜像'被标注为'只读'，所有的分析都是在'比特流'备份而非原件上进行的"。因此，侦查人员在取证过程中一般不是对数据原始设备进行操作，而是在其备份设备上进行操作。电子数据冻结同样也遵循这个规则，在保护电子数据完整性的同时继续对犯罪嫌疑人的行为进行监测，既不能让嫌疑人操作原始数据，又不能让犯罪嫌疑人察觉到变化。

数据镜像备份继续服务的方法能够完全满足上述需求。数据在经过数据汇流之后，所有同犯罪嫌疑人有关的数据都被转移到一个整块的区间，包括用户日志、映射文件等多种有关的证据，此时比对文件哈希值，确保数据的一致性（排除犯罪嫌疑人在我们进行冻结操作的过程中登录并操作数据带来的影响）。

接下来就可以对数据进行冻结了，即拷贝一份与原始内容完全一样的内容，并将原始内容同用户之间的通信切断，仅仅将备份的那份镜像同犯罪嫌疑人建立通信关联，这样犯罪嫌疑人的操作就不会影响到原始的数据文件。不同于传统的金融机构冻结资产，犯罪嫌疑人事先确定，冻结银行账户使犯罪嫌疑人完全无法使用自己银行账户中的存款；网络犯罪的特殊性使得电子数据的冻结不一定发生在确定犯罪嫌疑人之后。由于网络匿名性的特点，发现违法行为之后，确定犯罪嫌疑人也需要一定的时间，因此，当使用数据镜像备份继续服务的方法时，侦查人员还可以在将镜像文件同犯罪嫌疑人账户建立联系的过程中添加追踪 IP 的程序，这样能够做到当犯罪嫌疑人同服务器进行通讯的时候，快速锁定犯罪嫌疑人位置，并能清晰地了解到相关的传播途径和违法信息的来源。

第五节　跨境电子数据取证

随着信息技术的发展，互联网对人类生活的渗透和影响日益加剧，网络信息技术与犯罪也高度融合，黄赌毒、食药环、盗抢骗、涉众型经济犯罪等传统犯罪也不断从线下向线上转移。而在全球互联的背景下，无论是网络犯罪还是传统犯罪，都不断地呈现出跨国性、匿名性的特征，跨境电子取证成为一国刑事司法运行的常态，这对传统的刑事司法协助机制提出了严峻挑战。

跨境网络犯罪往往涉及大量的境外证据和庞杂的电子数据，侦查机关的取证工作面临巨大的挑战。由于跨境电子取证是对境外数据进行获取，这就涉及司法管辖权、网络主权等问题，而对一国侦查人员而言，调取存储于境外的电子证据，除了要考虑证据的客观性、完整性以及取证程序的合法性之外，还必须注意取证行为是否侵犯他国主权，是否存在外交风险等。因此，如何高效地取得这些电子证据，成为摆在世界各国侦查机关面前的共同难题。在欧盟，立法者通过一系列立法举措试图解决包括电子数据在内的刑事证据的跨境流动问题，美国在“9·11”事件后不断强化对境外电子数据的获取，案件范围也从最初的反恐案件逐步扩大到其他刑事案件。[1]联合国网络犯罪政府间专家组撰写的《网络犯罪问题综合研究报告（草案）》明确将跨境电子数据取证和刑事司法协助列为网络犯罪治理的重要课题，在2019年的联合国网络犯罪政府间专家组第五次会议上，与会专家达成基本共识，即跨境电子取证是未来治理网络犯罪的关键。

鉴于此，本部分将立足我国跨境电子数据取证的现状及问题，对我国跨境电子数据取证制度的构建进行初步探索。

一、我国跨境电子数据取证的现状

（一）我国跨境电子数据取证的立法现状

跨境网络赌博和电信诈骗等网络犯罪悄然兴起，打击线下赌博、诈骗犯罪的传统手段已然不能适应跨境网络犯罪。2005年，公安部发布了我国首个有关跨境电子数据取证的程序规定《计算机犯罪现场勘验与电子证据检查规则》，该文件首次对远程勘验进行了详细规定，虽未明确指出可以适用于远程勘验的具体情况，但也成为我国侦查机关开展跨境电子数据取证的主要依据。从2010年开始，我国在相关法律中陆续作出了对境外电子数据的获取的规定，详见表2-1。

---

〔1〕 冯俊伟：“跨境电子取证制度的发展与反思”，载《法学杂志》2019年第6期。

表 2-1　2010 年至今我国相关法律中关于境外电子数据获取的规定

法条名称	颁布年份	具体规定
《关于办理网络赌博犯罪案件适用法律若干问题的意见》	2010 年	第 5 条第 3 款："对于电子数据存储在境外的计算机上的，或者侦查机关从赌博网站提取电子数据时犯罪嫌疑人未到案的，或者电子数据的持有人无法签字或者拒绝签字的，应当由能够证明提取、复制、固定过程的见证人签名或者盖章，记明有关情况。必要时，可对提取、复制、固定有关电子数据的过程拍照或者录像。"
《关于办理网络犯罪案件适用刑事诉讼程序若干问题的意见》	2014 年	第 15 条："具有下列情形之一，无法获取原始存储介质的，可以提取电子数据，但应当在笔录中注明不能获取原始存储介质的原因、原始存储介质的存放地点等情况，并由侦查人员、电子数据持有人、提供人签名或者盖章；持有人、提供人无法签名或者拒绝签名的，应当在笔录中注明，由见证人签名或者盖章；有条件的，侦查人员应当对相关活动进行录像：（1）原始存储介质不便封存的；（2）提取计算机内存存储的数据、网络传输的数据等不是存储在存储介质上的电子数据的；（3）原始存储介质位于境外的；（4）其他无法获取原始存储介质的情形。"
《关于办理刑事案件收集提取和审查判断电子数据若干问题的规定》	2016 年	第 9 条第 2 款："对于原始存储介质位于境外或者远程计算机信息系统上的电子数据，可以通过网络在线提取。" 第 9 条第 3 款："为进一步查明有关情况，必要时，可以对远程计算机信息系统进行网络远程勘验。进行网络远程勘验，需要采取技术侦查措施的，应当依法经过严格的批准手续。"
《中华人民共和国国际刑事司法协助法》	2018 年	第 9 条："办案机关需要向外国请求刑事司法协助的，应当制作刑事司法协助请求书并附相关材料，经所属主管机关审核同意后，由对外联系机关及时向外国提出请求。"
《公安机关办理刑事案件电子数据取证规则》	2019 年	第 23 条："对公开发布的电子数据、境内远程计算机信息系统上的电子数据，可以通过网络在线提取。"

通过表 2-1 可看出，我国在跨境电子数据方面的立法较为谨慎，取证

的条件和程序的审核越来越严格。

首先，2016年前颁布的两部司法解释对提取境外电子数据仅规定了取证过程，没有规定取证方式。其次，2016年、2008年颁布的规定和法律均规定了境外电子数据技术侦查的取证方式，即网络在线提取与网络远程勘验，并且规定了我国向外国请求司法协助时，要经过主管机关审核同意后方可进行，也对境外电子数据取证的程序进行了严格的规定。最后，2019年颁布的规定对采取网络在线提取方式获取电子数据有一定的条件限制，但是对于境外的电子数据是否适用没有进行明确授权。

（二）我国跨境电子数据取证的实践状况

根据我国相关立法，我国侦查机关要实施跨境电子数据取证，主要是通过三种方式：一是通过传统的司法协助方式，二是直接利用包含技术侦查的远程勘验取证措施，三是直接通过掌握涉案数据服务器的企业以数据披露的形式获取电子证据。但根据相关学者的研究发现，我国较少通过国际司法协助的方式获取境外电子数据，实务中主要通过单边远程勘验进行取证。[1]

究其原因，司法协助方式虽然充分尊重了他国主权，符合我国提倡的数据主权原则，但在实践中却受请求国内部的层层申报，被请求国的审查、配合度、司法制度与流程不同等因素的影响，往往效率低下。国际刑事司法协助程序的一个特征是由国家主管当局进行调解，以确保跨境获取电子数据的请求符合被请求国的法律和程序要求，因此，刑事司法协助程序的实践运作很大程度上取决于相关国家的具体宪法传统和相关法律框架。在美国，法院在启动或处理已发出的司法协助请求方面不起任何作用，这属于行政部门的职权范围。行政部门将来自国外的法律援助请求直接提交给指定的“中央机关”，通常是司法部。司法部继而将司法协助条约或与委托书有关的资料传送给适当的法院或政府实体。当联邦检察官代表外国在美国地区法院出庭请求协助或通知美国政府将寻求外国的协助时，

---

〔1〕 徐伟、翁小平、王馨仝：“跨境电子取证：谨慎的立法与冲动的司法——兼谈对数据主权的影响”，载《信息安全与通信保密》2020年第7期。

检察官将按照美国司法部国际事务办公室（OIA〔1〕）的指示行事。〔2〕而在我国，根据《中华人民共和国国际刑事司法协助法》第25条〔3〕的规定可以得知，要达成两国间的刑事司法协助，需经历以下过程：从市局到公安部，再到境外国家的大使馆，然后由境外国家的大使馆出面与该国的警方进行沟通协商，达成最终的合作。境内外国家刑事司法协助的过程耗时长、审批流程复杂、手续繁琐，在实践中操作比较费力，这也是单边远程勘验取证成为跨境电子数据取证的主要方式的主要原因。

我国司法实践中的电子数据单边取证主要有以下几种方式。

一是公开数据的获取。即在公开网络上通过拍照、同步录音录像、截取页面等方式固定网页上的电子数据，这是最便捷也是合法性最有保障的一类取证方式。这种方式的取证通常由侦查机关工作人员直接在线提取后出具相应的提取笔录，而后作为证据使用。

二是远程登录境外数据平台获取。即通过已实际掌握的账户和密码，远程登录相应的境外服务器等数据平台，勘验提取电子数据。一般情况下，此种情况都是由公安机关在侦查中获取相应平台的账户信息，而后由专门工作人员输入用户名和密码登录平台获取数据。这种方式的取证也要符合全程录音录像等取证合法性的要求。

三是远程技术侦查。即借助专业的远程取证软件，通过技术手段突破计算机防火墙进入系统收集数据，或者通过在计算机中植入特殊取证软件对数据进行在线搜查并实时监控。

此外，还有一部分"境外服务器"案例侦办并未进行跨境电子数据取证，仅通过浏览相关网页、制作相互印证的询问及讯问笔录、勘验犯罪嫌

〔1〕 OIA是美国的中央主管机关，也是事实上的职能中心，负责所有有关跨国调查和诉讼协助的请求。

〔2〕 Sergio Carrera, Gloria González Fuster, Elspeth Guild, "Access to Electronic Data by Third-Country Law Enforcement Authorities", Centre for European Policy Studies (CEPS) Brussels, 2015, pp. 7-8.

〔3〕《中华人民共和国国际刑事司法协助法》第25条：办案机关需要外国就下列事项协助调查取证的，应当制作刑事司法协助请求书并附相关材料，经所属主管机关审核同意后，由对外联系机关及时向外国提出请求。

疑人在境内计算机存储的相关数据信息等形成证据链。[1]

二、跨境电子数据取证存在的主要问题

（一）司法协助面临较大障碍

网络犯罪日渐增多，其侵害对象、犯罪结果均不在被请求司法协助的国家和地区，被请求的国家和地区可能消极应付，或者因为双方的法律制度差异或数据保护技术和制度的不同而导致协助程序复杂且漫长。更主要的问题则在于请求事项很可能因政治因素、外交关系、地区问题或不符合国际法上的“双重犯罪原则”而为被请求国家和地区所拒绝。比如，在打击跨境网络赌博犯罪时，如果赌博网站的服务器位于网络赌博合法化的国家，请求国和被请求国对其是否构成犯罪很难达成一致的意见，司法协助一般很难达成。

比如，2018年美国制定的《美国澄清合法使用境外数据法》规定了电子数据取证的新规则，根据该规则，美国采用的是以“数据控制者”理论扩大管辖范围，反映美国对电子数据取证适用长臂管辖原则，“数据存储地”模式的属地管辖原则不再是跨境数据取证的单一标准。《美国澄清合法使用境外数据法》的出台对各国现有的跨境电子数据取证制度体系带来了挑战，不仅造成与采取“数据存储地”模式的国家间的数据管辖权的冲突，而且美国长臂管辖原则的扩大适用加深了单边主义的取证方式。欧盟《电子证据条例》（草案）第3条第1款规定，本条例适用于在欧盟境内提供服务的网络服务提供者。[2]该条规定与美国的长臂管辖原则并无本质上的差异，这意味着只要我国的互联网公司面向欧盟境内的某个国家提供服务，则该国就可根据欧盟的该项规定要求我国提供电子数据。《比利时刑事诉讼法》第88条之三第1款允许调查法官在某些条件下，例如如果有必要在调查中寻找真相，则仅在搜查令的范围内，并且在其他措施不相称或

---

〔1〕叶媛博：“论多元化跨境电子取证制度的构建”，载《中国人民公安大学学报（社会科学版）》2020年第4期。

〔2〕吴沈括、陈柄臣、甄妮：“欧盟《电子证据条例》（草案）研析”，载《网信军民融合》2018年第12期。

者如果有证据表明数据会丢失的情况下，执法部门可以将计算机搜索范围扩大到计算机系统或其中的一部分，即使其位于执行搜索的位置以外的其他位置。《新西兰搜查和监控法》允许凭单授权进行“远程访问搜索”，其中包括使用合理措施获得对数据的访问权限的授权。以上均呈现出多元化跨境电子数据取证方式的立法倾向。

而根据《中华人民共和国国际刑事司法协助法》第 4 条第 3 款[1]的规定可以得知，本条款在客观上与其他国家和地区直接要求我国互联网公司提供或披露数据的规定进行了“对抗”，即我国互联网公司在未取得主管机关同意时，不回应其他国家和地区的此类请求是具有正当性的。2021 年 6 月 10 日公布的《中华人民共和国数据安全法》第 36 条[2]的规定实际上是将这种“对抗”进行了扩大，起到了一种“阻断”的作用，目的是更好地维护我国的国家主权。换言之，如果赌博网站的服务器位于网络赌博合法化的国家，对其是否构成犯罪很难达成一致的意见，国家司法协助一般也就很难达成。此外，即使开展司法协助，是依照电子数据所在地的法律法规进行数据收集，还是依照我国相关法律进行数据提取，以及针对国外协作机关相关证据的效力问题，仍未形成一套完整的规范。网络犯罪和电子数据的提取对于各个国家和地区来说实际上都是新问题，都处于探索之中，目前暂没有形成一套成熟的协助机制或通用范式，执法实践中往往采取“一事一办，特事特办”的方式协调取证，虽有成功案例，但在具体实施中普遍存在成本高、效率低、障碍多等问题。

（二）单边取证存在外交风险

在网络犯罪的打击过程中，以属地管辖为主的管辖权划分在虚拟空间中不再明朗。由于电子数据的隐蔽性，我国执法机关常常难以及时发现电

---

〔1〕《中华人民共和国国际刑事司法协助法》第 4 条第 3 款：“非经中华人民共和国主管机关同意，外国机构、组织和个人不得在中华人民共和国境内进行本法规定的刑事诉讼活动，中华人民共和国境内的机构、组织和个人不得向外国提供证据材料和本法规定的协助。”

〔2〕《中华人民共和国数据安全法》第 36 条：中华人民共和国主管机关根据有关法律和中华人民共和国缔结或者参加的国际条约、协定，或者按照平等互惠原则，处理外国司法或者执法机构关于提供数据的请求。非经中华人民共和国主管机关批准，境内的组织、个人不得向外国司法或者执法机构提供存储于中华人民共和国境内的数据。

子数据的存储地，不能及时开展与其他国家和地区的司法协助活动，也正因此，单边取证成了当前司法实践中跨境电子数据取证的主要方式。但是，未经允许的单边取证实际上已经突破了司法管辖权的界限，“刑事司法管辖权包括刑事执法管辖权，刑事取证管辖是刑事执法管辖的下位概念，通常不能在未经他国许可的情况下延伸到他国境内”。[1]突破了司法管辖权的跨境电子取证缺乏国际法层面的合法性基础，在国际社会已经多次发生过因某国对境外电子数据单边取证而引发的外交抗议事件。[2]此外，当前跨境电子取证中所采用的一些单边取证方法实际上突破了他国对数据的实际掌控权，具有侵犯他国网络主权之嫌。

2015年颁布的《中华人民共和国国家安全法》第25条[3]首次将“国家网络空间主权”纳入法律的规定范围，2016年颁布的《网络安全法》第1条[4]表明网络空间主权与国家安全处于同等地位。由此可见，我国对网络空间主权秉持坚决维护的态度。而电子数据是网络空间的表现形式，有学者根据网络空间的技术特征，将网络主权分为“网络物理层主权”“网络逻辑层主权”和“网络数据主权”。[5]齐爱民教授认为，在跨境电子数据取证问题上，网络空间中只有数据存在，故网络主权与数据主权具有一致性。[6]换言之，数据主权体现为能够不受干预地自主独立地控

---

〔1〕 梁坤：“基于数据主权的国家刑事取证管辖模式”，载《法学研究》2019年第2期。

〔2〕 如2000年美国联邦调查局在调查一起黑客案件时，在未经俄罗斯官方许可的情况下，使用秘密获取的犯罪嫌疑人账户密码登录俄方境内的计算机系统在线提取涉案数据，由此引发俄罗斯强烈的外交抗议。参见叶媛博：“论多元化跨境电子取证制度的构建”，载《中国人民公安大学学报（社会科学版）》2020年第4期。

〔3〕《中华人民共和国国家安全法》第25条：“国家建设网络与信息安全保障体系，提升网络与信息安全保护能力，加强网络和信息技术的创新研究和开发应用，实现网络和信息核心技术、关键基础设施和重要领域信息系统及数据的安全可控；加强网络管理，防范、制止和依法惩治网络攻击、网络入侵、网络窃密、散布违法有害信息等网络违法犯罪行为，维护国家网络空间主权、安全和发展利益。”

〔4〕《网络安全法》第1条：“为了保障网络安全，维护网络空间主权和国家安全、社会公共利益，保护公民、法人和其他组织的合法权益，促进经济社会信息化健康发展，制定本法。”

〔5〕 许可：“数据主权视野中的CLOUD法案”，载《中国信息安全》2018年第4期。

〔6〕 齐爱民、祝高峰：“论国家数据主权制度的确立与完善”，载《苏州大学学报（哲学社会科学版）》2016年第1期。

制、占有和处分本国数据，具有排他性。因此，取证国越过国际司法协助的方式，依据其国内法对单边跨境取证的相关规定，直接对境外的电子数据进行提取，很可能被他国视为一种敌对行为，存在极大的外交风险。

（三）跨境远程取证易侵犯公民合法权利

跨境远程取证所采取的技术侦查措施可能会对公民的隐私权、知情权等相关权利造成侵犯。首先，采取该项措施时，侦查人员往往采用秘密侦查的方式进行，将通过讯问获取的账号密码等信息直接登录境外服务器获取证据，并未告知权利人，也未经其同意。根据我国《刑事诉讼法》第130条[1]的规定可以得知，在进行远程勘验等侦查措施时，只需要侦查人员持有相关证明文件，对于权利人是否同意并未作出规定。取证国单方面地直接获取电子数据，会使权利人的知情权受到侵犯。其次，对电子数据获取的内容是否要与案件有关联？各国对隐私的定义存在差异，在对他国存储的电子数据进行提取时，是否要按照他国的国内法对隐私内容的规定进行提取，这些在相关法律规定中均没有体现。再者，采用技术侦查措施有一定的秘密性，对于采取该项措施应该实行怎样的监督、是否有独立的监督机制来保障该技术侦查的实施，这些在法条中并未明确。而技术侦查措施往往具有强制性，由于缺乏相应的制约，容易造成侦查权的扩大和滥用。

而强制跨境数据披露制度则会进一步加剧公民合法权利受到侵犯的可能。欧盟成员国当前在面向网络服务提供者进行跨境数据披露时，网络服务提供者的配合是出于自愿，形式上不具有强制性。目前公布的欧盟《电子证据条例》（草案）第9条第1项[2]规定了欧盟成员国的网络服务提供者具有提供电子数据的法定义务，赋予了数据披露制度以强制属性，无论该数据位于境内还是境外，网络服务提供者都必须履行数据披露的义务，

[1] 《刑事诉讼法》第130条："侦查人员执行勘验、检查，必须持有人民检察院或者公安机关的证明文件。"

[2] 欧盟《电子证据条例》（草案）第9条第1项："接收者应当在收到EPOC之日起10日内将被请求数据直接传送给签发机构或者执行机构，除非签发机构表明提前披露数据的原因。"

否则将会受到本条例第13条〔1〕的惩罚，即罚金规则。换言之，网络服务提供者提供电子数据具有实质强制性。本条例第15条至第16条规定，当第三国认为履行欧洲数据生成令的义务，与第三国保护公民基本权利以及国家利益的禁止数据披露的国内法规定产生冲突时，则可以拒绝履行，但是作出拒绝履行的决定时，必须满足拒绝履行的条件，该条件过于严苛。本条例第16条第5项〔2〕规定，决定是否维持或者撤回数据披露的命令是由主管法院根据条例所列举的五种情形来判断，即欧盟《电子证据条例》（草案）不仅规定欧盟成员国内部具有强制履行数据披露的义务，也倾向规定对除成员国以外的第三国具有强制履行数据披露的义务。此外，由于跨境数据披露的范围已经扩展到了内容数据，内容数据所涵盖的范围极广，意指任何以数字形式存储的数据，比如除用户数据、访问数据、交易数据之外的文本、语音、视频、图像和声音等。侦查人员对电子数据的获取具有完全性，一旦该侦查措施使用不当或被非法适用，将会造成较之以往更大的消极影响。

三、跨境电子取证制度的完善思路

（一）加强境内外的刑事司法协助

跨境电子数据的获取需要刑事司法协助的规制，如何在各国的不同立法中寻求国际司法协助的平衡，以此来加强境内外的刑事司法协助，是互

〔1〕 欧盟《电子证据条例》（草案）第13条："在不影响本国法关于刑事制裁规定的情况下，会员国应当制定适用于违反本条例第9条、第10条和第11条义务的罚金规则，并采取一切必要措施确保其实施。罚金规则应当具有有效性、比例性和劝诫性。成员国应当立即通知这些规则和措施的制定机关以及影响其实施的后续修正案制定机关。"

〔2〕 欧盟《电子证据条例》（草案）第16条第5项："如果主管法院认为不存在第1段和第4段所指的相关义务冲突，则应当维持命令。如果主管法院确认第三国法律在适用于具体案件时具有禁止相关数据披露的规定，应当根据下列因素决定是否维持或者撤回命令：(a) 受到第三国相关法律保护的利益，比如防止数据披露。(b) 该刑事案件与任一司法管辖区之间的关联程度，该关联度可通过数据主体和受害者的地理位置、国籍、住所以及犯罪发生地来判断。(c) 服务提供者与相关第三国之间的关联程度。在此情况下，数据存储位置本身不足以构成实质性连接。(d) 调查国在获取有关证据时所获利益，可综合考虑犯罪的严重性和迅速获取证据的重要性。(e) 接收者或服务提供者履行欧洲数据生成令可能产生的后果，包括可能面临的制裁。"

联网时代电子数据取证的关键所在。世界各国在治理跨国网络犯罪的问题上需达成一致意见，在作出双边或多边国际司法协助的决定之前，要在打击犯罪与本国利益之间进行权衡，对于是否进行权利让渡，应当达成国际共识。刘品新教授指出，如果一个国家在获取域外电子证据上，只是期望他国提供协助而自己不愿意给予他国协助，或者只是期望依托先进的技术手段或国内法许可的方式进行自行取证，就不可能有效地化解风险。〔1〕有学者认为，在刑事司法领域实现电子数据的有效流动，根据双边或多边条约签订电子取证条约至少应该考虑两个问题：一是签约国国内是否有相对完善的数据隐私、安全规制及跨境电子取证的法律依据。〔2〕二是国家之间在跨境电子取证过程中能否实现电子数据取证规则的有效衔接。〔3〕因此，不同国家应当共同商定关于跨境电子数据取证国际协作的范围、程序、规则等内容。

根据《中华人民共和国国际刑事司法协助法》，我国公安机关和司法机关基于双边条约或协定的刑事跨境取证的程序比较复杂、耗时过长，大大降低了与犯罪相关的电子证据的收集效率，不利于刑事侦查活动的顺利开展，影响了对跨境网络犯罪的打击效率。对此，笔者提出三条完善思路。其一，简化国际司法协助的程序。我国与越南、柬埔寨警方展开了国际警务合作，以此来打击跨境网络赌博犯罪和电信诈骗犯罪。面对境外电子数据取证时，可以基于双边条约派出取证国的取证人员进行取证，从而提高取证效率。我国公安机关通过境外派员到场协助或远程视频协助的方式来固定、提取电子证据，并允许被请求国执法人员在场见证，全程录音

---

〔1〕 2017年9月11日至9月14日，在北京召开的国际检察官联合会第二十二届年会暨会员代表大会上，电子证据保存项目作为会议专题引起与会的各国总检察长和专家的热议。刘品新教授在会上发表了讲话。参见“揭秘！检察官们如何跨越国界进行互联网取证?”，载搜狐网，https://www.sohu.com/a/195607844_99923255，最后访问时间：2020年12月11日。

〔2〕 包括是否有隐私法、个人信息保护法及数据安全的法律规定，能够以此为依据对跨境数据流动进行限制；是否有相对明确的电子取证规则、执法机构获取电子证据的途径和程序，以保障数据的真实性和合法性；是否有相关立法授权适格政府可就跨境获取数据签订双边执法协议机制等。

〔3〕 叶媛博：“论多元化跨境电子取证制度的构建”，载《中国人民公安大学学报（社会科学版）》2020年第4期。

录像。[1]其二，搭建跨境电子数据取证的共享平台。2019 年 9 月 28 日，“中柬执法合作协调办公室”在金边正式成立，[2]双方执法部门将分别选派数名工作人员和警务专家联合办公，深化电子取证的共享机制，共同打击网络赌博、电信诈骗、涉黑涉恶等犯罪。其三，提倡互惠原则。基于互惠原则，当两国之间没有签订相关双边、多边国际刑事司法协助协议时，被取证国在单个案件中可以同意为取证国提供协助，与此同时，取证国也要作出相应的承诺。根据《中华人民共和国国际刑事司法协助法》第 13 条第 2 款[3]的规定，我国提倡在跨境电子数据取证时适用互惠原则。

（二）规范单边跨境数据取证方式

为了避免各国的国家主权受到侵犯，双边、多边国际刑事司法协助制度会对跨境电子数据取证进行严格的限制，导致跨境取证的难度加大。单边跨境电子数据取证方式的出现缓解了上述问题，该方式能够绕过国际刑事司法协助的繁琐程序，提高了取证的效率。基于尊重和维护国家主权的原则，必须对单边跨境数据取证进行严格限制。

明确单边跨境数据取证的案件范围主要是国际社会均强力打击的网络犯罪案件，如电信诈骗、网络赌博、危害国家安全、实行恐怖主义等犯罪。对此，笔者提出四点建议，以规范单边跨境数据取证方式。其一，网络在线提取的直接性。此处的网络在线提取是基于境外网站上公开发布的数据，可以通过浏览网页的形式进行，且不会给境外国家的数据安全以及国家主权造成威胁。其二，网络远程勘验的严格性。采取网络远程勘验获取电子数据的过程，具有隐蔽性和强制性，可能会被视作敌对行为。因此，此项措施必须是在采用网络在线提取的取证方式后仍不能获取相关犯罪数据，且必须是针对重大跨境网络犯罪案件时才能适用。与此同时，侦

---

〔1〕 吴跃文：“跨境快捷电子取证的探索与展望——以打击整治电信网络诈骗犯罪为例”，载《山东警察学院学报》2019 年第 6 期。

〔2〕 “中柬执法合作协调办公室在金边正式成立”，载中华人民共和国中央人民政府网站，http://www.gov.cn/xinwen/2019-09/28/content_5434513.htm，最后访问时间：2020 年 12 月 11 日。

〔3〕《中华人民共和国国际刑事司法协助法》第 13 条第 2 款：“在没有刑事司法协助条约的情况下，请求国应当作出互惠的承诺。”

查人员应当通过合法途径获得受害人或证人的同意，之后再登录账户远程提取境外服务器中的用户数据。[1]也可按照比例原则，根据将要提取的电子数据的类型、采取的侦查措施划分等级，设置层层递进的审批程序，缓和侦查措施的强制性带来的冲突。其三，采取“通知”的方式进行取证。在国际法中，认为将跨境侦查措施通知另一个国家的行为是特定义务，这是毫无根据的，即使可以将礼让考虑作为各国‘通知’的理由。然而，这仍然不意味着跨境侦查措施在默认情况下是合法的。相反，单方面通知，无论是在搜查之前还是之后，都不会影响对跨境侦查措施合法性的评估。[2]向被取证国发出通知的行为，一定程度上还有利于国家之间的外交关系。其四，严格审查单边跨境电子数据的请求。欧盟对于发布和执行电子数据境外获取请求的司法审查较为严格。首先，需要独立的司法当局的参与，以核实检察机关是否要求了跨境数据，以及跨境数据是否由公司以合法方式进行了披露，这是电子数据在法庭上作为证据被接受的先决条件。其次，还需要对他国当局提出的请求进行司法评估，以确定他国在域外行使刑事管辖权时仍要受欧盟法律的约束，并尊重他国为刑事司法目的收集和处理数据的相关国家宪法和刑法。再者，公开寻求刑事调查的数据之前需进行独立司法监督，以提高法律的确定性，避免在跨国执法行动中涉及受不同宪法和刑法传统管辖的多个法域（例如，对抗性或审问式）之间通常可能出现的法律冲突。[3]因此，可以借鉴欧盟严格独立的司法审查模式，对单边跨境电子数据取证进行限制。

（三）保障权利人的相关权利

1. 强化权利保障是简化程序的基础

为了提高跨境电子数据取证的效率，需要简化双边、多边国际刑事司法协助的程序。其一，《美国澄清合法使用境外数据法》中要求，与其他

---

〔1〕 梁坤：“跨境远程电子取证制度之重塑”，载《环球法律评论》2019年第2期。

〔2〕 Anna Maria Osula, Mark Zoetekouw, “The Notification Requirement in Transborder Remote Search and Seizure: Domestic and International Law Perspectives”, Masaryk University Journal of Law & Technology, 2017, 11 (1): 103-127.

〔3〕 Stefan M , González Fuster, Gloria, “Cross-border Access to Electronic Data Through Judicial Cooperation in Criminal Matters”, Social Science Electronic Publishing, 2018 (07): 64.

国家签订获取电子数据的行政协定时，应考虑外国政府是否对公民的隐私权和其他权利提供了强有力的实体性和程序性的保障，并审查外国政府在网络犯罪和电子取证方面的立法情况等。[1]这一规定对跨境电子取证中的权利保障进行了加强。其二，欧盟《电子证据条例》（草案）第1条第2项[2]规定了尊重当事人在刑事诉讼程序中的辩护权以及执法或司法机关在这方面的现存义务。该条例第17条第1项[3]规定了被获取数据的犯罪嫌疑人和被告人获得法律救济的权利。其三，适用比例原则保障权益。单边跨境数据取证的不同取证方式应当根据比例原则进行司法审查程序，可以采取事前的告知、事中的协商以及事后的补救方式与被取证国进行沟通，避免造成对他国国家主权的侵犯，从而最大程度地保障权利人的合法权益。

2. 增强跨境数据流动，完善数据披露制度

《美国澄清合法使用境外数据法》中以及欧盟《电子证据条例》（草案）中均要求向其境内提供网络服务的网络服务提供者履行强制数据披露义务。而且，欧盟委员会正在考虑建立一个通用的欧盟法律框架，以界定数据和网络服务提供者的类型，由于网络服务提供者受到跨境生产订单或要求的制约，因此这些数据和网络服务提供者将通过欧盟内部，甚至通过欧盟内的强制法律代表向第三国提交。该立法还可能涵盖通过扣押设备直接访问数据，而无需通过网络服务提供商的内容。我国的《网络安全法》与《中华人民共和国数据安全法》对强制数据披露制度进行了回应，网络服务提供者不能直接向境外提供数据，必须遵循法律规定的审核同意程序。这不免会限制跨境数据的流动，在互联网时代，电子数据全球化已成为一种趋势，例如，2019年1月，日本在达沃斯会议上提出了“可信数据

[1] 冯俊伟：“跨境电子取证制度的发展与反思”，载《法学杂志》2019年第6期。

[2] 欧盟《电子证据条例》（草案）第1条第2项：“本条例不具有修改尊重TEU第6条所载基本权利和法律原则的义务的效力，包括当事人在刑事诉讼程序中的辩护权以及执法或司法机关在这方面的现存义务。”

[3] 欧盟《电子证据条例》（草案）第17条第1项：“被获取数据的犯罪嫌疑人和被告人有权在签发欧洲数据生成令的刑事诉讼程序中采取有效的补救措施来避免执行，这不影响欧盟第（EU）2016/680号令和欧盟第（EU）2016/679号条例中补救措施的适用。”

自由流动”的概念，并在 2019 年 6 月底发布了 G20《大阪数字经济宣言》，将在尊重国内和国际法律框架的基础上，建立信任和促进数据的自由流动。[1]各国应该在保证数据自由流动的情形下完善数据披露制度。境内外数据跨境流动制度存在差异，美国在全球数据自由流动额基础上对跨境电子数据取证适用长臂管辖原则，欧盟则重视对数据主体的权利保障，[2]中国、越南、俄罗斯等国则趋于选择数据本地化存储政策，减少数据向境外传输。这就赋予了网络服务提供者更为严格的法律义务，网络服务提供者具有用户数据安全管理、防止数据泄露的义务。网络服务提供者还要确立允许取证国获取电子数据的类型，例如将数据分为内容数据、用户数据、访问数据、交易数据等，对不同数据类别设立对应的数据披露条件和程序。在向境外国家提供相关数据时要遵守我国对数据跨境传输的规定，在充分维护我国国家主权的基础上实现数据的跨境传输。

当前，跨境电子数据取证的首要选择是基于双边、多边国际刑事司法协助制度，这是在尊重和维护他国国家主权的情形下进行，在国际上也获得广泛的认可。单边跨境电子数据取证的方式可以作为国际司法协助的补充，尤其是单边跨境取证措施的强制性和秘密性可能会造成刑事侦查权的扩大，从而与国家主权的维护形成冲突，这就必须在二者之间寻求平衡。而且，跨境电子数据取证监督机制的完善也势在必行，防止在适用强制性侦查措施时进行扩大化，对电子数据进行完全提取后的固定保存与管理工作进行监督，对取证进行制约。互联网企业是主要的网络服务提供者，掌握着大量的用户数据。而取证国向网络服务提供者获取相关数据已经成为常态，在进行数据披露制度时要遵循该互联网企业主权国家的数据提取类型以及提取条件。不同国家有关数据披露制度的规定不一，因此，要加强与互联网企业的协商，在尊重和维护双方数据主权、国家主权的情形下实现合作共赢。

---

〔1〕 参见《互联网法律白皮书（2019 年）》。

〔2〕 李佳、王京婕：“全球跨境电子取证法律冲突及应对思考”，载《中国信息安全》2019 年第 5 期。

第三章 网络犯罪证据体系中的电子数据提取笔录

电子数据具有易修改、易湮灭、易污染的特性，基于此特性，电子数据的真实性往往容易受到质疑。因此，为了避免电子数据出现伪造、变造，保障电子数据的提取、保存、展示至法庭质证这一全过程的可信性，提出证据的一方就有必要对电子数据获取程序的规范性和合法性进行证明。电子数据提取笔录就是对上述过程的见证和记载，其实质是以主观化形式将电子数据的提取、流转过程客观化，以佐证电子数据获取方式的规范性和合法性。就此作用而言，电子数据提取笔录是追溯电子数据提取、流转过程，展现电子数据证据保管链完整性，实现证据保管链“可视化”的证据载体，也由此而成为支撑电子数据真实性审查的重要内容。在此意义上可以说，电子数据提取笔录是网络犯罪证明体系中独特且至关重要的证据，但《刑事诉讼法》在继续将勘验、检查笔录作为法定证据种类的同时，新增加了辨认笔录和侦查实验笔录，而电子数据提取笔录却仍然缺席，这也在客观上造成了对电子数据提取笔录在理论认识上的障碍和适用中的不确定性。有鉴于此，笔者在本书拟对电子数据提取笔录的属性及其适用进行专门研究。

第一节 电子数据提取笔录的诉讼价值

电子数据提取笔录在网络犯罪案件刑事诉讼中的价值主要是为电子数据的真实性审查提供依据，而实现上述诉讼价值，主要是通过以下几点作用的发挥。

一、连接电子数据与案件事实

如上文所述，在法律争端的语境之中，在进行证据分析时，有三个问题必须提到，即“（1）必须被证明的最终主张是什么？（2）可用数据是什么？（3）在这些数据和最终主张之间，存在什么样的似真或可辩解关系？”[1]对上述问题的回答，正是证据分析的过程，而依循这种分析思路，电子数据提取笔录在案件中起到的正是搭建可用数据与最终主张之间桥梁的作用。缺乏提取笔录，很难认定提取结果与案件事实的关联性；缺乏提取结果，提取笔录本身与案件事实自然也就失去证明价值。电子数据提取笔录在诉讼中所起到的是连接电子数据与案件事实的纽带作用，离开电子数据提取笔录，电子数据难以与案件事实产生关联性。电子数据提取笔录是认定案件事实所不可或缺的证据资料。因此，电子数据的提取笔录必须随案卷移送，以便为电子数据审查和鉴真提供依据。

二、反映电子数据取证过程的合法性

由于电子数据的特殊性，电子数据形成的时间、地点、对象、制作人、制作过程和设备情况不同，电子数据的原始性和完整性可能都会受到影响，而电子数据在制作、储存、传递、获得等环节是否规范，也将对电子数据本身的真实性产生影响。尤其是所提取电子数据的目标电脑为个人拥有、处于私人领域而具有“天然合理隐私期待”的情况下，取证的合法性将直接影响电子数据的合法性。[2]也正因此，我国在借鉴域外立法经验的基础上，通过立法细化了电子数据的取证程序。如《最高法刑诉解释》就明确规定了进行电子数据审查时，必须审查收集程序、方式是否符合法律及有关技术规范。电子数据提取笔录的制作强调与侦查行为同步，通过及时与写实来反映取证过程，而严格依照上述要求制作的提取笔录则是对

---

〔1〕［美］特伦斯·安德森、戴维·舒姆、威廉·特文宁：《证据分析》，张保生等译，中国人民大学出版社2012年版，第146页。

〔2〕 Rachel S. Martin. Watch What You Type: as the FBI Records Your Keystrokes, the Fourth Amendment Develops Carpal Tunnel Syndrome. 40 am. Crim. L. Rev. 1271 (2003).

电子数据提取过程的忠实还原，由此也成为反映电子数据取证过程合法性的直接依据。正如日本学者钢川正雄所说，电子数据提取笔录的使命“就是为了在日后看到它的第三者，特别是检察官、审判官面前能再现勘查时的情况，像直接见到活生生的现场一样容易被理解、被认识，从而充分发挥其作为证据的价值”。[1]

三、证明电子数据证据保管链条的完整性

在物证的鉴真问题上，美国证据法确立了两种方法：一是“独特性的确认”（Ready Identification，Unique Identification）；二是“保管链条的证明”（Chain of Custody）。所谓“保管链条的证明”，是指从该物证被提取之后直到法庭出示它的整个期间，所有持有、接触、处置、保管过该项物证的人，都要就其真实性和同一性提供令人信服的证言，以便证明该项证据在此期间得到了妥善的保管，其真实性不容置疑。[2]而在计算机犯罪侦查，尤其是利用互联网实施犯罪的侦查中，由于犯罪行为隐蔽及犯罪人员分散等特点，调查取证难度较大，证人证言通常不易取得。在这种情况下，电子数据的鉴真就需要取证人员在收集、固定和提取证据时，建立完整的证据保管链，以此保证所取得的证据的真实性。如果控诉方对电子数据保管不力，可能导致控诉失败。在美国，一个贪污腐败案件的控诉失败就是典型一例。该案中，联邦探员在与本案的一个关键证人联系的过程中使用了较多的短信，但是侦查人员对上述短信证据疏于保管且未能向法庭出示，法庭依据电子证据开示的处罚原则以及判例法规定同意了陪审团所作出的相反推定——陪审团认为上述电子数据非常重要，推定它们与本案存在关联性且有利于被告。最终，陪审团认定该名被告无罪。[3]

我国公安部2005年发布的《计算机犯罪现场勘验与电子证据检查规则》第27条规定了电子证据检查的内容：一是检查、分析电子证据中包

---

〔1〕 何家弘、刘品新：《证据法学》，法律出版社2008年版，第179页。

〔2〕 陈瑞华：“实物证据的鉴真问题”，载《法学研究》2011年第5期。

〔3〕 Earl J. Silbert, Brian S. Chilton, “Technology's Potential Erosion of the Fourth Amendment”, 25-*SPG Crim. Just.* 4 (2010).

含的电子数据，提取与案件相关的电子证据；二是检查、分析电子证据中包含的电子数据，制作《电子证据检查笔录》描述检查结论。第 28 条规定："从电子证据中提取电子数据，应当制作《提取电子数据清单》，记录该电子数据的来源和提取方法。"同时，第 33 条规定了制作勘验、检查的工作记录的签名盖章要求。通过上述条款以及其他配套条款，我国实际上确立了提取笔录在证明电子数据证据保管链条中证据制作、存储、传递、获得、收集、出示等环节中涉及证据真实性的各个方面的独特作用。

第二节　电子数据提取笔录的证据属性

2012 年《刑事诉讼法》第 48 条在原有勘验检查笔录的基础上，增加了辨认、侦查实验等笔录，这种证据类型在学理上被称为笔录类证据。电子数据提取笔录尽管未在 2012 年修订的法律中明确，但在理论上可以划归为本类证据。从实践情况来看，由于笔录类证据在理论上与书证、人证存在重叠，[1]关于其是否具有独立法律地位一直争论不休。理论上的模糊与实践中旺盛的生命力导致了适用中的混乱，"笔尖上的案件事实"让检察官、法官无所适从。[2]有鉴于此，笔者将首先对电子数据在证据体系中的独立地位进行论述，并在此基础上对它的证据资格和证明力进行分析。

一、电子数据提取笔录在证据体系中的独立性

实际上，这种争论在我国持续已久——否定笔录类证据具有独立法律地位者或认为笔录类证据从证据属性上讲应当附属于其他证据形态，如"书证与勘验、检查笔录就是包含与被包含的关系"；[3]或以"证据只能发现，不能制作出现"的逻辑方式推论出笔录不但不具有独立性，甚至不

---

〔1〕龙宗智："进步及其局限——由证据制度调整的观察"，载《政法论坛》2012 年第 5 期。

〔2〕马明亮："笔尖上的真相——解读刑事诉讼法新增笔录类证据"，载《政法论坛》2014 年第 2 期。

〔3〕吕萍："对证据法定形式体例的几点构想"，载《中国刑事法杂志》2002 年第 5 期。

能成为证据。[1]但是该观点提出后也遭致诸多商榷和质疑。[2]质疑者明确提出笔录类证据具有独立的证据属性，如龙宗智教授即指出，笔录在“诉讼证明中由于具有独立性的证明价值，从而呈现出作为证据形式的独立性品格。”[3]陈瑞华教授指出，笔录类证据作为一种独立的证据形式而发挥作用，它属于“一种以书面方式记载的言词证据……经历了较为完整的感知、记忆、储存、表达等言词证据形成过程”。[4]笔者倾向于“肯定论”者的观点。受本书研究范围所限，笔者在本书仅对电子数据提取笔录与物证、书证、证人证言及其他笔录类证据之间的关系进行分析，并论证电子数据提取笔录在证据体系中的独立性和重要性。

（一）电子数据提取笔录与物证的区别

由于电子数据提取笔录是以如实记录电子数据获取、流转过程的方式来证明案情的，因此只能客观呈现而不允许加入任何主观因素，这点与物证的属性具有相似性。但笔者认为，电子数据提取笔录与物证存在明显区别。首先，从存在形态上看，物证是用以证明案件情况的客观实在物；电子数据提取笔录则是对办案人员电子数据获取过程的书面记载。其次，从形成时间看，物证是在案件发生和发展过程中形成；电子数据提取笔录则是在案件发生且对该案的调查程序启动以后出现。最后，从证明能力和证明力判断看，两者之证据能力尽管都受到取证程序之影响，但是物证之证明力主要取决于其与案中其他证据的印证程度；电子数据提取笔录的证明力则主要取决于笔录制作人员是否严格依法制作以及其所记录内容与所显示的证据之间的综合关系。因此，电子数据提取笔录与物证存在本质区别。

（二）电子数据提取笔录与书证的区别

电子数据提取笔录与书证都表现为特定的表意材料，二者在形式上具

---

〔1〕 裴苍龄：“论证据资料”，载《法律科学：西北政法学院学报》1998 年第 1 期；裴苍龄：“论证据的种类”，载《法学研究》2003 年第 5 期。

〔2〕 与裴苍龄教授两篇文章所提观点的代表性商榷文章可参见王立华：“鉴定结论、勘验、检查笔录的独立性”，载《中国刑事法杂志》2000 年第 2 期；龙宗智：“证据分类制度及其改革”，载《法学研究》2005 年第 5 期。

〔3〕 龙宗智：“证据分类制度及其改革”，载《法学研究》2005 年第 5 期。

〔4〕 陈瑞华：《刑事证据法学》，北京大学出版社 2012 年版，第 117~118 页。

有相似性，但二者在实质上存在许多差别。第一，产生时间不同。和物证的产生一样，书证形成于案件产生、发展过程之中，并且由此而获得对过去事实的证明价值；电子数据提取笔录则是案件进入调查程序之后，由法定主体依照法定程序制作产生。第二，两者在内容和格式要求上皆有不同。电子数据提取笔录是由法定主体遵守法定程序、依照法定的格式制作形成，从性质上讲是一种职务文书。对于职务文书，英美法系国家普遍适用传闻证据规则，一般只有文书制作主体亲自到法庭接受询问后，文书方能取得证据能力。书证的内容与表现形式则较为灵活，可能是公文、票据，也可能是信件、书画以及符号等。第三，形成主体不同。电子数据提取笔录必须由具有法定职权的数据采集人员依程序制作而成；而书证则无形成主体的特殊要求。由此可以看出，电子数据提取笔录与书证之间并不存在一种“包容与被包容之关系”，两者存在实质差别。当然，需要指出的是，上述区分也并非绝对，当用以证明的电子数据提取笔录本身有涂改、伪造或者笔录制作者存在违法、违规行为时，该笔录之性质则可能根据证明目的之不同而转化为书证使用。

（三）电子数据提取笔录与证人证言的区别

电子数据提取笔录与证人证言的关系如何呢？从证据的理论分类上看，我国学者或依照我国证据学界的传统分类方式将笔录类证据划归于言词证据范畴；[1]或依照英美法系“人证、物证、书证”的划分方式将其划归为人证范畴。[2]笔者认同笔录类证据的言词证据特征，因为就电子数据提取笔录的表现特征而言，其实质上是笔录制作者对电子数据收集过程的一种客观描述，其形成同样要经过具体人的感知、记忆、表述几个阶段，这也是为何许多国家要求笔录制作者出庭接受法官询问方认可笔录证据的证据能力之原因所在。在我国，证人特指当事人以外的第三人，证人证言是指“当事人以外的第三人就其所了解的案件情况向公安司法机关所作的陈述”。根据上述界定，“第三人”显然不能包含电子数据提取笔录的主要

〔1〕 蒋丽华：“勘验、检查笔录规则研究”，载《中国司法鉴定》2003年第2期；朱玉玲：“笔录类证据及其相关问题——以刑事诉讼为视角”，载《广西社会科学》2008年第12期。

〔2〕 陈浩然：《证据学原理》，华东理工大学出版社2002年版，第216页。

制作主体——办案人员，而在客观性上，笔录类证据的客观性显然也优于证人证言，因此将办案人员制作产生的笔录划归证人证言范畴在逻辑上是无法成立的。

(四) 电子数据提取笔录与其他笔录类证据的区别

从属性和表现形态上看，电子数据提取笔录与其他笔录类证据存在诸多共性，比如都是由法定主体依照法定程序制作产生，都受传闻证据规则约束，都具有言词证据特征，都具有相似的法庭呈现形式等。但是，电子数据提取笔录和其他笔录类证据也存在明显区别。〔1〕

第一，在诉讼中的作用和地位不同。如上所述，电子数据提取笔录是电子数据鉴真的重要手段，它在诉讼中的作用除了证明证据的来源之外，更重要的是证明证据本身的真实性，其原因在于电子数据的收集程序是否规范直接影响电子数据本身的原始性和完整性，对电子数据真实性审查的重点实际上是审查其提取、保全和流转过程，当电子数据面临非法证据排除风险时，需要“补正”和“合理说明”的实际上就是它的收集程序，而电子数据提取笔录作为记录这一过程的载体，其本身与电子数据不可分，也即电子数据如果离开电子数据提取笔录来证明其收集程序的合法性和规范性，其证据能力将无法得到保障，对此笔者在下文另有论及。而其他笔录类证据的作用主要在于证明证据的来源，证据本身的真实性是可以通过其他方式进行检验的，比如违反程序规定提取的人体生物样本并不能影响人体生物样本自身的真实性，作案工具提取笔录的制作是否规范不能作为判断作案工具是否真实的标准等，也即其他笔录类证据是可与欲印证的证据本身分离使用的。

第二，制作主体不同。电子数据的特殊性使得对其收集和提取、保全必须求助于“第三方”来实施，尤其是面对复杂、疑难的电子取证活动更

〔1〕 亦有学者提出：笔录类证据不加区别地运用可能会导致两种相反的趋势：一种是笔录类证据的简化处理，导致关键争点问题被一笔带过，文书、笔录、说明材料不做区分地盛行于法庭，尚属初创阶段的直接言词原则可能再度被搁浅；另一种是可能导致质证程序的臃肿，带来程序负荷并引发审判丧失或偏离重心甚至程序崩溃。为了避免这种“不合理的诉讼对抗”，应当整合笔录类证据，结合笔录的不同属性与证明作用，构建不同的证据运用规则。参见马明亮：“诉讼对抗与笔录类证据的运用”，载《证据科学》2013年第1期。

是如此。这类“第三方”一般包括：利用计算机及外设设备记录犯罪嫌疑人活动状况的人、监视电子数据通过终端输入的人以及编制专门取证程序和提供硬件维护的人等。因此，电子数据提取笔录的制作主体除了侦查人员以外，还有可能是“第三方”，而其他笔录类证据的制作主体一般都是执行取证活动的侦查人员。

第三，是否具有可回溯性。由于电子数据是由0、1数字排列组合而成的，这种形成特性意味着一旦其排列形态发生变化，其原始性和完整性必然遭到破坏。电子数据取证活动的开始往往意味着对原有电子数据存在形态的介入，第一次获取的电子数据和第二次以同样方式获取的电子数据在理论上已经完全不同，特别是对于存储于网络服务器、“云空间”中极易被破坏、湮灭的动态电子数据。[1]电子数据取证过程的不可回溯性也意味着电子数据提取笔录的不可回溯性。其他笔录类证据则具有可回溯性，比如在犯罪现场未遭破坏的情况下重新勘验制作的勘验笔录、对人体重新检查后制作的人身检查笔录，重新提取人体生物样本后制作的人体生物样本提取笔录，重新辨认或侦查实验后制作的笔录等，在理论上都有回溯的可能性。因此，电子数据提取笔录与其他笔录类证据存在明显区别。

二、电子数据提取笔录的证据资格

证据资格的确定和证据的属性具有很大的一致性，两者是从不同的角度来分析一个同质问题。传统学说认为，证据应当具备客观性、关联性和合法性三大属性。客观性是指证据所反映的内容必须是客观存在、不以人的意志为转移的事实；关联性是指诉讼证据必须同案件事实存在某种联系，并由此而对证明案情具有实际意义；合法性是指证据的取得和呈现必须符合法律规定。由于证据资格和证据属性具有密切联系，对一个证据是否具有证据资格的判断应从客观性、关联性和合法性三个方面着手，电子数据提取笔录也不例外。

---

〔1〕 Daniel K. Gelb. Defending A Criminal Case from the Ground to the Cloud. 27 *Crim. Just.* 28 (2012).

电子数据提取笔录的客观性表现在两个方面。第一，电子数据提取的对象、提取的过程是客观的。任何案件事实的发生都会在一定的时空留下痕迹，这些都是客观存在的，而电子数据提取就是对涉案“电子痕迹”的辨识、确认和提取，并通过笔录的形式将这一提取过程客观记录。第二，电子数据提取笔录的表现形式是客观的。电子数据提取笔录是电子数据提取过程的外在表现形式，是固定电子数据提取行为的客观载体，这就需要电子数据提取笔录具备客观的外在表现形式。这种外在的表现形式应当客观、真实、准确地反映电子数据提取的过程。[1]

电子数据提取笔录的关联性与一般理解意义上的关联性有所不同。如上文所述，电子数据提取笔录的主要存在价值在于对用以认定的案件事实的电子数据之“鉴真”，合乎规范取得的真实可靠的电子数据就与案件事实发生联系，而是否“合乎规范”又依赖于对电子数据提取过程的审查，因此电子数据提取笔录与案件事实之间存在着一种形式上“间接”而实质上“直接”的关联性。

电子数据提取笔录的合法性主要体现在内容、形式、程序等方面的合法。内容合法，是指经查证属实的笔录内容能够证明案件的真实情况；形式合法，是指笔录的制作应当在法定程序和规则内进行；程序合法，是指电子数据的提取程序、提取笔录的制作等方面必须依照法律规定进行。

明确了电子数据提取笔录证据资格的判断标准，在具体案件中可从以下两个方面着手进行审查。一是审查电子数据提取笔录的来源，即审查电子数据提取笔录是否受到制作者主观或客观因素影响，电子数据提取的过程是否合法有效，电子数据提取笔录的制作程序是否合乎法律规定等。二是审查电子数据提取笔录的内容，也就是通过分析电子数据提取笔录中所记录的内容，查找电子数据与案件事实是否存在客观联系，能够证明案件中的什么问题，记录内容本身是否合理，有无前后矛盾等。

---

〔1〕 这种客观性体现在：第一，语言表述要客观肯定。在记录电子数据提取过程时，要多使用中性词汇进行客观的记录，记录者不能按照主观意愿随意修饰或加工。第二，必须如实、全面记录电子数据提取的整个过程，不能任意增加或删减。第三，行文格式要符合法律文书的相关要求。

三、电子数据提取笔录的证明力

证明力是证据所具有的内在联系对案件事实的证明价值和证明作用，“就是证据活的灵魂”。〔1〕一般认为，证据的证明力受制于证据与案件事实联系的有无以及联系的紧密程度。因此，判断电子数据提取笔录证明力的前提在于认识电子数据提取笔录在案件事实认定中的地位与作用。

有学者以证明逻辑为标准，根据证据与待证事实之间是否具有“生成”意义上的证据相关性将证据分为“实质证据”和“辅助证据”。如果是“由待证事实所生成”，即为“实质证据”；如果是“由独立于待证事实之外的其他事实的存在和发生而形成”，即为“辅助证据”。〔2〕笔者认为，“实质证据”和“辅助证据”之划分是相对于证明对象而言的，一个案件中的“实质证据”和“辅助证据”并非固定不变，这在运用电子数据的案件中尤为明显，不能简单地将电子数据提取笔录理解为“辅助性”“非关键”证据。以一起网络诈骗犯罪案件为例，犯罪嫌疑人与被害人的QQ聊天记录、被害人通过网上银行向犯罪嫌疑人指定账户的转账清单、提取上述电子数据的笔录无疑都是认定案件事实所不可缺少的证据，若待证事实为这起网络诈骗犯罪案件是否发生、如何发生，那么上述QQ聊天记录、转账清单应归属于“实质证据”，电子数据提取笔录则属于“辅助证据”，其存在意义在于支持电子数据的真实性；若待证事实为电子数据提取过程的规范性，电子数据提取笔录则又转化为“实质证据”，这一“实质证据”又需要笔录“制作者”的证言、“见证人”的证言等“辅助证据”予以支持。这起案件的证明逻辑顺序为：真实可靠的电子数据提取笔录→真实可靠的电子数据→犯罪事实。由上可知，电子数据提取笔录尽管与案件事实的距离相对较“远”，是产生于案件发生之后的“衍生证据”，但它恰恰又是认定案件事实的证明逻辑的起点所在。

---

〔1〕 钱卫清：《法官决策论 影响司法过程的力量》，北京大学出版社2008年版，第111页。

〔2〕 “实质证据”与“辅助证据”的划分意义在于为一些抽象的证明标准的实践设置规范许可和界限，用以避免裁判困难及防止司法擅断。参见周洪波：“实质证据与辅助证据”，载《法学研究》2011年第3期。

因此可以说，电子数据提取笔录在案件证据体系中居于基础性地位，它与案件事实的认定具有密切联系并由此而获得证明力。但是，在具体案件中，任何证据都不具有先验的证明力，对于一个证据是否与案件相关，并不存在绝对的答案，从法律逻辑上来说，“证明力意味着某种程度，即证据将要改变要素性事实的概率性及诉讼要件的程度”。[1]那么，在具体案件中又如何判断一份电子数据提取笔录的证明力呢？从理论角度来看，“要使一项证据的真实性得到准确验证，就需要使其所包含的事实信息得到其他证据的印证”。[2]因此，我国法院经常依据“印证规则”来审查单个证据的证明力问题。笔者认为，“证据相互印证规则”也适用于对电子数据提取笔录证明力的审查，在具体实践中，应结合电子数据的持有者、电子数据的提取者、提取过程见证人以及提取笔录制作人所作证言来判断能否与电子数据形成印证，并结合对电子数据证据保管链完整性[3]的审查，综合判断电子数据提取笔录的证明力。

综上所述，笔者认为电子数据提取笔录是一种具有独立地位的证据形式，它在对案件事实的证明上发挥着其他证据形式所无法代替的特殊作用。因此，对电子数据提取笔录的适用规则有必要专门予以分析和研究。

第三节　电子数据提取笔录的适用要求

笔者认为，当前在电子数据提取笔录的适用中应当注意以下几个方面的问题。

---

〔1〕［美］罗纳德·J. 艾伦、理查德·B. 库恩斯、埃莉诺·斯威夫特：《证据法　文本、问题和案例》，张保生、王进喜、赵滢译，高等教育出版社2006年版，第180页。

〔2〕陈瑞华：“论证据相互印证规则”，载《法商研究》2012年第1期。

〔3〕证据保管链通常是指与物证或者电子数据的收集、保管、控制、转移、分析、保存以及最终处理有关的书面记录、证据日志或者其他形式的文献记录。美国司法部发布的《美国法庭中的数据证据：执法部门及检察官操作守则》规定：在有关电子数据的案件中，“涉及两条证据保管链（two chains of custody are involved）——物理载体（physical item）本身，以及与之相关的数据（associated data）。应当意识到，除了有关物理介质的证据保管链问题之外，还存在有关数据的证据保管链问题”。如果证据保管链在任何一个环节出现断裂，证据可能将不被采纳，或者丧失法律价值。参见陈永生：“电子数据搜查、扣押的法律规制”，载《现代法学》2014年第5期。

一、通过同步录音录像方式对电子数据提取笔录进行补强

对电子数据的提取过程进行同步录音录像是极为重要的证据保全措施，它作为对电子数据的补强，可以为法庭的质证提供依据。电子取证相较于其他取证方式，技术含量高且程序更为复杂，电子数据提取笔录尽管可以呈现这一过程，但电子数据提取笔录本身是否真实仍需其他证据予以佐证。为了让检察官、法官清晰地审查判断电子数据提取笔录的客观性、关联性与合法性，笔者认为，当前有必要也完全有条件建立电子数据提取全程的同步录音录像制度，录音录像资料刻录光盘封存后，应随电子数据提取笔录放入案卷随案移送，以与电子数据提取笔录形成印证，用以证明电子数据提取过程的规范性和合法性。

二、在电子数据提取笔录制作过程中引入外部监督

由于我国刑事案件侦查程序的封闭性、秘密性特征，侦查机关以外的其他机关和个人往往难以介入侦查取证过程，这对于保守侦查秘密、提升侦查工作效率具有重要作用，但这种封闭也在客观上使得侦查取证过程的合法性难以得到有效监督。鉴于电子数据的特殊性，笔者认为当前建立起电子数据提取过程的外部监督机制极为重要，而对电子取证过程监督的重要载体形式就是监督电子笔录的制作过程。当前，可从以下两个方面着手。

第一，完善见证人制度。我国《刑事诉讼法》在勘验、检查、搜查、扣押中都规定了见证人，但并没有规定见证人在场的必须性，对见证人的最低人数、见证资格更无规定。对见证人的必须性、数量和资格问题，公安机关制定的《公安机关刑事案件现场勘验检查规则》以及检察机关制定的《人民检察院刑事诉讼规则》都作出了相应规定，但在数量与资格规定上存在差异。其中，搜查见证人的规定比较笼统，搜查笔录中见证人的签名不是必备要件；扣押制度中尽管明确规定了见证人到场监督和签名确认笔录为必备要件，但对于见证人的数量和见证人的资格并未作出规定。《最高法刑诉解释》第93条尽管规定电子数据提取笔录需要经过“侦查人员、电子数据持有人、见证人签名”，但在其后明确规定“没有持有人签

名的，是否注明原因”，而对于“没有见证人签名的”情况如何处理，却又缺乏相应规定，这实际上意味着见证人是否签名并不是审查电子数据提取笔录是否合法、规范的必备要件。法律规定的模糊导致了见证人制度的设计初衷流于形式，从而造成实践中可能出现“见者不证”或“证者不见”的尴尬局面。[1]笔者认为，应当通过立法对见证人的数量、见证资格作出明确规定，同时还要规定见证人签名为电子数据提取笔录的必备要件，无见证人签名的笔录无证据能力。一旦控辩双方对电子数据笔录的真实性存在异议，除了调取上文所提出的笔录制作时的同步录音录像予以审查外，在必要时还应当通知见证人出庭作证。

第二，探索辩护律师监督取证过程的制度。随着修正后《刑事诉讼法》的实施，律师在侦查阶段的辩护人身份得到了明确，辩护律师在侦查阶段的调查取证权、会见权和阅卷权这些一直被视为“三难”的几项核心权利尽管在实践中仍步履维艰，但在立法层面上得到了明确回应和支持，而随着党的十八届四中全会的召开，“全面推进依法治国”方略在各领域的全面推进，这些问题有望得以实质性解决。如上文所述，电子数据相较于言词证据，其客观性和稳定性较强，而相较于传统实物证据，它的稳定性和客观性又显得较为脆弱。鉴于电子数据提取过程在电子数据真实性保障方面的特殊性，加强对电子取证过程的外部介入和监督是有必要的，因此可探索建立辩护律师经申请介入电子数据提取过程的机制。

在美国曾经发生过这样一个案例：有一个12岁的未成年人指控一名犯罪嫌疑人强迫自己浏览该嫌疑人存放于工作电脑上的色情图片，并且向警方提供了该嫌疑人工作电脑的密码及色情图片的存储位置。该嫌疑人的辩护律师调查后发现，这个12岁的受害人不仅曾有过虚假进行性犯罪指控的经历，而且经常在互联网上访问色情网站，由此高度怀疑是该受害人而非嫌疑人将色情图片放进了嫌疑人的工作电脑。辩护律师由此而希望检查受害人的私人电脑，以发现其中所存储的与上述色情图片相似的图片，从而

---

[1] 比如，笔录中虽有见证人签名，但见证人可能并未实际见证侦查活动的过程，不能起到见证的作用；又如在有些案件中，由公安人员、联防队员等作为见证人。

印证自己的判断，进而为自己的当事人脱罪。但是，辩护律师担心若直接提出此请求，会使受害人抢先销毁其存放在私人电脑中的图片，于是辩护律师想到了一个办法：他聘请了一名私家侦探伪装成电脑公司的销售顾问，以调查年轻用户使用电脑情况的理由进入上述未成年人的家中，并以提供一台新的笔记本电脑为由换取该未成年人的原电脑，以骗取接触并检查该未成年人私人电脑的机会，从而发现相关证据。该辩护律师上述行为的合法性也在美国引起了争论，但美国多州的立法肯定了这种行为的合法性，如俄勒冈州表明，“律师在对违反民事法律、刑事犯罪或侵犯宪法权利案件的调查中，建议当事人或其他人以合法隐藏身份的形式取证是正当的”，俄亥俄州和威斯康星州也都作了类似立法表述。[1] 上述讨论和立法，为我们探讨辩护律师有无权利自己或聘请专业人士介入电子数据的提取提供了参考。

立足我国当前实际情况来看，辩护律师自行直接提取目标电脑中的电子数据的可行性不大，但他们完全可以参与对侦查机关电子数据取证过程的程序性监督，而这种程序监督的最好方式就是监督电子数据提取笔录的制作是否与取证过程一致，是否客观、如实制作笔录。由辩护律师介入监督并签名认可的电子数据提取笔录的效力无疑得到了保障，通过这种形式，既监督了侦查机关电子取证活动的规范性、合法性，也提升了法庭质证的效率。

三、明确笔录制作人员的出庭义务

2012 年《刑事诉讼法》第 187 条规定了侦查人员出庭作证的制度，这是一个值得称赞的进步，但对其出庭作证的情形又作了限定，即仅限于针对侦查人员执行职务时目击的犯罪情况作为证人出庭作证。在我国刑事庭审实践中，电子数据提取笔录的制作人员和见证人都不需要出庭作证，而只要求公诉机关将笔录提交法庭宣读，即便是辩护方对相关笔录的合法性、真实性等提出异议。在这种情形之下，对笔录类证据的真实性审查可能沦为形式之举，法庭不得不仅凭书面笔录来审查电子数据的来源和保管

〔1〕 Peter A. Joy, Kevin C. McMunigal. Deceit in Defense Investigations. 25 *Crim. Just.* 36 (2010).

链条。而当电子数据的原始性、真实性和完整性成为各方争议对象时，裁判者就很难据此提取笔录作出令人信服的判断。因此，作为一种被“制作”出来的、带有言词证据特征的职务文书，电子数据提取笔录的制作者和见证人有义务出庭接受质询。

四、强化电子数据提取笔录制作的规范性

非法证据排除规则在我国《刑事诉讼法》的规定是一个巨大进步，它对保障取证程序合法性、遏制非法取证起到了非常积极的影响，尽管对其全面、实质的落实仍有很长的路要走，但毕竟立法层面的肯定意味着吹响了向此方向前进的号角，切实落实立法要求只是一个时间问题。如果说我国当前对非法取得言词证据实行的是“严格排除”的话，那么对于实物证据则采用的是“裁量排除”的处理方式。根据2012年《刑事诉讼法》第54条规定，对于不符合法定程序收集的“物证、书证”，在“可能严重影响司法公正”的情况下，应当通过“补证”或“作出合理解释”的方式进行弥补。将上述规定中“物证、书证”扩大至除了言词证据以外的其他法定证据种类，在理论认识和实务应用上似乎能够存在一定共识。〔1〕这种共识的形成是可以理解的，其出发点可能正在于“证据排除影响了真实发现的过程，任何排除救济目标应当是通过最少的实际上的证据排除来获得最大程度的震慑效果。”〔2〕而在此逻辑前提之下，若对电子数据的取证程序产生怀疑怎么办？根据上述规定，应当通过“补证”和“合理解释”的方式予以解决，实践中可能较为想当然地就将电子数据提取笔录理解为“补证”和“合理说明”电子数据合法性的依据。

---

〔1〕 我国不少学者提出将2012年《刑事诉讼法》第54条关于将非法物证、书证的排除规则作为非法实物证据的排除规则，而广义上的实物证据可涵盖鉴定意见、勘验、检查、辨认侦查实验等笔录以及视听资料、电子数据等类型。针对这些证据的排除规则，最早出现在《关于办理死刑案件审查判断证据若干问题的规定》中，《刑事诉讼法》修改后，最高人民法院的《最高法刑诉解释》吸纳了该规定的形式和内容，详细列明了包括言词证据、物证、书证和其他非法证据在内的八大证据类型的合法与非法标准。这也意味着，在司法实践中出现的所有的证据种类都能适用非法证据排除规则。

〔2〕 [美] 克雷格·布拉德利：《刑事诉讼革命的失败》，郑旭译，北京大学出版社2009年版，第153页。

事实上，由于电子数据的特殊性，电子数据提取笔录本身就是印证电子数据真实性所不可或缺的，将其再用作“补证”或“合理说明”在逻辑上是无法立足的。笔者认为，在电子数据出现排除危机的情况下，需要“补证”或“合理说明”的其实是电子数据提取笔录本身，其原因在于为了保证电子数据的原始性和完整性，电子数据取证具有不可逆的特点，在电子数据真实性的审查只能放在对电子数据收集的程序上来，而电子数据提取笔录正是重现电子数据收集过程的依据。因此，我们必须更加重视电子数据提取笔录之合法性在案件事实认定上的特殊意义。对此，可通过明确电子数据提取笔录的格式、制作流程，探索电子数据提取笔录的补证、查证程序以及建立对违法笔录、瑕疵笔录制作人的惩戒机制等措施来保障电子数据提取笔录的合法性和规范性。

第四章　网络犯罪取证中的网络服务提供者协助

近年来，我国颁布了一系列旨在遏制网络犯罪的法律法规及司法解释，对预防和惩治网络犯罪起到了积极作用。但从实践情况来看，网络犯罪的态势依然非常严峻，网络犯罪的破案率与定罪率依旧处于低位状态，网络犯罪治理中的"发现难、取证难、定罪难"几大难题仍然没有得到有效缓解。笔者认为，造成上述问题的原因固然有技术层面的障碍，但更重要的是相关制度跟进的滞后。

就侦查环节而言，有别于传统犯罪，网络犯罪的侦查取证除了需要侦查机关作为主体外，还需要多个部门的密切联动与配合，否则侦查工作难以顺畅完成。以网络诈骗犯罪为例，公安机关侦查时就需要从四个层面开展侦查取证工作，即信息流查证→资金流查证→网络轨迹查证→服务器监控，上述过程若仅依靠公安机关，没有其他部门的配合与联动，侦查工作显然难以推进。此外，由于网络犯罪的完成必须依赖网络服务提供者提供的平台进行，因此，在诸多侦查协助部门中，尤以网络服务提供者[1]的作用为甚。但是，目前我国对于网络服务提供者在侦查过程中的协助义务缺乏系统研究，也没有建立相应规则，这在客观上阻碍了侦查效率的提升。有鉴于此，笔者不揣冒昧，将在本书中对网络服务提供者的侦查协助义务进行初步分析。

---

〔1〕 本书所称之"网络服务提供者"是提供各种互联网在线服务的经营者的统称。我国《互联网信息服务管理办法》将网络服务提供者大体分成信息服务提供者和接入服务提供者。现实中网络服务提供者由于服务的内容不同而种类较多，常见的有网络服务提供商（Internet Service Provider，ISP）、网络接入提供商（Internet Access Provider，IAP）、在线服务提供商（Online Service Provider，OSP）、网络平台提供商（Internet Presence Provider，IPP）、网络设备提供商（Internet Equipment Provider，IEP）、网上媒体提供商（Internet Media Provider，IMP）、应用服务提供商（Application Service Provider，ASP）、网络内容提供商（Internet Content Provider，ICP）等。

第一节　网络服务提供者协助取证的必要性与可行性

有别于传统犯罪侦查中“由事到人”的侦查模式，网络犯罪由于横跨物理和虚拟两个空间，因此网络犯罪的侦查取证往往沿循着“案件事实→涉案计算机→计算机的使用者（被追诉人）”这样一种思路推进。网络犯罪的虚拟性、跨空间性特征使得这类案件没有传统案件所具有的现实、可触的物理案发现场、作案痕迹和现场遗留物，其现实的作案地与结果地相分离，经常是跨地区、跨国犯罪，有的作案人还专门利用境外代理服务器绕道境外实施境内作案，这给案件的取证工作带来极大的难度。但是，如上所述，网络犯罪的完成必须依赖网络服务提供者提供的平台进行，网络服务提供者的上述优势使其成为网络犯罪侦查过程中的核心节点。因此，确立网络服务提供者的侦查协助义务具有必要性。此外，从当前法律规定和操作层面来看，网络服务提供者的侦查协助也具有可行性。

一、网络服务提供者协助取证的必要性

（一）*破解技术瓶颈*

随着网络技术的发展，刑事犯罪与计算机网络的结合越来越紧密，导致刑事诉讼面临着前所未有的严峻挑战。一方面，由于借助了计算机网络，许多犯罪的社会危害性日益凸显，技术含量和隐蔽性也不断增强。另一方面，计算机网络犯罪是一种科技含量很高的犯罪，不少实施此类犯罪的犯罪分子具有良好的教育背景，有些犯罪分子如黑客甚至可能具备超出常人的高智商。由于他们在实施犯罪活动时运用了前沿计算机网络技术，因而其犯罪具有极强的隐蔽性，仅仅依靠传统的取证措施很难破获这些犯罪。此外，电子数据作为网络证据体系中的核心证据，具有系统依赖性、隐蔽性、高技术性、脆弱性等特点，相应的收集过程具有较高的技术要求，这就要求证据收集人员必须具备相当水平的计算机知识，且能在取证过程中遵循严格的技术标准和程序，这与传统的证据收集方法存在较大的区别。而这一高标准、严要求对于一般的取证人员来说很难达到。《网络

犯罪公约》第19条第4款规定，各缔约方应调整必要的国内法或者规定，授权有权机关指令任何知道计算机系统功能或用于保护其中计算机数据的应用措施的人提供合理的、必要的信息。《网络犯罪公约》之所以规定以上协助搜查扣押的强制措施，就是因为考虑到侦查机关取证的现实困境，如被处理和存储的计算机数据数量非常大、使用了安全措施、操作系统比较特殊等。[1]

根据我国《刑事诉讼法》的规定，侦查人员是收集电子证据的主体，如果侦查人员对计算机网络技术的熟悉程度和操作能力不如这些犯罪分子，那么发现和侦破这类犯罪将非常困难。[2]

从实践情况看，侦查人员的网络犯罪取证、固证能力不容乐观。通过调研，笔者发现，当前政法干警队伍的专业背景主要以法学和侦查学为主，这使得在面对网络犯罪等新型案件时，大家普遍存在畏惧回避心理或出现认识不一致的情况。[3]此外，现有市场经济下的人才流动模式使得一流的计算机网络技术人员向网络服务提供者处流动和汇集，侦查机关也很难引入或留住这些技术人才。实践中，侦查机关通过向网络服务提供者出具《取证通知书》或《调取信息通知书》，一般能够有针对性地从服务商处调取到所需案件信息，但是，若需还原网上作案过程，则需要相对专业的技术介入。网络服务提供者的协助，可在很大程度上补齐侦查机关在网络犯罪侦查能力方面的技术短板，更加有效地推进侦查工作的进行。

---

〔1〕 皮勇："《网络犯罪公约》中的证据调查制度与我国相关刑事程序法比较"，《中国法学》2003年第4期。

〔2〕 陈永生："计算机网络犯罪对刑事诉讼的挑战与制度应对"，《法律科学（西北政法大学学报）》2014年第3期。

〔3〕 笔者在公安机关调研座谈时，一位网络安全部门的民警说："我是从刑侦部门调过来的，虽然我已经有多年刑侦工作经历，但刚到网络安全部门时却缺乏自信，尤其是面对涉嫌《刑法》第285条、第286条罪名的案件时，真的是感觉底气不足。"但随后他爽朗一笑，又说："实际工作一段时间后，我也发现，只要自己加强学习，只要前期证据收集到位，突破案件还是没太大障碍的。"而在检察机关和法院调研时，笔者发现，侦查机关移送过来的网络犯罪案件，普遍存在着起诉率低、定罪率低或量刑远低于侦查机关预期的现象，究其原因，固然存在当前我国对网络犯罪的性质认定和证据适用的相关法律规定不明确这一主要原因，但是公、检、法三机关在知识背景、技术能力方面的不平衡所导致的认知差异，也是造成这种情况出现的重要原因。

（二）过滤无效信息

场域的虚拟性和信息的海量性是网络犯罪侦查面临的现实环境，如何从浩若烟海的信息中过滤无效信息，收缩侦查取证视野和范围，有效取证，关乎侦查工作的成败。但现实中，侦查机关面临现实困境，由于商业网站的计算机信息系统往往有独特的安全措施和工作环境，侦查人员需要花费大量时间去了解计算机信息系统的工作特性，这不仅延长了搜查取证的时间，也会严重影响被搜查单位的正常工作。通过网络服务提供者的协助侦查，能够及时有效地提高侦查机关获取相关证据的能力。充分运用网络服务提供者的帮助能够丰富侦查视野，减少侦查工作的盲目性，缩短办案周期，进而提高网络犯罪侦查的效率。

此外，在网络犯罪案件中，电子数据的原始记录大多存储于网络服务提供者的服务器中，尤其是随着云计算技术的发展，“网络云盘”的使用也更加广泛地扩充了电子数据存储介质概念的外延。上述因素决定网络服务提供者往往成为电子数据的掌控者，再加上他们在解释电子数据编码、流转方式上的专业性，由他们为侦查工作提供协助，会为侦查机关节省很多时间，也会将对被搜查人、被害人可能产生的经济损失降到最小。如制订提取电子证据的计划、步骤以及相应的要领，协助搜查、扣押计算机软件、硬件，协助保管电子证据，等等。特别是《电子数据规定》首次建立了“电子数据冻结程序”，离开网络服务提供者的积极配合与协助，几乎无法实施。

值得一提的是，尽管近年来电子信息技术专家的数量逐渐增加，但整体来说我国信息技术专家是相对稀缺的，加之电子取证专业设备的价格较高，因此，相比于让侦查机关大幅增加软硬件投资和聘请第三方技术专家，网络服务提供者的侦查协助更能节约司法成本，让有限的司法资源应用到更需要的地方。

二、网络服务提供者协助取证的可行性

（一）网络服务提供者协助取证的法律依据

为了维护公共利益和国家安全，任何个人和组织都应当承担协助公安

司法机关依法办案的义务。网络服务提供者作为网络活动最重要的参与者，更应该在数字化执法取证越发困难的网络环境中积极履行协助义务。这一义务要求网络运营者为执法机构提供必要的执法便利和技术支持。〔1〕我国现行法律和相关司法解释是能够提供明确法律依据的。

比如，《中华人民共和国国家安全法》第 77 条要求，公民和组织应当为国家安全工作提供便利条件或者其他协助，向国家安全机关、公安机关和有关军事机关提供必要的支持和协助；《互联网信息服务管理办法》第 16 条要求，互联网信息服务提供者发现其网站传输的信息有明显违法犯罪的，应当立即停止传输，保存有关记录，并向国家有关机关报告。《全国人民代表大会常务委员会关于加强网络信息保护的决定》第 10 条要求有关主管部门依法履行职责时，网络服务提供者应当予以配合，提供技术支持。《全国人民代表大会常务委员会关于维护互联网安全的决定》第 7 条要求，从事互联网业务的单位要依法开展活动，发现互联网上出现违法犯罪行为和有害信息时，要采取措施，停止传输有害信息，并及时向有关机关报告。《中华人民共和国反恐怖主义法》第 18 条规定，电信业务经营者、互联网服务提供者应当为公安机关、国家安全机关依法进行防范、调查恐怖活动提供技术接口和解密等技术支持和协助。《网络安全法》第 28 条规定，网络运营者应当为公安机关、国家安全机关依法维护国家安全和侦查犯罪的活动提供技术支持和协助。《电子数据规定》第 3 条规定，人民法院、人民检察院和公安机关有权依法向有关单位和个人收集、调取电子数据。有关单位和个人应当如实提供。国际方面，《网络犯罪公约》第 19 条第 4 款规定，各方应当采取必要的立法或其他措施，授权主管机构能够命令任何知晓计算机系统功能或采用的计算机数据保护措施的个人合理的提供必要的信息，以确保依照第 1 款和第 2 款所采取措施的实施。《网络犯罪公约》第 20 条第 1 款 b 规定了强制网络服务提供者协助搜集制度。以上法律规范为网络服务提供者的侦查协助义务提供了基本框架，使得侦查机关要求网络服务提供者提供侦查协助义务时“有法可依”。

〔1〕 冯潇洒：“对网络运营者的安全保护义务设定分析”，载《中国信息安全》2016 年第 9 期。

（二）网络服务提供者协助取证的实践基础

与犯罪有关的计算机数据，无论是已经存储在网络服务提供者那里，还是通过网络服务提供者提供的通讯服务正在生成之中，都会在网络服务提供者那里留下记录。通常情况下网络运营者的服务器中存储着其注册用户的个人情况资料，以及一段时间内的登录、读写记录等内容，还有相当数量的证明用户犯罪行为能否成立的证据。因此，当犯罪行为发生时，网络运营者往往比其他人更容易掌握有关犯罪的证据。

大量基础数据的存在，使得网络服务提供者在协助取证时并不会产生过多额外成本。此外，若涉案的电子证据是经由第三方保管的，第三方代为收集具有天然的优势，而由侦查人员亲自搜查，将大大延长搜查的时间，并严重影响被搜查单位的正常工作秩序。所以，为网络服务提供者设定协助侦查义务，不但有利于查清案件事实，而且也有利于促使网络服务提供者规范对其用户及服务的管理。

第二节 网络服务提供者协助取证的主要问题

网络服务提供者侦查协助有其必要性和可行性，但实践中网络服务提供者侦查协助义务的履行并不乐观，网络服务提供者提供侦查协助的积极性和主动性都不高。社会影响大、侦查层级高的案件，通常能够得到网络服务提供者的积极协助，但对于一般网络犯罪案件的侦查，网络服务提供者常常会以“未存储数据”“保护用户信息”“取证时间长”等理由来推脱司法机关的协助取证要求。在司法实践中，甚至出现过个别网络服务提供者拒绝协助侦查机关破案，甚至阻挠、故意拖延侦查机关办案，导致部分不法分子外逃的极端情形发生。近年来，在“韩兴昌案件”“秦火火案件”“向南夫案件”等案件中，网络服务提供者对其网络平台疏于管理、对办案机关不予配合的问题非常突出。[1]这种问题的凸显，在客观上推动

〔1〕 赵远：“浅析网络犯罪中网络服务提供者的刑事责任”，载《法制日报》2014年7月23日，第11版。

了“网络服务提供者拒不履行安全管理义务罪”在《刑法修正案（九）》中的入刑。

上述现象并非我国独有，域外亦不鲜见。2015年12月2日，美国南加州圣贝纳迪诺发生一起恐怖袭击案，造成14人死亡。2016年2月16日，美国联邦调查局经由加州法院发出搜查令，要求苹果公司对涉案的苹果手机协助侦查，但苹果公司以协助侦查会威胁用户信息安全为由拒绝提供协助。Facebook、谷歌、亚马逊、Twitter、WhatsApp、微软等科技公司纷纷表态，表示支持苹果公司这一立场。2月28日，纽约州法院支持了苹果公司的“拒绝协助”。3月7日，美国司法部要求纽约州法院撤回“拒绝协助”的判决并命令苹果公司协助解密。3月22日，美国联邦调查局迫于无奈，通过以色列Cellebrite公司将涉案苹果手机破解。〔1〕网络服务提供者拒绝协助侦查机关取证的例子还不仅这一例。据报道，美国联邦调查局曾要求谷歌公司提供客户数据，但谷歌公司拒绝了政府这一协助取证要求，使得美国联邦调查局的侦查陷入困境。〔2〕

笔者认为，司法实践中之所以出现网络服务提供者拒绝提供协助义务的现象，一方面是因为相关法律不够完善，规定不够细致；另一方面，过多强调网络服务提供者的义务而忽视对其合法权利的保护也是重要影响因素。具体来看，主要有以下几个方面的原因。

一、协助范围不明确

随着网络技术的广泛发展和应用，国家已充分意识到网络技术的复杂性和网络犯罪侦查的难度，因此从法律到行政法规，从不同角度、不同层面都对网络服务提供者的侦查协助义务提出了要求。然而，对于网络服务提供者侦查协助义务的适用范围及适用条件，法律并没有给出明确的规定。适用范围与适用条件的缺乏，将会导致法律的可操作性降低，监管机

〔1〕“苹果不配合 以色列公司协助FBI破解嫌犯的iPhone”，载腾讯网，https://digi.tech.qq.com/a/20160329/041953.htm，最后访问时间：2020年9月11日。

〔2〕“Google公司拒绝FBI调取用户隐私信息”，载中关村在线，https://m.zol.com.cn/article/3649048.html，最后访问时间：2020年9月11日。

关的监管也无从谈起，网络服务提供者拒绝履行侦查协助义务的后果更是缺乏相应的法律规定。网络服务提供者的侦查协助不仅关涉侦查权的行使，也与公民的隐私权、企业的经营权密切相关，因此法律必须明确规定网络服务提供者侦查协助的适用条件与适用范围。在审查是否需要网络服务提供者进行侦查协助时，要严格审查侦查协助义务的范围与条件是否符合法律规定，避免侦查机关滥用侦查权，损害企业和公民的合法权利。只有根据我国司法实践明确网络服务提供者应履行的具体义务和适用条件，才能为网络服务提供者的协助侦查提供明确的法律指引，才能有助于提高网络服务提供者协助侦查的积极性。

二、与网络服务提供者信息保密义务冲突

互联网的迅速发展和云计算技术的广泛使用，使得传统的信息形成、存储、传播、交流等模式产生了巨变，其中一个突出特征是网络服务提供者在以上活动中发挥着中枢神经的作用。在电子邮件、即时通讯、网盘资料上传下载、电商及网络银行的资金划转等网络服务中，每一条信息的变动必然要经过网络服务平台，从而使得当事人不再对私人信息垄断控制。个人能够接受这样一种弱化的信息控制，允许信息交流双方以外的第三方的介入，是基于网络服务提供者对于所涉信息的保密义务，除在特定情形下经专门程序以外不得对外泄露。〔1〕我国也通过一系列立法对网络服务提供者对用户的信息保密义务作出了规定。〔2〕

---

〔1〕 裴炜："犯罪侦查中网络服务提供商的信息披露义务——以比例原则为指导"，载《比较法研究》，2016年第4期。

〔2〕 在法律层面，根据《网络安全法》第40条规定："网络运营者应当对其收集的用户信息严格保密。"第42条规定，"未经被收集者同意，不得向他人提供个人信息"，"网络运营者应当采取技术措施和其他必要措施，确保其收集的个人信息安全，防止信息泄露、毁损、丢失"。《全国人民代表大会常务委员会关于加强网络信息保护的决定》第3条规定："网络服务提供者和其他企业事业单位及其工作人员对在业务活动中收集的公民个人电子信息必须严格保密，不得泄露、篡改、毁损，不得出售或者非法向他人提供。"第4条规定："网络服务提供者和其他企业事业单位应当采取技术措施和其他必要措施，确保信息安全，防止在业务活动中收集的公民个人电子信息泄露、毁损、丢失。"通过以上法律法规，国家在互联网领域建立起了对用户个人信息和隐私权的保护。

因此，网络服务提供者一方面负有保护用户个人信息和隐私的义务，另一方面又负有协助侦查机关进行侦查取证、披露信息的义务，这两种义务不可避免地会产生紧张对立的关系。此时，如何平衡保护公民隐私权和打击犯罪这两种价值冲突就成了一个实践难题。网络服务提供者负有保护用户隐私和个人数据信息的义务，非具法定情形或经用户同意而擅自披露用户信息，既是违约行为，也是侵权行为。在这种两难情形下，大多网络服务提供者更倾向于维护自己的商业利益而拒绝向侦查机关提供帮助。

三、缺乏对网络服务提供者的补偿和救济

如前所述，我国目前关于网络服务提供者的侦查协助义务的规定属于强制性规定，如果网络服务提供者拒绝协助侦查机关取证，很可能因违反强制性规定而承担不利的法律后果。[1]然而，我国法律过于强调网络服务提供者侦查协助的责任与义务，却忽视了其合理的权利诉求与救济。殊不知，网络服务提供者在协助侦查机关取证的过程中是会产生现实成本与投入的。

其一，无论是存留相关电子数据还是为侦查机关提供相应技术支持，都意味着网络服务提供者需要在物理设施、网络设施、平台等软硬件当中部署适当的控制措施，包括相应的管理和技术投入。其二，网络服务提供者需要安排工作人员参与具体的协助工作，增加了其人力上的负担，也会影响企业的正常运营。其三，网络服务提供者作为市场主体，其主要目的是营利，其赖以生存和发展的基础在于用户的信任，即信誉是企业的无形资产。网络服务提供者因协助侦查可能给用户带来的各种权利威胁将导致用户信任度的降低，甚至导致用户数量的大量流失，可以说，信任危机对网络服务提供者的影响是无法弥补的。因此，过于严苛的侦查协助义务无疑会增加网络服务提供者的负担。尽管侦查协助义务的设定主要以公共利益和国家安全为出发点，但对公共利益的保障并不必然意味着对网络服务

---

〔1〕 如2015年8月颁布的《刑法修正案（九）》提出了网络服务提供者承担刑事责任的新模式，即不履行网络安全管理义务而导致违法信息大量传播等危害结果发生的网络服务提供者将面临承担刑事责任的可能。

提供者私权利的牺牲。因此，缺乏成本补偿机制和必要的救济手段将会极大地遏制网络服务提供者履行侦查协助义务的积极性。

第三节　网络服务提供者协助取证的机制构建

破解网络服务提供者协助取证困境是一个系统性工作，它需要一系列制度的配合与联动，具体来看，目前可从以下几个方面着手。

一、划定协助等级

网络服务提供者的侦查协助不仅关涉国家侦查权的行使，也涉及网络服务提供者自身合法权益的保护，更与网络用户个人信息的保护密切相关。网络服务提供者对侦查机关的协助，实际上意味着用户的隐私权和企业的经营自由权让位于侦查权，[1]因此，侦查机关需要得到网络服务提供者的配合时，首先需要进行严格的内部审批，在确定合法性、必要性的前提下，才能提出此类协助请求。此外，要想顺利获得网络服务提供者的协助，有必要划定案件类型，以此确定网络服务提供者的协助等级。

一般而言，网络服务提供者对侦查机关的协助主要分为两种主要方式，一种是信息提供，另一种是技术协助。

信息提供包括局部信息提供（如 QQ 聊天记录）和关联信息提供（所有与案件相关信息、所有疑似关联人信息）两种。对于局部信息提供，信息提供范围相对有限，网络服务提供者的成本不高、顾虑较小，原则上各级侦查机关只要出具有效法律文书，网络服务提供者都应当积极提供，并出具相关证明文件，此类信息提供方式应适用于所有案件类型。但是，对于关联信息提供，由于信息提供面大，涉及利益群体广，甄别工作量也比较大，因此，侦查机关应慎重提出此类配合需求。

技术协助包括密码破解、作案过程还原、轨迹追踪、数据冻结、“蜜

[1] 崔聪聪、李欲晓、韩松：“《网络安全法（草案二次审议稿）》第 27 条修改建议——以网络服务提供者协助解密义务为中心”，载《中国工程科学》2016 年第 6 期。

罐取证”[1]平台搭建、服务器监听等。这些技术协助依其难易程度不同，网络服务提供者投入的人力物力成本也是存在区别的，若不区分案件类型，要求网络服务提供者全面提供技术协助是不现实的。因此，笔者认为，应当区分案件层次，由此来划定网络服务提供者的响应和协助等级，对于关涉国家安全、社会秩序等严重犯罪案件，比如恐怖活动犯罪、危害国家安全的犯罪、黑社会性质犯罪等具有严重社会危害性的犯罪，网络服务提供者应当全面协助。但是对于一般刑事案件，网络服务提供者的协助等级、介入程度则需要区别对待。

二、细化协助内容

网络技术发展走在世界前沿的美国为我们提供了有益的借鉴，如美国1994年通过的《美国通信协助执法法》要求通信服务商等通过调整其设备和技术来应对执法机关的执法要求，“9·11”事件后美国对网络服务提供者提出了更为广泛的协助义务要求，扩大了协助义务范围。我国可以借鉴一些立法较为成熟的国家的做法，明确我国网络服务提供者侦查协助义务的内容范围。具体来讲，主要包括数据存留、信息保密、技术支持三个方面的义务。

（一）数据存留

由于电子数据的脆弱易变性，若不及时加以收集很可能导致重要证据的毁损灭失，对案件侦查带来难以弥补的损失。实践中，侦查机关获取网络犯罪有关数据并不一定是实时的，因此，网络服务提供者仅仅向侦查机关提供相关网络的访问权限并不能满足侦查活动的要求，此时还需要网络服务提供者存留特定的数据以满足侦查机关侦查取证的要求。特定数据一般包括两种：其一是有关网络用户身份资料等信息，比如账号、电话号

〔1〕 蜜罐（Honey Pot）是一个人为设计的陷阱系统，正如其名，蜜罐通过“蜜”诱惑他人进入“罐子”当中，即蜜罐通过计算机系统内的一些漏洞、后门，甚至是没有加密的“敏感”数据（无论这些漏洞、后门是否是故意而为之的）来引诱计算机入侵者入侵蜜罐系统。通过事先设置好的各种监控程序，观察记录入侵者在蜜罐系统内的一举一动，从而达到完成案件取证的目的。参见［美］Lance Spitzner：《honeypot：追踪黑客》，邓云佳译，清华大学出版社2004年版，第3页。

码、地址等，网络服务提供者可以通过用户使用其服务时（如注册）获取这些信息。其二是网络用户的通信信息、浏览记录等信息。

电子证据的真实性与完整性是其在法庭上得到认证的重要保证，为保证网络服务提供者存留数据的真实性，有必要规定网络服务提供者对其存留数据的安全保障义务，要求其采用特定的技术措施以防止存留的电子数据被篡改。至于数据存留的期限，不同的国家有不同的规定，具体而言，笔者建议我国可以根据司法实践，采用“法定加约定”的方式，即法律规定一个原则性的、可以适用的期限，将其作为网络服务提供者的基本存留义务。此外，可针对电子数据的不同类型（如账号、图片、系统运行日志、IP 地址等）、所涉案件的性质、网络服务提供者的能力等特点，由侦查机关与网络服务提供者约定具体的数据存留期限。就存留期限而言，对于 IP 地址等重要的数据可长期保存，其他数据可以根据其重要程度分别保存一年、半年、一个月或半个月不等。

（二）信息保密

网络服务提供者在协助取证的过程中作为一个中心枢纽连接着侦查机关与网络用户，因此网络服务提供者的保密义务涉及侦查机关和网络用户，两者不可偏废其一。

首先，从网络用户的角度来看，侦查机关通过网络服务提供者获取数据的本质是第三方访问及获取用户数据的过程，在这一过程中可能存在数据泄露的风险。如前文所述，网络服务提供者对用户有数据保密义务，只有在侦查机关提供合法证明和明确授权的前提下才能协助侦查机关获取用户数据并不得披露不必要的用户信息。其次，从侦查机关的角度来说，网络服务提供者在协助侦查机关获取用户数据的侦查活动中可能会了解到侦查机关对案件的侦破情况、案件进展等。如果网络服务提供者向用户泄露了案件的相关情况，难免会打草惊蛇，使得侦查机关的侦查工作付之一炬。各国法律大都规定了网络服务提供者对通过协助执法获取的案件调查进展情况不得向第三方披露，包括网络用户。最后，网络服务提供者在协助取证过程中可能还会遇到与犯罪无关的信息和数据，对这些信息也同样负有保密义务，不得泄露。

（三）技术支持

网络服务提供者经常会在自己的网络接口设置相应的措施以保护其数据的安全，使其数据不能被随意访问。这对于不熟悉该网络系统的侦查人员来说将会加大其取证难度，为此，需要熟悉本网络系统的网络服务提供者的协助来帮助侦查机关顺利访问其网络系统。另外，面对嫌疑人的账号等信息，侦查机关在不知晓密码的情况下还需要网络服务提供者提供相应的解密协助。但如上所述，网络服务提供者的技术协助不是无限制的，既区分协助等级，也应仅限于在其现有的技术能力范围内提供技术协助。不能要求网络服务提供者为履行该侦查协助义务而增加人手、购买新设备或者进行技术更新等。当然，如果发生网络服务提供者具有某种技术能力而暂时搁置不用的情况，侦查机关可以要求网络服务提供者启用该技术功能。

三、严格审批程序

要求网络服务提供者提供侦查协助，其实质是侦查机关行使侦查权的一种方式，为防止这种权力滥用而侵犯服务提供者与网络用户的合法权利，有必要设置严格的事前审批、事中监督和事后救济机制。考虑到我国的司法实践，我国短期内尚不具备建立强制性侦查行为司法审查机制的制度环境，由检察机关进行审批也暂不具备可行性，当前仍然需要以内部审批的形式进行。从节省成本、提升侦查效率的角度看，也不可能设置过于烦琐的审批程序。但是，由于这种侦查权行使的特殊性，并考虑到网络犯罪的跨地域性和网络服务提供者分布广泛性这种特点，笔者认为当前可将启动此种措施的审查批准权统一归属于省级侦查机关，由各省、自治区、直辖市对辖区内侦查机关的网络服务提供者的协助需求进行审查，审查后若认为需求合法、手段适当，则可统一出具要求网络服务提供者提供侦查协助的法律文书，并由审批机关对侦查人员权力行使的合法性、适当性进行过程监督，若发现违法或不当行为，应及时要求侦查人员纠正，必要时叫停并撤销相关授权。随着司法体制改革的深入，若我国构建起了强制侦查行为的司法审查机制，则可交由法院对这类侦查措施的适用进行审查监督。

四、构建救济与补偿机制

大多数国家都在其政府数据存取法律制度体系内建立了协助义务主体的权利救济制度，以保障网络服务提供者在履行协助执法义务时享有一定的权利救济途径和法定依据。《网络犯罪公约》在明确网络服务提供者协助义务的同时，也对证人和专家的雇用和经济补偿作出了规定。在美国，1994 年《美国通信协助执行法》对政府的补偿义务作出了明确的规定，1995—1998 年期间，美国政府共拨付 5 亿元用于补偿通信服务提供者履行协助执法义务。〔1〕

尽管网络服务提供者履行侦查协助义务是强制性的法定义务，但是对于侦查机关不合理的执法要求依然享有法定的申诉权利。因此，网络服务提供者作为协助义务主体，对于执法机关不合理的协助执法要求，有权向作出协助执法要求的执法机关或其上级机关提出申诉，以保障企业自身的发展权益。此外，网络服务提供者为配合侦查机关对相关数据进行存留而安装或配置相关设备、设施及对其服务进行调整的任何合理费用，应当有权要求侦查机关支付或补偿。但是，网络服务提供者要求支付的费用必须是合理的，且与侦查机关进行电子数据取证的侦查活动直接相关。

〔1〕 应晨林、马民虎："紧急状态下我国通信协助执法的困境与规制"，载《兰州学刊》2016 年第 10 期。

第五章　网络犯罪追诉中的补强证据规则

有别于传统犯罪侦查中“由事到人”的侦查模式，网络犯罪由于横跨物理和虚拟两个空间，因此网络犯罪的侦查取证往往沿循着“案件事实→涉案计算机→计算机的使用者（被追诉人）”这样一种思路推进。从司法实践情况来看，在网络犯罪案件的侦查中，侦查人员往往较为看重对“涉案计算机”的追查，在这个过程中，大量的电子数据会被侦查机关收集和固定，且这些电子数据最终会成为提交至法庭的主要证据。但是，如何证明某人为该台“涉案计算机”的实际使用者，即搭建“涉案计算机→计算机的使用者（被追诉人）”这个通道的证据则往往非常薄弱，这就造成了案件证据链条的断裂，使得网络犯罪案件的认定陷入证据困境。刑事诉讼以追究和认定被追诉人的刑事责任为中心展开，被追诉人身份的认定是案件证明体系中最为核心，也最为基础的环节，这个环节若缺乏充分、确实的证据予以证明，整个刑事追诉活动将难以成立。

此外，从当前网络犯罪表现出来的特点来看，网络犯罪呈现涉众性、链条性特征，网络犯罪涉及的被害人数量和犯罪金额都非常庞大，在定量型犯罪认定模式下，网络犯罪案件的证明变得极为困难。证明困境导致的事实认定难题，使得许多网络犯罪案件在实践处理中呈现出“重案轻判、轻案不判”的独特现状。

这种现象的存在，显示出在互联网时代，我们基于传统证据形态建立起来的证据和证明规则正在受到严峻的考验，因此有必要深入分析网络犯罪的证明难点，探索建立一套特殊的证据规则。

第一节　网络犯罪中被追诉人的身份认定困境

符号学的观点将证据分为证据材料（符号）和证据事实（原点事实）两个维度。该观点认为，证据材料是一种符号化的存在，从该符号呈现出的事实是原点事实，从原点事实中可以推断出独立于人的经验、意志或媒介之外已发生的“历史事实”，即案件事实真相。原点事实是历史事实的一部分，是历史事实中依赖于符号而呈现的那一部分。〔1〕而根据证据分析的逻辑，在证明过程中首先从证据材料中推导出证据事实，接着从证据事实中推导出要素性事实，再通过推论与要件事实联系起来形成对案件事实的认识。〔2〕

在传统案件的侦查中，除被追诉人的供述以及被害人、目击证人的指证外，认定被追诉人身份一般还可以通过“情态证据”，如“是否有作案动机、作案时间”“案发时是否出现在犯罪现场”等予以佐证，还可通过现场勘查发现的“生物证据”，如指纹、脚印、DNA 等来进行人身同一性认定。但是，网络犯罪的侦查具有特殊性。网络犯罪的虚拟性、跨空间性特征使得这类案件没有传统案件所具有的现实、可触的物理案发现场、作案痕迹和现场遗留物，其现实的作案地与结果地相分离，经常是跨地区、跨国犯罪，有的作案人还专门利用境外代理服务器绕道境外实施境内作案，这给案件的取证工作带来极大的难度。此外，网络犯罪中的主要证据往往是以电子数据为主体，犯罪实施后电子数据的物理载体可能不会留下任何痕迹，这使得网络犯罪的现场勘查很难获取用以比对身份同一性

---

〔1〕 上述观点提出，“证据是一种符号形态：指纹、脚印、作案工具等物证并非案件事实的本身，而是事实的相关符号；言词证据也并非事实的观念形态或镜像反映，而是一种符号事实；书证则是不在场说话者的书面陈词和承诺，同样也是符号事实”；“案件现场的菜刀并不等于凶杀案，但它是凶杀案这一原点事实的相关符号”。参见杜国栋：《论证据的完整性》，中国政法大学出版社 2012 年版，第 200~201 页。

〔2〕 ［美］罗纳德·J. 艾伦、理查德·B. 库恩斯、埃莉诺·斯威夫特：《证据法　文本、问题和案例》，张保生、王进喜、赵滢译，高等教育出版社 2006 年版，第 150 页。

的证据[1]，即要素性事实与要件事实之间易出现证据断裂。从当前司法实践情况来看，网络犯罪案件中认定被追诉人身份的证据困境主要体现在以下几个方面。

一、认定方式的间接性

有别于传统犯罪在空间上的“一元性”（着手实施犯罪、完成犯罪过程、犯罪结果发生均在现实物理空间），网络犯罪在空间上则呈现“二元性”特征——犯罪实施者处于现实物理空间，而犯罪行为是通过虚拟空间来实现。这种空间的二元性使得网络犯罪的侦查迥异于传统犯罪。在传统犯罪的侦查中，侦查人员的调查取证遵循“案件事实→涉案人”这样一种思路，在一元空间内直接完成；在网络犯罪的侦查中，侦查人员在调查取证中必须完成从虚拟空间到现实空间的跨越，这个过程必须借助计算机这一媒介，即网络犯罪的侦查是沿循“案件事实→涉案计算机→计算机的使用者（被追诉人）”这样一种思路进行。网络犯罪案件发生后，由于案件本身与计算机系统的操作过程相关，所以无论案件性质如何，无论涉及对象是虚拟网络环境还是电子化的金融资产，被害人使用系统、嫌疑人使用系统或其他网络中间节点，相关的场所、环境、计算机系统等必然保留大量的证据线索，所以对上述内容的检查勘验，关系到案件侦查工作的成败。具体而言，侦查人员首先通过一系列电子数据，如 IP 地址、上网记录等找到作案的“网络犯罪现场”[2]，即“案→机”的查找过程；紧接着再通过一系列证据找到操作计算机的人，即“机→人”的认定过程。整个侦查过程可简要地描述为“案→机→人”。

犯罪现场是案件线索最集中的来源，因此，合理、有效地处置犯罪现场对于案件线索的保护、证据的提取有着决定性意义。但是，网络犯罪现

---

〔1〕 身份的同一性证明即控方通过证据证明犯罪行为是由谁实施的，继而证明抓获的犯罪嫌疑人就是作案的行为人。

〔2〕 网络犯罪现场，是指犯罪嫌疑人实施网络犯罪活动的物理空间地点、操控的计算机系统与相关附属设备、有计算机数据信息保留的网络传输节点，以及留有其他犯罪痕迹物证的有关场所。参见孙晓东主编：《网络犯罪侦查》，清华大学出版社 2014 年版，第 63 页。

场迥异于传统刑事案件现场，其大量的线索与证据存在于远程或虚拟网络空间中，这种特殊性使得上述侦查过程中“机→人”的认定过程极为困难。侦查人员发现实施犯罪的计算机终端，就一定能找到操作该计算机进行犯罪的被追诉人吗？通过侦查人员在计算机硬盘上提取的电子通讯记录，就一定能找到这些电子通讯记录的制作者吗？答案未必是肯定的。比如，在一起网络犯罪的侦查过程中，侦查机关发现、固定、提取了大量与犯罪有关的电子数据、电子设备，但被追诉人坚称虽然涉案计算机属于自己，但自己从未以任何方式实施过犯罪，这无疑给案件的认定带来了困难。电子数据的虚拟性和电子设备的非唯一性，使得电子数据与被追诉人之间不可能发生直接的物理接触。〔1〕因此，电子数据可以证明涉案事实，但并不指向具体的被追诉人。在上述案件中，若缺乏被追诉人供述、证人证言，且不能排除黑客入侵的情况，则会造成“机→人”这一环节的证据断裂，使得案件事实无法得到认定。

二、证据体系的脆弱性

证据的充分性对于证明案件事实具有重要意义，案件真相的探究在一定程度上需要足够的、充分的、完整的证据才能实现，欠缺和不完整的证据无法构成一个完整的司法证明，无法达到所必需的证明标准，进而也无法实现准确发现案件事实真相的目的。“对于准确地事实认定来说，证据还是越多越好，而不是越少越好，如果为了不浪费时间或者出于司法经济的原因而把证据一个个都排除掉，本来有十个证据可以帮助人们认定事实，但排除掉这个，排除掉那个，最后只剩下五个了，就会妨碍事实真相的发现。”〔2〕网络犯罪横跨物理和虚拟两个空间，在虚拟空间中所获取的证据是以电子数据的形式展现的，而从虚拟空间跨越到物理空间，即实现

〔1〕 即便电子设备如鼠标和键盘上附着有被追诉人的指纹、DNA 等生物证据，但上述证据作为间接证据，只能说明被追诉人使用过该电子设备，并不能直接将其与电子数据和案件事实连接起来。

〔2〕 张保生、满运龙、龙卫球：“美国证据法的价值基础——以《联邦证据规则》为例的分析”，载《中国政法大学学报》2009 年第 6 期。

“机→人”的同一性认定则需要运用传统证据来进行佐证，而这些证据必须满足“充分”这一量的要求。其原因在于，要使一项证据的真实性得到准确验证，就需要使其所包含的事实信息得到其他证据的印证。〔1〕

但是，对侦查机关而言，网络犯罪案件往往难以获得更多的其他有效证据，相对客观真实的痕迹物证这类传统证据较少，能大大增加证明天平砝码的鉴定意见难以发挥用武之地，因此侦查机关依赖的证据除了言词证据外，就是少量的物证和书证。由于网络犯罪隐蔽性强，相对于传统犯罪而言物证、书证较少，且毁灭证据简单，多数网络犯罪还是一对一的犯罪，没有第三人在场，这就使在网络犯罪案件侦查中对被追诉人供述的依赖程度较高，许多关键证据要靠侦查讯问获得。但是，网络犯罪中的被追诉人通常都具有相当的学识和一定的计算机知识，有的还专门研究过法律，反侦查能力较强，对侦查人员的讯问技巧、讯问模式都较为熟悉，这就给侦查机关获取有罪供述增加了难度。即便被追诉人初期到案时由于慌乱作出了有罪供述，他们往往也会迅速调整情绪，构建防御体系，在理性逻辑的基础上进行否定和抗拒，进而全面翻供。面对这种翻供，若缺乏其他非供述类证据的印证和支撑，〔2〕整个证明体系就会陷入崩溃。

三、证明结论的非排他性

被追诉人在通过网络进行犯罪时，虽然能在计算机上遗留一定的证据，但是由于网络犯罪行为处于一定的虚拟空间中，这些电子数据所具有的虚拟性导致其并不能直接指向具体的作案人。此外，由于电子计算系统和网络系统等具有内在的复杂性，针对某个电子数据可能得出不同的解释

---

〔1〕 陈瑞华：“论证据相互印证规则”，载《法商研究》2012 年第 1 期。

〔2〕 在最高人民法院、最高人民检察院、公安部、国家安全部、司法部 2010 年印发的《关于办理死刑案件审查判断证据若干问题的规定》第 22 条规定：“被告人庭前供述一致，庭审中翻供，但被告人不能合理说明翻供理由或者其辩解与全案证据相矛盾，而庭前供述与其他证据能够相互印证的，可以采信被告人庭前供述。被告人庭前供述和辩解出现反复，但庭审中供认的，且庭审中的供述与其他证据能够印证的，可以采信庭审中的供述；被告人庭前供述和辩解出现反复，庭审中不供认，且无其他证据与庭前供述印证的，不能采信庭前供述。”上述规定实际上明确规定了在被告人翻供的情况下，法庭采纳被告人先前供述的前提在于该供述能与其他证据相互形成印证，而其中的“其他”显然应当理解为“犯罪嫌疑人、被告人供述”以外的其他证据种类。

结论。因此，从理论上讲，谁都有操作这台计算机进行犯罪的可能性，我们并不能完全排除除了计算机的拥有者以外，其他人操作此台计算机进行犯罪的可能性。有学者指出："仅仅在某人的计算机中发现了表明该人存在犯罪嫌疑的文件并不足以表明该人有罪，因为可能存在证据证明，这个文件是在当事人不知情的情况下由病毒、入侵者或者通过网络浏览器的漏洞植入到计算机系统中的。"〔1〕比如，某个电子邮件标题位置的 IP 地址可能指引侦查人员找到了特定的计算机，但这并不必然意味着这台计算机的拥有者就是涉案邮件的发送者。其原因在于，作案者可能并不使用自己家里或工作单位的计算机实施网络犯罪行为，而是在网吧或图书馆等人流量比较大、管理不够规范的地方上网并实施犯罪行为，侦查人员虽然可以通过 IP 地址找到具体的网吧、图书馆以及计算机，但并一定能够找到作案者。或者，作案者可采用更复杂一点的手段，如将其他人的 IP 地址插到电子邮件的标题位置，这就要求侦查人员必须提供其他证据证明被告人与案件事实之间的关联。〔2〕

从司法实践情况来看，由于网络犯罪存在发现难、取证难、管辖难、抓捕难等诸多难点，侦查机关破获网络犯罪、抓获涉案人员殊为不易，在证据链的严密构建上往往出现力不从心的情况，而法院似乎对这种情况保留了一种"宽容"。如在 2006 年上海市黄浦区人民法院审理的孟某、何某某网络盗窃案中，被告人孟某于 2005 年 6 月、7 月在广东省广州市通过互联网窃得茂立实业公司所有的腾讯、网易在线充值系统的登录账号和密码。同年，被告人孟某通过 QQ 向被告何某某提供了其所窃取的上述公司在线充值系统的登录账号和密码。何某某知道账号和密码以后，在 IP 地址为 202. 97. 144. ×××的计算机终端侵入茂立实业公司的在线充值系统，将该公司充值系统内的点卡窃得后在淘宝网上低价出售。在此案的审理过程中，被告人何某某的辩护律师提出，本案公诉方举示的证据只能证明 IP 地

〔1〕［美］W. 杰瑞·奇泽姆、布伦特·E. 特维编著：《犯罪重建》，刘静坤译，中国人民公安大学出版社 2010 年版，第 427 页。

〔2〕戴长林主编：《网络犯罪司法实务研究及相关司法解释理解与适用》，人民法院出版社 2014 年版，第 241 页。

址为202.97.144.×××的计算机终端为作案计算机，并无证据显示该犯罪事实和被告人之间具有必然关联性，上述关键证据的缺失使得该案无法形成闭合的证据链条，因此该案无法形成排他性的结论。〔1〕应当说，该辩护律师的辩护意见抓住了该案的关键点。但是，法院最终以知道茂立实业公司登录账号和密码且用202.97.144.×××的IP用户端登录行窃的只能是被告人何某某为由“排除合理怀疑”，认定被告有罪。根据上文之分析不难看出，法院仅以上述两点理由来排除其他人使用该计算机进行犯罪的可能性而形成“排他性结论”显然是缺乏说服力的。

综上可知，网络犯罪的特殊性使得当前实践中对于网络犯罪案件中被追诉人身份的认定存在一系列难题，这些难题若不得到解决，不仅影响了证据裁判原则在司法实践中的落实，也必然影响打击网络犯罪工作的开展。

第二节　补强证据规则的引入与应用

一般而言，谈及补强证据规则〔2〕，往往针对的是被追诉人供述或其他言词类证据，当前我国和其他国家的立法例也大多是这样规定的。〔3〕在电子数据大量应用于司法实践之前，这种理解和立法规定是符合实际的。但是，补强证据规则实际上是一种限定证据证明力的规则，它要求在运用某些证明力明显薄弱的证据（主证据）认定案件事实时，必须有其他证据（补强证据）补偿说明，以担保主证据的证明力。从这个意义上讲，需要补强的证据范围显然不应局限于言词证据。电子数据的特性决定了它必然

〔1〕 上海市黄浦区人民法院（2006）黄刑初字第186号判决书。

〔2〕 补强证据规则，是指为了防止错误认定案件事实或发生其他危险性，而在运用某些证明力显然薄弱的证据认定案情时，法律规定必须有其他证据来补强其证明力。参见陈光中主编：《刑事诉讼法》，北京大学出版社、高等教育出版社2012年版，第190页。

〔3〕 如日本在法律中明文限定了证据补强的对象为被告人的自白，补强证据规则并不适用于证人证言。而在英美法系中，补强证据规则的适用对象较为广泛，除被告人的有罪自白（仅限于法庭外自白）外，还适用于其他证明力较弱的言词证据。我国在修订后的《最高法刑诉解释》第109条中改变了单一的口供补强原则，将证据补强的对象扩展至包括口供、被害人陈述、证人证言在内的三类言词证据。

需要予以补强以强化其证明力。此外，从有效治理网络犯罪的角度讲，在“机→人”同一性认定的证据通道阻碍的情况下，若想依靠“案→机”过程中收集的证据（以电子数据为主）认定案件事实，证据补强更是不可缺少。

具体而言，当前在网络犯罪证明体系中构建补强证据规则至少有以下几个作用。

一、增强电子数据的证明力，保障事实认定的准确性

证明力是指证据影响法官获得心证的证据价值，也是证据能够证明待证事实存在或不存在的力度。由于证据特性不同，证据的证明力也有强弱之分，需要进行补强的证据往往都属于证明力较弱的证据，如虚假风险较大的言词类证据。而电子数据的下列特性决定了它也属于一种典型的“弱证明力”证据。第一，电子数据易于篡改、毁损且不易被发现。电子数据是以数字化形态存在的“虚拟证据”，这使得无论是储存介质还是传输工具，电子数据都需要通过不同编码的数字信号借助终端反映出来，这个转化过程若被篡改，极难察觉。此外，电子数据在存储、传输、复制和输出过程中，人为因素、设备故障、病毒侵袭等均可能使电子数据的原始性和完整性受损。第二，网络电子数据的涉案证据数量有限且难以提取。相较于传统犯罪，网络犯罪主要是在网络上完成，这使得大量的“动态证据”湮没于网络之中，从而造成涉案证据有限且易于毁灭，即便犯罪被发现，要从庞大的数据资料中提取真正具有证据价值的电子数据也并不容易。第三，网络电子数据无法完整提交至法庭。根据记载内容不同，可将电子数据分为内容数据和附属数据。内容数据是指记录了一定社会活动内容的电子数据，如电子邮件正文、Word 文档的内容等；附属数据是指记录了内容信息电子数据的形成、处理、存储、传输等的电子数据，例如电子邮件的发送、传输路径等。[1]从当前实践情况来看，侦查人员容易把注意力放在内容数据的收集上，常常忽略附属数据的收集。而在法庭提交阶段，公诉

〔1〕 皮勇：《刑事诉讼中的电子证据规则研究》，中国人民公安大学出版社 2005 年版，第 13 页。

部门往往也只是将侦查机关所收集的蕴含“内容信息”的电子数据予以提交，而用以说明“内容信息”形成过程的蕴含“附属信息”的电子数据往往疏于被提交或难以呈现，导致网络电子数据不能完整提交至法庭，从而影响了电子数据的证明力。

由上可知，在网络犯罪证据体系中具有核心地位的网络电子数据是一种证明力较弱的证据类型，在缺乏其他证据佐证的情况下，仅以这类证据为主体显然不利于案件事实的查明，不利于保障被追诉人的合法权利。刑事诉讼的过程既是一个发现、收集、固定、运用证据的客观活动过程，也是一个审查判断证据，并以此为基础事实与案件事实的主观活动过程。在诉讼中，如果不能对那些证明力明显薄弱的证据予以补强，其可靠性必将大打折扣，冤枉无辜者的危险也必然会增加。因此，当已有的电子数据不足以阻止发生误判的风险时，应当补充收集其他类型的证据。从这个意义上讲，在网络犯罪证明体系中构建补强证据规则的首要功能即在于通过补强证据对“主证据”（电子）数据的佐证来增强事实认定的准确性，从而保障被追诉人的合法权利。

二、打通证据通道，强化证明体系的稳定性

如上文所示，网络犯罪的侦查取证是沿循着“案件事实→涉案计算机→计算机的使用者（被追诉人）”这样一种路径进行，其中，计算机终端是链接网络犯罪“虚拟空间”与“现实空间”的唯一媒介，作案者利用计算机终端在网络上实施犯罪，侦查人员根据网络上的犯罪线索找到涉案计算机终端。在上述过程中，如果缺乏被追诉人供述、目击证人证言等证据，就意味着“涉案计算机→计算机的使用者（被追诉人）”这一环节的证据通道的中断。一般而言，补强证据指向的具体犯罪构成包括犯罪事实与被追诉人的同一性两个方面，在网络犯罪证明体系中建立补强证据规则，一方面是对“案件事实→涉案计算机”这一调查环节中获取的电子数据的证明力补强，以指向“犯罪事实”；另一方面是解决在“涉案计算机→计算机的使用者（被追诉人）”环节，即“被追诉人的同一性”问题。对于犯罪事实的补强，笔者认为，不一定要求所有必要的信息或某些必须

说明的事实都必须加以补强，它只须担保用以认定案件事实的电子数据的原始性、真实性、完整性即可。对于被追诉人同一性则是补强证据规则中最重要的一个内容，缺乏被追诉人与犯罪者的同一认定，所有有关犯罪事实的证据证的明力再充分也只不过证明了有犯罪发生。

在既有侦查取证能力无明显变化的前提下，鉴于我国当前打击网络犯罪任务的繁重，若在仅收集有认定犯罪事实的电子数据，而缺乏被追诉人供述、目击证人证言等能够印证“被追诉人与犯罪实施者同一性”的情况下，直接对被追诉人一概作出除罪化处理显然也不具有可行性。通过在网络犯罪证明体系中建立补强证据规则，实际上是建立了一种法定的证据推定机制，以此来打通“案件事实→涉案计算机→计算机的使用者（被追诉人）”的证据通道，以摆脱网络犯罪案件认定的证据困境，并卸除证明体系中的“口供依赖”，增强证明体系的稳定性。

三、贯彻证据裁判原则，推进电子数据运用规则的完善

证据裁判原则是诉讼制度的核心原则，整个诉讼制度就是围绕如何正确利用证据认定案件事实而设置的。证据裁判原则的核心要求是以证据作为认定案件事实的基础，它有两层基本内涵：其一，没有证据，不能对有关的事实予以认定；其二，证据对事实的说明必须充分且符合理性。这就意味着，没有证据不能认定案件事实，证据不充分同样不能认定案件事实。因此，证据裁判原则中实际上包含了补强证据规则的精神，即证据裁判不能仅理解为案件事实有对应证据证明，还意味着认定事实的证据必须具有说服力。诚然，从证据到事实的判断过程非常复杂，尤其是在网络犯罪这种横跨虚拟和现实两大空间的独特环境下完成这一过程更为艰难，但并不意味着因此就可以降低证据要求。通过补强证据规则的建立，一方面可以解决网络犯罪中证据认定的困境，另一方面也是贯彻证据裁判原则的必然要求。

此外，在网络犯罪证明体系中构建补强证据规则，也是推进电子数据运用规则完善的重要推手。随着社会的发展，电子数据在刑事诉讼中的运用越来越广泛，其作用和影响日益凸显，我国新修正颁行的《刑事诉讼

法》和《民事诉讼法》都确立了电子数据的独立法律地位，电子数据的入法正是对这种发展趋势的及时回应。但是，电子数据的入法仅仅在一定程度上解决了电子数据的证据形式障碍，其证明力的障碍尚未得到有效解决，从而无法保障电子数据在刑事诉讼法中的有效运用。通过补强证据规则的建立，可克服电子数据因自身特性而带来的质疑，以确保电子数据在证明案件事实上的真实性和可靠性，并由此推进电子数据运用规则的完善。

第三节　补强证据规则的构建思路

在网络犯罪证明体系中构建补强证据规则是一个系统性工作，它涉及多项制度的联动与配合，但就目前来看，主要涉及以下几个问题。

一、补强证据的来源

总体而言，要想成为补强证据，至少有三个基本要求。第一，补强证据本身是可靠且值得信赖的；第二，该证据具有独立的信息来源或信息渠道，且这种来源与被补强的主证据之间互相独立；第三，补强证据证明的事实与案件有关。依照上述要求，补强证据首先是合法取得且值得信赖的，这样才能有资格去补充、增强待补证证据的证明力。此外，补强证据在功能上必须要与待补强的证据结合起来说明案件的全部或部分事实。因此，凡是具有证据能力的物证、书证、证人证言、鉴定意见、视听资料以及辨认笔录都可以作补强证据使用。但是，与待证证据在证据来源上不能作出实质性区分的证据，即不具有独立的信息来源或信息渠道的证据不得成为补强证据，比如不能用第二封电子邮件去补强证明第一封电子邮件等。

笔者认为，针对网络犯罪证明体系中存在的特殊问题，当前应重视以下几个方面。

第一，重视电子数据提取笔录的制作。电子数据提取笔录是对电子数据提取、保管、流转全过程的见证与记载，实质是以主观化形式客观化电子数据的提取、流转过程，以佐证电子数据获取方式的规范性和合法性。在刑事诉讼中，电子数据提取笔录能够起到连接电子数据与案件事实、反映电子取证过程合法性以及证明电子数据保管链条完整性的作用。[1]电子数据提取笔录不仅是对电子数据鉴真的重要依据，也是佐证电子数据真实性的补强证据，因此应当重视电子数据提取笔录的制作和在诉讼中的运用。

第二，重视附属信息数据的收集。如上所述，当前侦查实践中，侦查人员比较重视内容数据信息（比如用以反映案件事实的电子邮件、聊天记录、电子账单等）的收集，而对于记录内容信息电子数据的形成、处理、存储、传输等的附属数据信息的重视不够。《网络犯罪公约》将附属信息称为“往来数据”，并指出该数据“揭示了通讯的来源、目的地、路径、次数、日期、规模、持续时间或基本服务的类型”。美国在相关立法中就规定，如果某一证据是由某种电脑程序或系统运作而得，对该证据的证真和识别需要用描述该程序或系统的证言来进行。[2]因此，附属数据信息对于审查内容信息的真实性具有重要作用，通过附属数据信息的收集和运用，可以补强内容数据信息的证明力。

第三，重视电子数据辨认措施的运用。在网络犯罪中，刑事辨认在“涉案计算机→计算机使用者”这一环节的证明中起着重要作用，辨认过程中形成的辨认笔录可作为认定被追诉人身份的补强证据使用。实践中，侦查人员通常是将电子聊天记录、网页、BBS、论坛上的信息等截图后打印出来交给被追诉人捺印确认。在电子数据成为法定证据种类之前，这种将相关电子数据打印出来转化为书证由被追诉人辨认的形式具有必要性，但在电子数据已经入法、成为法定证据种类之后，可否由被追诉人直接辨认电子数据？这个问题值得研究。笔者认为，可以在见证人在场、辨认过程全程录音录像的环境下，由被追诉人直接对电子数据进行辨认，但是应将所辨认数据的具体情况、辨认目的等信息详细列入辨认笔录，由辨认人

〔1〕 王志刚：“论电子数据提取笔录的属性与适用”，载《证据科学》2014年第6期。

〔2〕 陈界融译著：《〈美国联邦证据规则（2004）〉译析》，中国人民大学出版社2005年版，第141~142页。

和见证人签字捺印确认，并在同步录音录像资料的配合下确认该份辨认笔录的真实性。

第四，重视间接证据的收集。如上文所述，网络犯罪的证明体系比较脆弱，在缺乏被追诉人供述或被追诉人翻供、缺乏目击证人证言等情况下，就会因为证据链条的断裂而难以认定被追诉人身份。笔者认为，只要相关间接证据收集到位，还是能够解决这一难题的。当前，在被追诉人身份认定上，可从以下几个途径收集间接证据：其一，对涉案计算机系统运行状况和安全性进行分析鉴定，以此来排除该台计算机由黑客入侵并操控的可能性。其二，对处于封闭场所的私人计算机，应对该台计算机所处的物理环境进行调查，排除其他人员在案发时接触该台电脑的可能性。其三，对处于公共场所（如图书馆、网吧）的电脑，应调取案发时该台计算机的上网记录；现场有监控探头的，应同时调取监控视频资料，以佐证案发时操作电脑人的身份。在缺乏被追诉人供述等直接证据的情况下，只要上述间接证据收集到位、足以排除其他人接触或操纵涉案计算机的可能性，这些间接证据就能够对在“案件事实→涉案计算机”这一环节收集到的证据进行补强，从而打通“案件事实→涉案计算机→计算机的使用者（被追诉人）”这一网络犯罪的证据通道，最终认定案件事实。

二、补强证据的调查及待补强对象的限定

（一）补强证据的调查

在法庭调查中，证据调查的顺序也可能影响事实裁决者结论的作出。如果先调查待补强证据（主证据），后调查其他作为补强的证据，很容易使审判人员根据待补强证据形成预断，忽视对补强证据的审查，而一旦主证据不真实，难免造成误判，这就失去了证据补强的意义。比如说，先审查一起网络诈骗犯罪中的“案件事实→涉案计算机”这一环节的所有电子数据，实际上已经为法官勾画出了整个犯罪的轮廓，使得他已经形成强烈的心证——计算机的所有者就是犯罪的实施者。对他而言，可能起着“临门一脚”作用的“涉案计算机→计算机的使用者（被追诉人）”这个的证据审查反而不是那么重要了，即便缺失，也只是“瑕疵”，而不会影响

结论的作出。如果先审查补强证据，当补强证据较弱，或者依据补强证据得出两个以上的不同结论时，则法官对案件的整体情况会产生疑问，在对待补强证据进行审查时，他就会在心中多打上几个问号，从而更加审慎地作出结论。因此，补强证据的调查必须在待补强证据调查之前，否则不具有补强能力。

另外需要特别指出的是，在补强证据调查程序中的网络服务提供者出庭作证制度。网络服务提供者是为网络信息交流活动的双方当事人提供中介服务的第三方主体，一般包括网络接入服务提供者、网络空间提供者、搜索引擎服务提供者、传输通道服务提供者等媒介双方当事人的主体。在网络犯罪案件中，电子数据的原始记录大多存储于网络服务提供者的服务器上，尤其是随着云计算技术的发展，“网络云盘”的使用也更加广泛地扩充了电子数据存储介质概念的外延。上述因素决定网络服务提供者往往成为电子数据的掌控者，再加上他们在解释电子数据编码、流转方式上具有专业性，由他们为电子数据提供补强具有天然优势。因此，确立网络服务提供者的出庭作证义务、明确网络服务提供者证言的调查程序是网络犯罪证明体系中构建补强证据规则的重要内容之一。

（二）待补强对象的限定

通常而言，待补强对象包括犯罪事实与被追诉人的同一性两个方面。在网络犯罪中，笔者认为，对于犯罪事实补强的重点是对电子数据可靠性的担保，也即补强证据中不一定要求补强所有信息，而只要能够保证电子数据的真实性即可，如果要求对全部犯罪构成要件的事实都进行补强，既否定了电子数据本身的证据价值，也必然妨碍刑事追诉的效率。如上文所述，待补强的重点应放在被追诉人同一性认定上。被追诉人的同一性认定包括被追诉人的身份认定和主观动机认定两个方面。笔者认为，对于犯罪的主观要件，可根据对犯罪行为的方法、手段等客观行为予以判定，无需再进行补强。

三、刑事推定机制的引入

上述补强证据的运用可起到两个方面的作用。第一，增强待补强证据的证明力，从而确定基础事实（犯罪事实）；第二，排除其他可能性，从而打通被追诉人身份认定的证据通道。但仅仅依靠补强证据来证明被追诉人身份是不够的，仍然需要借助刑事推定规则来作出符合法律要求的事实认定。

刑事诉讼的实质是利用证据对已发生的过往事实的追溯与还原，由于个案不可能完全还原（只能最大限度地接近和还原），因此，刑事诉讼中认定的“事实”并不是本体论意义上的客观事实，而是经过主观意志加工过的认识论意义上的事实。但与一般的认识论的事实不同，刑事诉讼中的事实是一种裁断事实，其首要特征是利用意志来表达“事实”，而这种“意志表达型事实”很有可能面临证明的困境。推定的出场正是为了弥补证明的不足——证据证明不可能完全连接实体与程序，其间的距离需要推定来缩短。[1]在这个意义上讲，推定是一种在“证明困难”处境下的不得已选择。[2]一般来说，设立推定的理由或根据无外乎以下四种：(1) 社会政策；(2) 获得证据能力的权衡；(3) 必要性，有时被称为程序上的便宜或程序性便利；(4) 盖然性的权衡。[3]依此思路，在网络犯罪证明体系中设立推定规则是符合逻辑的。

第一，就“社会政策”看，当前网络犯罪处于高发趋势，且受害者群体不断扩大。从有利于打击犯罪的角度看，对其适用一定限度的推定符合社会期待。第二，就“获得证据能力的权衡”看，网络犯罪的侦查迥异于传统犯罪，在现有侦查能力不变的情况下，侦查机关获取证据的能力相对不足，由此造成事实认定上的“证据供给无力”，建立推定机制可以一定程度上弥补这种不足带来的问题。第三，就“必要性”看，如上所述，在缺乏被追诉人供述等直接证据的情况下，要想真正打通“案件事实→涉案计算机→计算机的使用者（被追诉人）”这一证据通道，仅仅依靠补强证据仍显不足，只有综合补强证据和待补强证据进行法定推定，才能最终形成证据链条的闭合，锁定被追诉人。第四，就“盖然性的权衡”看，在补

〔1〕邓子滨：《刑事法中的推定》，中国人民公安大学出版社2003年版，第40页。

〔2〕褚福民：“证明困难解决体系视野下的刑事推定”，载《政法论坛》2011年第6期。

〔3〕劳东燕：“认真对待刑事推定”，载《法学研究》2007年第2期。

强证据确实、充分的情况下，待补强证据的证明力得到增强从而可以认定案件基础事实，同时在被追诉人身份认定上也排除了其他人作案的可能性，整个案件的结论即呼之欲出，在这种情况下，运用推定规则合理得出案件结论也符合认识规律。因此，笔者认为，在网络犯罪证明体系中有必要引入推定机制，这既是网络犯罪证明的特殊要求，也是保障补强证据规则落地的重要环节。

第六章　网络犯罪案件的证明

当前，网络犯罪的形态日益复杂化，网络犯罪开始呈现出多环节、多层级、犯罪数额巨大、被害人众多且证据分散等诸多区别于传统形态网络犯罪的特征。尤其是案件的证明与认定层面，复杂的网络犯罪形势使得犯罪证明存在诸多难点，在客观上严重影响了网络犯罪的治理效果。鉴于此，笔者选取网络犯罪案件证明中的几个突出问题进行分析，以期抛砖引玉。

第一节　电信网络诈骗犯罪案件的证明

一、问题的提出

网络犯罪发展至今，已经逐渐向更多层级，更多环节，分工明确的精细化、链条化方向演变，其中电信网络诈骗犯罪最具代表性。电信网络诈骗犯罪具有犯罪层级多、涉案金额大、受害人众多、地域跨度大、打击难度大等诸多鲜明的特点，如董某浩组织秦某晖、施某中等在柬埔寨实施的电信诈骗一案中［（2017）浙刑终 281 号］，行为人对其犯罪团伙实行集中管理、分工协作，全体成员集中生活、工作在相对封闭的住处即窝点，由被告人董某浩及李某担任管理者，下设“电脑手”和一线、二线、三线话务员，涉案金额高达数千万元，涉案证据分布在柬埔寨、厦门、贵阳等地，最终由多地公安机关协作办案才打掉该犯罪团伙。而在刘某、应某山等诈骗一案中［（2017）浙 03 刑终 1738 号］，行为人伙同二三十人组成诈骗集团，由其统一进行管理，主要手段是利用非法获取的公民信息冒充公、检、法人员对受害人进行诈骗，案涉金额达数百万元。显然，网络犯罪已经从传统的单一型发展为具有明确的犯罪链条的多层级犯罪和具有上下游的复合型犯罪，例如一起网络犯罪中包括分别处于犯罪链条上中下游的非法窃取公民信息犯罪、电信诈骗犯罪以及洗钱犯罪。

表 6-1　2016—2019 年电信网络诈骗案件数量及分布概况

（单位：件）

年份	2016	2017	2018	2019
单年案件总数量	45	1098	1172	144
共同犯罪案件数	33	704	744	87
共同犯罪占比	73%	64.1%	63.5%	60.4%
数额特别巨大	3	122	140	20
数额特别巨大占比	6.7%	11.1%	11.9%	13.9%
地域分布排名前三的省份及案件数量	广东（8）、浙江（7）、河南（8）	浙江（173）、广东（170）、河南（132）	河南（174）、浙江（172）、广东（137）	浙江（22）、河南（19）、广东（12）
地域分布排名前三的省份及案件占比	广东（17.8%）、浙江（15.6%）、河南（11.1%）	浙江（15.8%）、广东（15.5%）、河南（12%）	河南（14.8%）、浙江（14.6%）、广东（11.7%）	浙江（15.3%）、河南（13.1%）、广东（8.3%）

从无讼案例网搜索后整理得出的电信网络诈骗犯罪的案例统计数据（见表 6-1）可以看出，2016 年开始电信网络诈骗案件的裁判文书数量陡然增长，[1]共同犯罪的案件比例超过 60%。腾讯发布的《2017 年度网络

〔1〕 电信网络诈骗案件的裁判文书数量从 2016 年陡然增加的主要原因是 2016 年 12 月 19 日最高人民法院、最高人民检察院和公安部联合制定并印发了《关于办理电信网络诈骗等刑事案件适用法律若干问题的意见》（以下简称《电信网络诈骗意见》），该意见要求依法严惩电信网络诈骗犯罪，并就关联犯罪、共同犯罪等问题作了规定。

黑产威胁源研究报告》罗列了网络犯罪中网络黑产的威胁源，包括针对政府或企业网站的黑客渗透、DDoS 攻击和流量劫持等网络黑产活动，以及木马病毒、恶意网站等非法获取公民信息的网络黑产上游环节，也包括撞库、洗号以及非法买卖公民或企业信息等为各类违法犯罪提供支持的中间链条。〔1〕严峻的现实使我们看到电信网络诈骗犯罪正在愈发严重地侵犯着国家、社会的正常秩序和公民的利益，我们亟需提高重视程度并制定具体有效的打击策略。具体而言，在打击电信网络诈骗犯罪过程中主要面临证据分散孤立、证据体系难以构建、证据之间难以相互印证等问题，以下分别进行论述。

二、证据链条断裂及其解决路径

（一）存在的问题

1. 证据分散孤立

电信网络诈骗犯罪的行为人通常是犯罪集团，集团中每个人都有明确的分工，不同环节的行为人之间仅通过中间人单向联系，仅知晓自己的工作内容，对于团伙中其他行为人的工作和信息了解很少。此外，不同环节的行为人在作案过程中产生的痕迹和数据十分分散，且定期会对数据进行销毁和转移。这种情况使得侦查机关的取证工作面临极大困难，即便掌握相关环节的犯罪嫌疑人信息，侦查机关所获取的证据也常呈现孤立分散状态，难以对相关人员的行为性质作出准确认定。单独评价毫无意义，而分散孤立的证据又难以形成证据体系，无法对全链条犯罪进行有效打击。

2. 证据形式主要为电子证据

网络犯罪区别于传统犯罪的最大特点就是证据形式不同，网络犯罪的证据绝大部分为电子证据。而电子证据容易遭到篡改，对电子数据的提取、保存、展示均需要具备相应知识的专业人员进行操作，否则会为电子证据的真实性埋下巨大隐患，并且此种隐患难以进行事后的补证和说明，

---

〔1〕“腾讯：2017 年度网络黑产威胁源研究报告”，载中文互联网数据资讯网，http://www.199it.com/archives/675679.html，最后访问时间：2020 年 12 月 11 日。

这无疑会给质证一方提供“靶点”，进而动摇法官对电子证据的采纳和采信。“快播案”就将上述问题充分地暴露出来。在该案中，公诉方面对辩护方对电子证据真实性的不断质疑应对得十分费力，进而对案件造成了无法挽回的影响。

3. 其他形式的证据难以对电子证据形成有效支撑

电子证据虽然是网络犯罪的主要形式，但目前司法实践中，法官对于电子证据的采纳往往十分谨慎，需要充分结合其他证据（如鉴定意见、勘验笔录、证人证言等）才会采纳，并且此种采纳还是留有余地的。[1]究其原因，主要是因为不同证据之间难以印证，如证人证言、犯罪嫌疑人的供述等言词证据无法和办案人员所收集的电子证据完全匹配，这就使得诸如犯罪的具体数额、作案时间、作案平台、作案人员、受害对象等据以定案的核心证据要素缺失，证据体系无法得以建构。

4. 相关立法规则繁杂而散乱

关于网络犯罪和电子证据的相关立法不少，包括了法律、司法解释以及其他规范性文件，如《刑事诉讼法》及其司法解释，《电子数据规定》《电信网络诈骗意见》等。然而，种类繁多的相关法律规定并没有解决电子证据在具体运用中出现的问题，如当前市面上存在着许多没有电子证据鉴定资质的鉴定机构以及第三方取证机构，而公安机关委托这些机构所取得的电子证据和相关机构出具的说明意见书等在刑事审判中是否具有法律效力，这些都尚无明确的法律予以规范。一方面，互联网上许多取证机构如雨后春笋般不断涌现，竞相宣称自己为合法的专业取证机构；另一方面，在具体审判过程中，法官对于这些证据又持十分谨慎的态度，证据无法得到完全采纳，这往往使得案件进展缓慢，甚至使得侦查人员的努力白费。

（二）解决思路——“证据通道”的建立

从证据法的角度看，上述问题的核心在于如何保证电子证据的真实

---

[1] 虽然对于任何种类的证据都需要相互印证，存在着“孤证不得定案”的要求，但法官在面对电子证据这种新兴的高科技证据形式时表现得尤其慎重，往往会十分依赖其与言词类证据的相互印证。

性。对此，《美国联邦证据规则》第901条、第902条规定了关于物证和书证的“自我验真”。所谓“自我验真”是指物证如果有一些明显的、直接的可辨认属性，就可以对它直接进行辨认以达到验真的效果，如果一个物体不能通过即兴的辨认来验真，就只能通过建立起该物体的监管链条的方法来验真。[1]对于物证的验真，国内有学者提出“证据保管链”的说法。证据保管链是指负责保管证据的人员从证据收集到证据最终被处理，按时间顺序持续记录证据被收集、转移、存放、使用、处理全部环节的证明文件所反映的证据流动路径。[2]在此基础上，有学者进一步提出“证据保管链的可视性”，即有必要重视电子数据提取笔录的制作，电子数据提取笔录就是对电子数据提取、流转、保管、分析至法庭质证全过程的见证和记载，其实质是以主观化形式将电子数据的提取、流转过程客观化，以佐证电子数据获取方式的规范性和合法性。[3]

1. 证据通道的内涵

从当前司法实践来看，保证电子证据的真实性仅仅通过整合现有相关立法无法得以有效解决，需要搭建专门的“证据通道”。笔者所指的“证据通道”是指对取证思路的建立→实施取证→保全证据→分析鉴定→证据展示→证据归档的全过程的真实记录，形成可反映证据在每一阶段流转情况的专门证据档案，可称作“证据的证据”。证据通道要求办案人员在收集证据时采取全面收集的原则，即任何与案件具有关联性的证据均应进行收集，而证据的关联性则是指“那种有助于证明有关假设的属性，这种假设一旦成立，将从逻辑上影响争议事项”。[4]证据档案中应当包含证据流转每一个阶段的具体信息，包括：(1) 操作人员的基本信息（参与人员与见证人员的姓名、侦查人员的警员编号、鉴定人员的鉴定证书编号等）；(2) 具体操作流程信息（在什么时间和场所、运用何种设备和方法、依据何种基础性材料、得出何种结论）；(3) 电子数据环境信息（操作系统、

〔1〕 易延友：《证据法学：原则 规则 案例》，法律出版社2017年版，第431页。

〔2〕 杜国栋：《论证据的完整性》，中国政法大学出版社2012年版，第171页。

〔3〕 王志刚：“从快播案看当前电子数据的运用困境”，载《法治研究》2016年第4期。

〔4〕 Black's Law Dictionary (5th ed), p. 1160.

数据的大小、数据的产生时间、数据的产生方式、数据的储存方式、计算机设备的工作日志)。

如前所述，在电信网络诈骗犯罪中，不同环节行为人的行为相对独立，当侦查人员提取其中某一环节行为人（如电信网络诈骗犯罪中为诈骗者提供公民个人信息的“菜商”）的电脑中的数据信息时，首先需要记录其电脑的外部环境情况（如不同接口的电线插拔情况、有无外接储存设备、是否联网、电脑的工作状态等)；其次在提取电脑中的储存信息时同时将有关目标文件的环境附属信息一并提取，提取信息应当采用无污染硬盘制作镜像的方式，提取完毕后应当对所提取的信息计算哈希值并予以保存；最后对于证据提取的全过程应当同步录音录像并形成书面的说明，并对所形成的视频文件计算哈希值以进行完整性校验再一并保存，如此才算完成了对犯罪嫌疑人电脑的取证工作。在取证过程中还可以通过取证模型来提高取证的效率，例如，在调和的取证模型中，取证的同时需要采取六个并行的行动，分别为：与物理调查交互、保存证据、保存证据监督链、信息流动、记录、获得授权。[1]这些行动可以提升取证过程的透明度和可信度。

2. 内部证据通道与外部证据通道

证据通道可以进一步分为内部证据通道和外部证据通道。内部证据通道指通过电子证据自身的附属环境信息来证明电子证据的真实性，可称为内部验真。外部证据通道指通过对取证、举证、质证、认证的证据流转全过程所进行的书面、影音或其他形式的记录来证明电子证据的真实性，可称为外部验真。内部证据通道可以看作电子证据的自身情况说明；外部证据通道则是跳出证据本身，从观察记录者的角度对证据流转全过程的真实记录和说明。二者并不是完全割裂的，而是相辅相成、互为支撑的。内部证据通道虽是电子证据自身的说明书，但其仍然可以被人为篡改，此时需要借助外部证据通道予以证明，例如，通过专业电子证据鉴定机构的技术

〔1〕 A. Valjarevic, H. S. Venter, “Hamonised Digital Forensic Investigation Process Model”, Proceedings of the “Information Security for South Africa (ISSA) ”, IEEE, 2012, pp. 1-10.

鉴定（如哈希值检验）就可以判断数据是否遭到篡改。而外部证据通道的相关证据（如勘查检验笔录）中记载的信息如果出现疑问，则可以通过和内部证据通道相互比对，看是否能够相互印证，进而判断证据的真实性。证据通道的搭建能够使得证据存在的每一步都有迹可循，证据从取证到举证，再从质证到认证，每一个流程都可以得到最大程度的重现，进而使电子证据的真实性得以证明。

对于电子证据真实性的证明，还需要回应“最佳证据规则”在电子证据上是否适用、如何适用的问题。“最佳证据规则”来源于《美国联邦证据规则》第1002条的规定，即在需要证明文书、录音或照片的内容时，应当提供证明对象的原件。原则上“最佳证据规则”只适用于书证类证据，对于电子证据而言则没有严格的要求，任何可以准确反映该资料的打印或其他输出物均属于电子证据的原件。我国《电子数据规定》第8条规定了电子证据的收集、提取，能够扣押原始介质的应当扣押、封存原始介质，并制作笔录记录原始介质的封存状态；第9条则规定了四种例外情形，因此无法扣押原始存储介质的，可以提取电子数据，包括：（1）原始储存介质不便封存的；（2）提取计算机内存数据、网络传输数据等不是存储在存储介质上的电子数据的；（3）原始存储介质位于境外的；（4）其他无法扣押原始存储介质的情形。由于电子数据本身可以实现精确复制，并且无法准确定义谁才是原件，究竟是电子数据形成时，还是其存储到电脑硬盘中时，抑或其他？基于此，笔者认为，对于电子证据绝不能仅仅凭借存储介质是否为原件而决定采纳或者排除，而应当结合其存储内容的真实性（是否可以和其他证据相互印证），以及其流转过程是否清晰、明确来综合判断。质言之，该电子证据是否搭建了专门的证据通道，该证据通道能否反映电子证据流转的全过程，以及作为证据通道的这些证据本身是否具备真实性、合法性、关联性，只要能够同时满足上述条件，就应当采纳该电子证据作为定案的依据。

三、证据体系松散及其解决路径

伴随着我国进行“以审判为中心”“法官员额制”“案件终身负责制”

等司法制度的改革，以及“呼格吉勒图”“赵作海”等一系列冤假错案得以纠错，刑事案件逐渐从原来的“侦查中心主义”转向“以审判为中心”，客观上使得刑事审判对于事实和证据的要求进一步加强，使得证据法和现代诉讼的基石——“证据裁判原则”得到更加充分的贯彻和适用。而我国刑事诉讼的证明标准要求事实清楚，证据确实、充分。对此我国《刑事诉讼法》进一步阐释，证据确实、充分，应当符合以下条件：(1) 定罪量刑的事实都有证据证明；(2) 据以定案的证据均经法定程序查证属实；(3) 综合全案证据，对所认定事实已排除合理怀疑。但是何谓排除合理怀疑？这最终还是需要法官结合在案证据和自己的认知来进行判断。于是，刑事案件被告人入罪与否的关键在于控方所提出的指控是否能够强化法官的内心确信，并最终使其能够排除内心对案件和被告人的各种合理的怀疑。质言之，在案的证据是否形成体系以及该证据体系是否完备就是被告人是否构成犯罪和如何量刑的核心。

证据体系是指一定数量的互相区别、互相联系而又互相制约的证据，按照一定的逻辑和层次构成的能够证明案件事实真相的证据集合体。[1]从控诉方的角度来看，其提出的证据都是围绕犯罪构成要件的成立并为之服务的，[2]所以证据体系也应当围绕犯罪构成要件来进行建立。对此，笔者按照我国传统刑法理论中的犯罪构成要件体系——“四要件体系”分述如下。

（一）主体要件

主体要件主要说明犯罪是由什么样的人所实施的，在电信网络诈骗犯罪（仍以网络诈骗犯罪为例）中，行为人往往是由多人组成的犯罪集团或者犯罪团伙，对于处在不同犯罪环节的行为人（如“菜商”“卡商”等）来讲，需要收集的证据是他们的身份信息，进一步判断他们是否达到刑事责任年龄，能否承担刑事责任。不同于传统犯罪和普通网络犯罪，在联网

---

〔1〕 云山城主编：《预审学》，中国人民公安大学出版社 2013 版，第 290 页。

〔2〕 虽然《刑事诉讼法》规定公、检、法三机关在收集证据时不仅要收集犯罪嫌疑人、被告人有罪和罪重的证据，也应当收集无罪和罪轻的证据，但实践中为了办案需要和出于自身立场考虑往往轻视对后者的收集。

方式上，犯罪分子往往选择物联网卡、VPN 代理等方式逃避公安机关的落地核查；在作案工具上，实行虚拟身份专号专用，严格防止生活信息在作案号码中显现；在资金流转上，选择网络支付、多级转账、资金池洗钱等手法，设置大量卡兵，层层设防，防止公安机关追踪。[1]传统犯罪是“由案到人”，而网络犯罪是“由案到机再到人”。基于此，侦查机关在收集证据时首先需要建立清晰缜密的取证思路，从线索中挖掘内部联系，找出隐藏在虚拟身份背后的行为人信息。

（二）主观要件

犯罪的主观要件主要说明行为人实施犯罪系故意或是过失，对于这一要件的证明本身就十分不易，因为无法直接看出行为人潜藏在内心的心理状态，而只能通过行为人表现于外部的相关行为进行逻辑推理。在电信网络诈骗犯罪中，对该要件的证明则融入了更高的要求，即需要证明处在犯罪链条不同环节的行为人之间具有共同的故意。如前所述，不同环节行为人之间往往通过中间人单线联系，甚至一些处于底层的人员根本无从知晓团伙的全貌。对此，要紧紧抓住诈骗团伙互动细节的证据资料，来证明共同的犯罪故意。

如在网络诈骗犯罪的“话务员”培训中，存在关于诈骗底薪、业绩提成比例、“骗术”讲稿笔记等相关证据，以及诈骗团伙之间的网上聊天记录、网银互转记录等相关证据。[2]通过对成员之间相互联系（如短信、微信、通话记录等）以及对团伙内部集中培训、开会等资料信息的搜集，可以有效地建立起犯罪成员之间的具有意思联络的事实。而对于如何确认犯罪团伙内部成员之间是否具有共同的犯罪故意，在法律适用上也有相应支撑，如《电信网络诈骗意见》以列举的方式，明确了当前为电信网络诈骗活动提供帮助的五大团伙的八种主要行为方式，即“菜商”（提供公民个人信息）、“车商”（帮助转取款）、“卡商”（提供银行卡、电话卡）、技术支持（提供网络、通讯、资金结算等帮助）、生活保障（提供食宿、交通等

---

[1] 张立军：“网络犯罪案件的侦办体会”，载《中国刑事警察》2018 年第 4 期。

[2] 曹晓宝：“电信网络诈骗案件的取证策略与证据体系构建”，载《中国刑警学院学报》2018 年第 2 期。

帮助)，明确规定了明知他人实施电信网络诈骗犯罪而实施这些行为的，以及对“蛇头”和“编剧”这两种虽不直接实施具体诈骗行为，但对于诈骗犯罪提供了不可或缺的人力资源和智力支持的，均以诈骗共同犯罪论处。[1]而在最高人民法院、最高人民检察院和公安部《关于办理网络赌博犯罪案件适用法律若干问题的意见》中，更是将对网络违法犯罪的帮助行为的共犯化发挥到极致——既不要求行为人之间的意思联络，也不要求被帮助行为成立犯罪，只要行为人明知是赌博网站，而依然为其提供特定服务和帮助行为，即可以认定为开设赌博罪的共犯。

（三）客观要件

客观要件即说明行为人实施了何种行为以及相应的实施手段等，但并非行为人的所有行为都包括在内。刑法上的行为是指基于人的意志实施的客观上侵犯法益的身体活动，其具备有体性、有意性、有害性三个特征。[2]在电信网络诈骗犯罪中，行为人的行为具有欺骗性、重复性、表面无痕的特点，在收集证据时需要根据具体案件的特点，沿着主要脉络进行取证。以电信网络诈骗为例，一方面可以从受害人的资金流向入手，即从被害人的支付账号信息→行为人提供的收款账号信息→资金分流的接收账号信息→行为人取款银行网点信息，构造资金链条；另一方面可以从诈骗信息的流转展开，追查诈骗信息从发出端→中间平台→接收端的传输情况，通常而言信息在经过每一个端口时都会产生备份信息，据此可以进行相互比对和筛选。

（四）客体要件

客体要件在于说明犯罪所侵害的是何种法益，破坏了何种社会关系。网络犯罪所侵犯的客体往往不止一个，例如曾经波及范围十分广泛的“勒索”病毒，其犯罪所侵犯的客体就包括计算机系统的管理秩序以及国家和公民个人的财产，这一特点对行为人行为的定性造成了困难。由于证据之间并非孤立存在，不同的证据虽然证明目的可能不同，但在同一案件当中

---

〔1〕李睿懿：“惩治电信网络诈骗犯罪的主要法律适用疑难问题”，载《法律适用》2017年第9期。

〔2〕张明楷：《刑法学》，法律出版社2011年版，第145页。

往往具有较高的关联度，能够起到相互说明、印证的效果。因此，在收集取证阶段需要全面地收集证据，对上述案件既要收集行为人破坏计算机信息系统的证据，也要收集行为人勒索被害人财物的证据，如此，不论在证明行为人构成何种犯罪时都可以展现出更为完整的证据链条。

四、证明方法的选择

证据相互印证本身是一种经验法则，是指来自不同源头的证据之间所包含的信息能够部分或者全部符合，进而达到相互证明、相互补强的状态。我国的刑事司法实践中已经普遍接受了印证这种证明模式，并在相关司法解释中予以了体现。[1]

（一）印证模式的价值

印证模式具有较为浓厚的“地方性知识”的色彩，域外国家或地区很少能够为其提供理论支持或参考。[2]印证模式可以被看作是我国在长期司法实践中总结提炼出的有益经验，具有存在的诸多价值。首先，印证模式为法官提供了一种可操作的模型。我国刑事诉讼的证明标准要求“事实清楚，证据确实、充分”以及“排除合理怀疑”，但对于如何达到这一标准却没有更为精细化的法律规定。而印证模式的存在使得法官可以根据在案的证据之间能否相互印证来判断证据的可采性，进而判断案件的相关事实是否存在。按照可视性标准，“排除合理怀疑”表现为在定罪证据体系中，证据之间的矛盾得到排除或合理解释，即定案证据之间能够相互印证，其结果能够接受逻辑和经验法则的检验，最终才能达到“道德上的确信”。反之，如果定案证据之间存在矛盾，不能相互印证，则没有达到排除合理怀疑的程度。[3]其次，印证模式使得证据得以相互证成。“孤证不得定案”原则为我国司法实践所遵循，这一要求充分体现了司法的严肃性，即不能仅凭单个孤立的证据定案。在印证模式之下，法院在认定犯罪事实时，必

〔1〕在2010年《关于办理死刑案件审查判断证据若干问题的规定》和2021年《最高法刑诉解释》中共有约20个条款提及了“印证”一词。

〔2〕汪海燕：“印证：经验法则、证据规则与证明模式”，载《当代法学》2018年第4期。

〔3〕汪海燕：“印证：经验法则、证据规则与证明模式”，载《当代法学》2018年第4期。

须借助两个以上具有独立信息源的证据，使这些证据包含的事实信息环环相扣，共同指向同一犯罪事实，从而形成较为完整的证明体系或证据锁链。[1]印证不仅是对单个证据证明力进行支撑的一种方法，还是对全案证据是否确实、充分进行审查判断的一种规则。[2]不同的证据之间通过互相支撑，使得同一案件事实从多个侧面得以反映和证明，有利于裁判者增强内心确信、排除合理怀疑。再次，印证模式可以防止公权力行使的恣意。印证模式要求证据之间必须得以相互支撑，这毫无疑问限制了取证阶段侦查人员仅凭刑讯逼供获得的口供就移送审查起诉的非法行为，也使得检察机关和审判机关在审查起诉、审判阶段更加注重在案全部证据的整体件，而非依据单个直接证据就草率定案。

（二）印证模式的缺陷

必须承认印证模式并不是一种完美无瑕的司法制度，其本身尚存在着许多缺陷。首先，印证模式在实践中被过度地机械使用，几乎到了每案必用的程度。[3]这使得在刑事诉讼的各个阶段，司法人员生硬地套用印证模式，对证据往往只进行形式上的相互印证，仅用关联性来判断证据是否具有证据能力，缺乏对证据合法性、真实性的实质判断审查。这在“聂树斌案”等众多冤假错案中均有体现，办案人员简单地根据“口供”和收集的个别证据进行粗糙的印证和形式上的吻合便定案，最终酿成错案。其次，印证模式忽视了裁判者的自由心证，过分强调裁判的客观性。然而，无论法律如何规定，一个司法案件的裁判结果最终必将拷问裁判者的内心，需要裁判者根据在案的证据来判断被告人是否有罪，这就注定了司法裁判具有主观判断的成分。而根据印证证明模式的要求，在证据不能有效相互印证的前提下，即使司法者内心十分确信犯罪事实的存在，也很难期待作出

---

〔1〕 陈瑞华：《刑事证据法的理论问题》，法律出版社 2015 年版，第 184 页。

〔2〕 李建明：“刑事证据相互印证的合理性与合理限度”，载《法学研究》2005 年第 6 期。

〔3〕 以 F 市 C 区人民检察院公诉科一检察官 2015 年至 2017 年 10 月办理的 298 件案件为样本。在审查报告事实证据分析论证部分，276 件有“证据之间相互印证、相互吻合”字样，使用率为 92.62%；6 件存疑不起诉的案件虽未明确使用“证据之间相互印证、相互吻合”字样，但其使用了反向的论证方式，即“证据之间无法相互印证”。

有罪认定。[1]

(三) 正确运用印证模式构建证据体系

在电信网络诈骗犯罪案件的所有证据中，电子证据无论是在数量上还是在关联性上均处于核心地位，除此之外还包括犯罪嫌疑人、被告人供述和辩解，证人证言，物证，书证，鉴定意见，勘验笔录等多种形式的证据。如前所述，印证模式在具有巨大价值的同时也存在被滥用、机械化套用的弊端。因此，在构建电信网络诈骗犯罪案件的证据体系时，需要正确、合理地运用印证模式，只有这样才能发挥印证模式的价值。以下分三步分别阐述如何运用印证模式构建证据体系。

1. “电子证据的内部通道” + “印证模式”

电子证据作为证据体系的核心，主要包含行为人的犯罪行为信息（如传播木马病毒、发送诈骗消息、网银转款记录等），亦即行为人所具体实施的“事”或“案”。在收集证据固定其为何“案”时，需要充分发挥电子证据内部通道的作用。通过全面收集电子证据本身以及附属环境数据所构建出的内部证据通道，可以使得电子证据能够进行自我验真。虽然电子证据可以被篡改，但其在被篡改后却是能够被发现的，也正因为如此，未遭篡改的电子证据比其他类型的证据具有更高的可信度。具体而言，可以通过电子证据的哈希值计算、计算机的运行日志、外接储存器的插拔情况等方式进行判断。通过构建的内部通道来实现电子证据的自我验真从而大大提升电子证据的真实性。

在对以电子证据为主的网络犯罪案件中运用印证模式进行证明时，上述两个步骤至关重要，即首先应当判断参与印证的各证据自身的证据资格，判断证据是否具备证据能力。因为影响印证证明效力最重要的因素是参与印证的证据品质，其中的关键是印证证据来源的自然性，即非扭曲性。一旦证据信息在其源头被扭曲、被污染，证据并非基于案件事实的自然因果关系而形成，印证就丧失了意义，而且会导致误判。[2]

---

[1] 陆而启：“智识互转——印证规范解析”，载《证据科学》2011 年第 4 期。

[2] 左卫民：“‘印证’证明模式反思与重塑：基于中国刑事错案的反思”，载《中国法学》2016 年第 1 期。

2. "电子证据的外部通道"+"印证模式"

如前所述，电子证据的外部通道系对电子证据在取证、举证、质证、认证等一系列流转过程的真实记录，其目的在于通过书面记录、同步录音录像、鉴定机构出具的鉴定意见等证明和保证电子证据的真实性。此阶段，印证模式的第一次运用体现在将电子证据自身所记录的信息和通过外部通道记录的信息相互比对，看能否相互印证（如电子证据的内容能否和犯罪嫌疑人的口供或其他物证、书证指向一致，呈现在法庭审判阶段的电子证据及其存储介质现状与流转过程中的记录是否一致）。第二次运用体现在将不同端口的电子证据进行比对。电子证据在存放的每一个位置几乎都会留下备份，例如在通过木马进行诈骗的网络犯罪案件中，需要将存在于行为人服务器的病毒源代码、行为人上传到网络平台上的病毒以及存在于受害人电脑终端的病毒进行两两比对，检验是否能够相互印证。这一阶段的目的在于确定证据体系中的核心证据——电子证据的真实性。

3. 印证模式的补充与修正——自由心证的合理引入

在进行了上述两个步骤后，已经构建出证明体系的基本框架，但还需要对上述证明体系进行补充和修正。证明体系建立的目的在于尽可能地排除合理怀疑，增强裁判者的内心确信，并且越是完备的证明体系越能够实现上述目的。在判断证明体系是否完备时，需要证据体系的建构者站在裁判者的角度进行审视。而英美法系所采用的自由心证制度为此提供了一种解决方案。自由心证制度已经在域外许多国家得以确立，其主要指法官凭借自身的良知对在案证据的证据能力和证明力予以判断，最终以能否形成内心确信来确定被告人有罪与否的一种司法制度。自由心证并非主观擅断，其要求裁判者必须是建立在案件已有的证据体系之上，并根据非法证据排除规则、补强证据规则、直接言词原则等证据规范对证据进行取舍，进而形成内心确信。自由心证的合理内核在于其并不为裁判者设定某一具体的、明确的、可量化的裁判标准（事实上这样的标准本身也不可能存在），这恰恰符合裁判者对案件裁判所必须依赖的主观判断成分，这对于印证模式所要求的证据必须互相印证才能得以定案无疑是一种有益的补充与修正。自由心证制度极大地弥补了印证模式的生硬和僵化，可以使裁判者不再机械地谋求“形式上的印证模式”，不再过分忽视单个证据本身的可采性和裁判者内心的真实判断。鉴于此，在构建证据体系时应当对根据印证模式所形成的既有证据体系进行细致的判断。首先，仅就单个证据本身进行逐一审视，对证据的证据能力和证明力得出初步的判断；其次，结合在案全部证据判断案件事实是否成立，是否能达到足以排除合理怀疑的程度。

第二节　链条型网络犯罪中的“共同故意”证明

随着信息网络技术的发展，网络犯罪出现了各式各样的升级和变化，部分网络犯罪（如电信网络诈骗犯罪、网络赌博犯罪、黑客犯罪等）与其他上下游犯罪结合，共同形成了成熟的犯罪产业链条。这种多环节、多层级、呈链条状互联的新型网络犯罪可被称为“链条型网络犯罪”。笔者通过“无讼案例网”对案例进行检索后发现，在链条型网络犯罪中，尤以电信网络诈骗犯罪为例，共同犯罪的比例高达63.6%，大规模（以“数额特别巨大”为划分标准）的链条型网络犯罪中共同犯罪所占比例更是高达82.5%。[1]但是，当前如何证明链条型网络犯罪中的“共同故意”已经成为困扰司法实践的一大难题。

一、存在的主要问题

对案例数据进一步分析后发现，不同案件中控诉方对于犯罪行为人之间共同故意的证明主要通过言词证据结合部分实物证据的方式进行。言词证据主要包括被告人供述和辩解、证人证言、被害人陈述。其中，被告人供述和辩解在每一个案件证明共同故意的过程中发挥主要作用；证人证言则主要分为被告人亲友的证言和其他行为人（因另案处理等原因在同一份

〔1〕 笔者通过系统检索后发现：在3420件电信网络诈骗案的案例中，共同犯罪为2178件，占比为63.7%；“数额特别巨大”的电信网络诈骗案400件中，共同犯罪为330件，占比为82.5%。数据来源于“无讼案例网”，载 https://www.itslaw.com，最后访问时间：2020年12月11日。

裁判文书中被列为证人而非被告人）的证言，仅后者涉及共同故意的证明，但该部分证人证言通常仅能证明处于相同环节行为人之间具有共同故意，因为部分处于犯罪链条底层的行为人对犯罪的其他环节行为人并不了解。案件中涉及共同故意证明的实物证据主要包括银行卡交易明细、通话记录详单、即时通讯软件（微信、QQ、Skype 等）聊天记录、出入境记录、犯罪集团的内部规定、分红业绩表，部分案件中还包括我国大使馆和他国警方提供的情况说明，但其中对行为人之间共同故意证明起主要作用的是分红业绩表、聊天记录。以部分网络赌博犯罪和电信网络诈骗犯罪案件为例，其涉及的共同故意证明的证据构成情况如表 6-2 所示。

表 6-2　涉及的共同故意证明的证据构成情况

	案号	言词证据	实物证据
网络赌博犯罪	（2018）吉 0303 刑初 186 号	1. 共 6 项被告人供述和辩解证据，全部涉及共同故意的证明 2. 共 23 项证人证言证据，均不涉及共同故意的证明，证人多为被告人的亲友及参与赌博的赌客	仅银行卡交易明细清单涉及共同故意的证明
	（2018）鲁 0321 刑初 271 号	1. 共 5 项被告人的供述与辩解证据，均涉及共同故意的证明 2. 共 23 项证人证言证据，其中 22 项涉及共同故意的证明，均系赌博平台工作人员；1 项系赌客的证言，不涉及共同故意的证明	共 3 位被告人的手机相册、截图、微信聊天记录涉及对平台客服员工进行考核，对平台收支、盈利进行统计、汇总等事实
	（2018）吉 0103 刑初 653 号	1. 共 4 项被告人的供述与辩解证据，均涉及共同故意的证明 2. 共 2 项证人证言证据，系赌客，不涉及共同故意的证明	无实物证据涉及共同故意的证明

续表

	案号	言词证据	实物证据
电信网络诈骗犯罪	（2017）京0108刑初2313号	1. 共40项被告人供述和辩解证据，均涉及共同故意的证明 2. 共20项被害人陈述证据，均不涉及共同故意的证明 3. 共1项证人证言的证据，不涉及共同故意的证明	1. 共39项被告人辨认笔录证据，均涉及共同故意的证明 2. 公司规定、业绩表、话术单等证据涉及共同故意的证明 3. 出入境记录情况表、护照复印件、我国台湾地区旅行证件等证据，证明犯罪成员分批次结伴前往境外实施犯罪 4. 中国驻肯尼亚大使馆、肯尼亚警方出具的情况说明，证明在同一地点一次性抓获40位犯罪嫌疑人
	（2016）粤0402刑初1760号	1. 共2项被告人供述和辩解证据，均涉及共同故意的证明 2. 共6项证人证言证据，均涉及共同故意的证明 3. 上百位被害人陈述证据，主要涉及被骗经过，不涉及共同故意的证明	诈骗团伙的规章制度、业绩表，涉及共同故意的证明

通过对相关判例的分析可以发现，当前司法实践中对链条型网络犯罪行为人之间共同故意的证明存在以下几个突出问题。

（一）过度依赖被告人供述及辩解、证人证言等言词证据

从相关案例显示的情况来看，在链条型网络犯罪的证明中存在过度依赖言词证据的倾向，很多案件中出现仅有言词证据而无实物证据相印证的情形。过度依赖言词证据存在极大风险，且不说证据的稳定性问题，言词证据的收集就面临极大困难。在链条型网络犯罪中，许多底层的犯罪成员对犯罪组织的整体情况知之甚少，处于不同犯罪环节的行为人难以对犯罪链条中除自身行为之外的其他行为人的行为提供有效的证明。同时，由于

受害人分散，被害人陈述收集的难度已非常大，更不要说证人证言的收集难度了。司法实践中一方面依赖言词证据，另一方面言词证据的收集也非常困难，这一现状客观上造成了当前链条型网络犯罪的证明体系构建难、易破裂的困境。

（二）证明对象呈现“一刀切”现象

链条型网络犯罪中的行为人人数众多且存在不同层级、不同环节、不同部门，不同行为人对同一犯罪的认识程度、在犯罪组织中所发挥的作用均不相同。以作用与地位为标准划分，可将链条型网络犯罪中的行为人分为组织者、指挥者、管理者、具体实施者，上述主体的身份地位不同、行为方式不同，在共同犯罪中的作用也不同，因此，对其行为的证明应区分不同情形。但通过案例分析后发现，当前司法实践似乎并未针对犯罪组织中的不同成员的身份、行为方式而区分具体证明对象，呈现出“一刀切”的证明倾向。这种情况显然不利于罪刑法定原则在网络犯罪中的贯彻实施，也不利于对被追诉人合法权利的保护。

（三）对行为人之间意思联络的论证和证明欠缺

目前，裁判文书中反映出的证明路径多为：首先对为首的组织者、管理者的组织管理行为进行相对充分的证明，一旦将犯罪团伙定义为犯罪集团后，对于后续加入的行为人与已经加入的行为人之间是否具备明确的意思联络，则不再通过较强证明力的证据（两个以上相互印证）进行证明。这种证明模式固然可以减少工作量且加大对网络犯罪的打击力度，但不利于查明事实真相和贯彻罚当其罪的基本原则。

以上问题的出现，说明链条型网络犯罪追诉中对行为人之间的共同故意证明存在难点。因此，有必要对上述问题产生的原因进行专门分析，并探索解决思路。

二、链条型网络犯罪共同故意的证明困境分析

传统刑法学理论认为，共同犯罪是指二人以上共同故意犯罪，具体可以拆分成：各行为人知晓共犯成员的基本信息；各行为人明知自身及其他行为人的行为会发生危害社会的结果；各行为人希望或者放任该危害结果

的发生。在我国，由于刑法规定共同过失犯罪不以共同犯罪论处，所以共同犯罪均指共同故意犯罪。在链条型网络犯罪中，犯罪组织内部人数众多，动辄几十人甚至上百人，〔1〕如果算上相关黑色产业的全链条，犯罪人数更是难以想象。传统犯罪中，犯罪集团规模往往相对较小且行为人之间互相熟识，容易形成共同犯罪合意，成员之间意思联络明确；链条型网络犯罪的集团规模较为庞大，加之互联网的非物理接触性特征，使得犯罪成员相互之间的直接接触不多，彼此之间意思联络并不明确，行为人“明知”的表现不显著。上述情形的出现给链条型网络犯罪中行为人之间共同犯罪故意的证明问题带来了诸多困境，分述如下。

（一）“以言词证据为核心”的印证模式难以构建

在传统形态共同故意犯罪案件的追诉中，同案被告的供述和辩解往往是判断其犯意联络、共同行为的主要证据形态，由此实质上形成了一种“以言词证据为核心”的印证型证明模式。但这种证明模式却难以适用于链条型网络犯罪的追诉之中。链条型网络犯罪具有多节点性特征，这类犯罪通常由几个核心骨干成员发起（这些骨干成员通常在犯罪组织形成后担任指挥者、组织者、远程控制者等角色），然后通过 QQ、Skype、短信等即时通讯工具以“刷单”“去外国打工”等名义在网络空间中招揽成员，所招募的犯罪成员几乎都没有固定职业，普遍具有游手好闲、想要赚快钱等特点。这些由骨干成员招募的“下线”（在犯罪组织内部多为底层人员）对犯罪组织的具体规模、结构、资金等信息的了解十分有限，许多人一旦进入犯罪组织，其身份证、护照等证件就被收走并由专人统一保管，实施犯罪期间亦有专人或监控随时监视，人身自由遭到不同程度的限制。〔2〕

处于犯罪链条末端的犯罪集团底层人员是直接接触被害人并实施犯罪者，但这些行为人仅负责属于自己环节的工作，当不同环节的行为人之间

〔1〕 浙江台州椒江警方“4·10”特大网络兼职招聘诈骗犯罪中共抓获犯罪嫌疑人 112 名。参见朱怀宏、黄彬：“电信网络诈骗新型违法犯罪侦防的思考——以椒江‘4·10’特大网络兼职招聘诈骗案件的侦破为例”，载《公安学刊（浙江警察学院学报）》2018 年第 4 期。

〔2〕 部分案件中行为人的人身自由遭到完全限制，有的可以在固定时间外出或回国，也有的犯罪组织管理较为松散，行为人加入和退出都不受限制。

需要沟通信息和传递材料时则会有专门的中间人或组织者进行传递，这使得能够完整了解犯罪不同环节所有相关信息的行为人也仅限于头目或高层指挥者等极少数人，而这些人往往隐藏较深。处于链条末端的犯罪行为人最易暴露也易被抓获，但由于这些人对其他环节行为人的工作内容和具体情况的了解程度很低，侦查机关能够获取的信息十分有限，导致在追诉中难以形成“以言词证据为中心”的印证模式来证明共同犯罪故意。

（二）行为人分散且意思联络难以证明

意思联络是判断不同行为人之间是否构成共同犯罪的重要考察要素，其主要作用在于证明不同行为人之间具有共同的犯罪意志，若无共同犯罪意志，即便多人同时在同一地点实施同样的犯罪行为也不能构成共犯。[1]不同于传统犯罪中行为人之间为了共同实施犯罪而进行的意思联络，网络犯罪中行为人的意思联络发生在网络空间，这使得意思联络表现出新的特点。

首先，意思联络的模糊性。不同的行为人借助即时通讯软件在网络空间相互交流，出于自我保护的目的行为人不会在聊天过程中明确表示自身的犯罪意图，而是用一些较为模糊的语句或者行话进行表达。例如，“有无兴趣外出做事或做工”[2]“信封”[3]“黑帽子”[4]“料”[5]等，有的行为人通过和对方共享电脑屏幕，在聊天工具中先打字再删除，只要不发送系统便不会存在记录。

其次，意思联络的不完整性。意思联络一般包含行为人（至少两人以上）之间相互表达犯罪意图的行为，当仅有某个行为人（单方）对另一行为人（或者同时对多人）发布信息，而该信息的接收方并不在网络空间中进行答复，而是选择直接到对方指定的地点以面对面的方式进行交流，如此一来，该意思联络在网络空间中就会体现出不完整的特点，即无法仅通

---

[1] 梅传强、张嘉艺：“论毒品犯罪的共犯认定思路”，载《西南政法大学学报》2019年第3期。

[2] 指离开居住地到境外实施违法犯罪活动。

[3] 指被盗账号。

[4] 指黑客。

[5] 指银行卡账号。

过网络空间中的信息（电子数据）进行证明。

最后，处于网络犯罪产业链条不同环节的行为人之间的意思联络难以定性。链条型网络犯罪存在着上游、中游、下游等多个环节，不同环节的行为人之间需要相互联络、交换信息、进行交易。例如，上游的行为人将整理好的公民信息同时打包出售给实施电信网络诈骗的行为人、实施网络赌博犯罪的行为人、实施网络传销犯罪的行为人，即“一方对多方”；又如上述电信网络诈骗犯罪、网络赌博犯罪、网络传销犯罪的行为人最后均通过“水房”进行洗钱并将犯罪所得转移到指定账户，即“多方对一方”。而无论是“一方对多方”还是“多方对一方”，都无法对所有参与上述意思联络中的行为人和犯罪组织同时认定共同犯罪，只能分别予以认定。上述链条型网络犯罪中意思联络所体现的模糊性、不完整性、难以准确定性等新特点，均使得链条型网络犯罪共同故意的意思联络的证明问题变得十分棘手。

（三）未积极适用“帮助信息网络犯罪活动罪”

由于链条型网络犯罪的多环节性，导致不同环节之间的“共同合意”非常难以证明，因此很难将全链条犯罪作为一个整体犯罪进行评价和追诉。为了有效追诉网络犯罪中的帮助行为，我国《刑法修正案（九）》在新增了“帮助信息网络犯罪活动罪”[1]这一独立罪名。该罪名的入法为网络犯罪共同犯罪中帮助犯的定罪和处罚提供了一种新的思路，可从侧面解决“合意证据”缺乏而导致的链条型网络犯罪中共同故意证明与认定困难的问题，也即，如果在证据层面无法支撑整体犯罪的评价定性，就以独立罪名进行追诉。但该罪入法以来，在司法实践中也出现了几个突出问题。

1. 对“明知”的理解与适用问题

虽然立法者希望通过该条文一次性解决网络犯罪中的帮助问题，但该条文在具体实施过程中必然涉及对“明知”一词的理解和适用问题。在司法实践中，大部分行为人及其辩护人辩称对于被其帮助的网络犯罪实施者

---

〔1〕《刑法》第287条之二第1款规定，明知他人利用信息网络实施犯罪，为其犯罪提供互联网接入、服务器托管、网络存储、通讯传输等技术支持，或者提供广告推广、支付结算等帮助，情节严重的，处三年以下有期徒刑或者拘役，并处或者单处罚金。

的犯罪目的并不知晓，没有与之进行共谋，不具有犯罪的动机。通过“无讼案例网”检索数据后发现，“帮助信息网络犯罪活动罪”在司法实践中的实际使用率极低，总体样本数仅54件。出现上述现象可能的解释有：一方面，对于网络犯罪的帮助犯大部分仍以具体犯罪的共犯进行定罪处罚，而不采用直接适用该罪的方式；〔1〕另一方面，在对行为人是否具有“明知”这一主观要素的证明上出现困境。质言之，若无法解决“明知”的证明问题，“帮助信息网络犯罪活动罪”只能是停留在纸面的法律规定。

2. 对共犯从属性原理的潜在突破

根据共犯从属性原理，对涉及该罪的行为人如要进行定罪处罚，需要在其被帮助的他人即正犯着手实施犯罪之后。〔2〕对此，也有学者认为，正犯是否构成犯罪与网络犯罪帮助行为是否构成犯罪并无直接的处罚关联性。〔3〕至此，出现了如下困境：一方面，立法者为了应对网络犯罪中行为人的分工日益精细化难题（尤其在链条型网络犯罪中，行为人的分工更加明确，组织更加严密）而创设“帮助信息网络犯罪活动罪”，以期对网络犯罪的帮助行为进行精准有效打击；另一方面，刑法理论中的共犯从属性理论要求对共同犯罪中帮助犯的处罚需要以正犯着手实施犯罪为前提，该罪的出现一定程度上是对该理论的突破。

3. “情节严重”的限制

“帮助信息网络犯罪活动罪”在法律规定中明确要求“情节严重”这一前提条件，而“情节严重”又是一个更多地需要通过主观层面进行判断的问题。通常情况下，“情节严重”是指行为人在单次违法中情节严重，如违法手段恶劣、造成了严重后果等。但在链条型网络犯罪中，行为人可能同时对多个环节的、不同的网络犯罪实施者提供帮助或者为某一犯罪组织多次提供帮助，但并非每次的帮助行为都造成了严重的后果，更多呈现

---

〔1〕 一方面因为该罪的刑罚较轻，情节严重才处三年以下有期徒刑或拘役，单处或并处罚金；另一方面该条文规定：同时构成其他犯罪的，依照处罚较重的规定定罪处罚。

〔2〕 黎宏：“论‘帮助信息网络犯罪活动罪’的性质及其适用”，载《法律适用》2017年第21期。

〔3〕 张铁军：“帮助信息网络犯罪活动罪的若干司法适用难题疏解”，载《中国刑事法杂志》2017年第6期。

出重复次数多的特点。在此种情形下，若对行为人每次的违法行为进行单独评价或许很难认定其满足刑法意义上的情节严重。正是由于上述原因，使得“帮助信息网络犯罪活动罪”这一为了解决链条型网络犯罪中的共同犯罪问题而创设的法律规定在司法实践中的适用面变窄，实际效果大打折扣，低于立法者预期。

三、问题的解决思路

面对链条型网络犯罪中的共同故意证明出现的问题，需要通过一系列制度的联动与配合予以解决，具体而言，当前可从以下几个方面着手。

（一）构建以电子数据为核心的证据体系

如前所述，当前对链条型网络犯罪中共同故意的证明存在过度依赖言词证据等问题，但“以言词证据为核心”的印证模式实际上又难以构建，从而导致追诉中难以构建起完整稳定的证据体系。针对上述问题，可以通过电子数据这种流转于网络犯罪各环节且稳定性较强、相对易获得的证据为核心来构建证据体系。

在链条型网络犯罪中，以电子数据形式存在的实物证据很多，其中涉及共同故意证明的可能包括犯罪成员之间的业绩表、聊天记录、会议记录、诈骗记录、银行转账记录等，这类证据较易通过技术手段获取。业绩表、诈骗记录、银行转账记录可用以证明不同行为人的具体犯罪数额和行为；聊天记录和会议记录可用以证明行为人之间的互相明知和意思联络。但需要特别指出的是，由于电子数据自身的高科技和易被篡改的特征以及链条型网络犯罪的多环节性特征，建立以电子数据为核心的证据体系的前提仍然在于保障电子数据在不同环节流转过程中的完整性和真实性。对此，笔者认为，可通过搭建电子数据的“证据通道”来保障电子数据在不同环节流转过程中的完整性和真实性，解决由于链条型网络犯罪多环节、多节点而导致的证据链条断裂问题。所谓证据通道，是指从电子数据的取证思路建立→实施取证→保全证据→分析鉴定→证据展示→证据归档全过程的真实记录，形成可反映与回溯证据在每一阶段流转情况的专门证据档案，可称作“证据的证据”。证据通道可以进一步分为外部证据通道和内部证据通道。前文对证据通道已有详论，在此不再赘述。

内部证据通道通过电子数据自身的附属信息来保障和证明电子数据的真实性。比如在一起链条型网络电信诈骗案件中，上家将“诈骗话术”以电子邮件形式发送给处于犯罪链条末端的“话务员”。在案件追诉中，这封电子邮件无疑是证明共同犯罪故意的重要证据，但这份证据自身的真实性和完整性又如何佐证？这就要求在证据收集阶段，除了对客户端计算机、ISP服务器和在线邮件接收系统中的邮件内容信息予以完整提取外，还需要对电子邮件头、电子取证设备中的审计钥、邮件信息收集的工作记录等附属信息完整提取，附属数据信息将起到佐证内容信息真实性，弥合证据链条断裂的“桥梁”作用。外部证据通道通过对电子数据取证、举证、质证、认证等证据流转过程进行书面、视频、音频或其他形式的记录，进而通过这些记录来保障和证明电子数据的真实性。通过建立电子数据的证据通道，将证据通道的内部性和外部性相结合实现电子数据的自我验真，可以充分发挥电子数据在链条型网络犯罪证据体系中的核心作用。此外，对于其他形式的证据也可搭建类似的证据通道，进而破解链条型网络犯罪的证据链条断裂难题。

（二）针对不同行为人确定相应的证明对象

在对链条型网络犯罪行为人的共同故意进行证明之前，首先应当剖析并明确具体证明对象。链条型网络犯罪中的行为人人数众多且行为人在不同层级、不同环节、不同部门，造成不同行为人对同一犯罪的认识程度、在犯罪组织中所发挥的作用均不相同，对此应当针对不同行为人分类别予以证明。笔者认为，可将某一具体链条型网络犯罪中的行为人分为组织者、指挥者、管理者、具体实施者。

组织者即犯罪组织的建立者，其熟悉犯罪组织的目的、组织结构、运作方式等各个方面，对犯罪的整体认识程度最高，在共同犯罪中起主要作用，故而对组织者认识要素和意志要素的证明难度最低，仅需要证明其为了实施犯罪而进行了招揽人员、寻找场地或其他为建立犯罪组织而进行的准备工作即可。

指挥者指犯罪组织在具体实施犯罪过程中对整个犯罪行为实际操控的

行为人，该类行为人对犯罪的整体了解程度高，对某些具体的犯罪实施环节的了解程度甚至超过组织者，只要能够证明其参与犯罪行为的具体实施过程并对该过程进行过指挥即可。

管理者指在犯罪组织存续期间对人（犯罪成员）、物（犯罪工具）、财（犯罪组织的收入和支出）进行管理的行为人。在同一犯罪组织中该类行为人往往不止一人，应根据其具体分工区别不同证明对象：对于负责管理犯罪成员的行为人需要证明其实施了管控犯罪成员的进出或人身自由的行为（如收缴身份证件、护照等）；对于控制犯罪工具的行为人需要证明其实施了管控物理设备的行为（如电脑、手机、固定电话、语音包、话术单等）；对于控制犯罪组织财物的行为人需要证明其知晓犯罪所得、与下游从事洗钱的行为人进行联络、负责犯罪组织的日常开销（包括犯罪成员的工资、租用场地费用等支出）。上述几类行为人的认识要素和意志要素的证明几乎可同步完成，因为通过上述几类人的具体行为可以明确判断是否同时具备这两种要素。

具体实施者则指直接接触受害人并实施犯罪的行为人以及为犯罪组织提供后勤保障等的服务人员，这类行为人在犯罪组织中的地位最低，对组织结构、资金流向等认识了解程度低，往往仅知悉自己所从事部分的工作，其人身和财物自由往往受到管理者不同程度的控制。质言之，对于具体实施者应当区别对待，从加入犯罪组织的时间长短、从事的具体工作内容、过去有无类似经历综合判断。例如，行为人甲经“老乡”介绍加入犯罪组织（告知其出国打工），进入犯罪组织后仅为犯罪成员提供洗衣做饭等后勤服务，其之前未从事过类似工作。对于这类行为人，如无法证明其对犯罪组织的工作内容有明确认识，则不能认为其具备共同的犯罪故意，因其不具备认识要素更不具备意志要素。类似的行为人还有偶尔为犯罪组织提供系统维护的技术人员、出租房屋的所有权人等，即无法证明行为人对犯罪内容、目的有明确知晓，而只能证明这类行为人提供了正常的生产、生活服务行为，基于此均不能认定其具备共同的犯罪故意。而除此之外的具体实施者，则大多直接接触被害人且明确知晓自身行为系犯罪（如电信网络诈骗犯罪中的多线话务员、网络赌博犯罪中的“荷官”等），因此只要证明其与受害人有过接触并完成了犯罪组织所分配的“任务”，即对其认识要素和意志要素完成了证明。

通过上述对链条型网络犯罪中行为人的类型化处理，可以针对不同环节、不同身份的行为人确定具体的证明对象，使得链条型网络犯罪行为人的共同故意的证明也能有的放矢。

（三）通过表现形式和具体内容对意思联络进行证明

意思联络是不同行为人之间共同故意的桥梁与纽带，发挥着将单个故意结合成为共同故意的作用。〔1〕如前所述，链条型网络犯罪中行为人之间的意思联络缺乏明确性和有效性。对于链条型网络犯罪中的意思联络，可以从表现形式和具体内容两方面分别进行检视。

1. 对意思联络表现形式的证明

一般认为意思联络存在明示、暗示、容忍三种表现形式，〔2〕其中以明示为主要形式，暗示和容忍次之。明示指行为人将自身的犯罪意图或犯罪目的明确地展示给相对人。相对人对于该犯罪意图不存在或者基本不存在误解的可能，其接收并理解该信息的程度接近100%。此时，若相对人在接收到该信息后也作出了明确的反馈，将自身的犯罪意图准确地告知对方，双方达成一致即完成了意思联络的全过程，此过程可以简化为“①行为人发出信息→②相对人接收信息→③相对人反馈信息→④行为人接收信息→⑤达成合意”的意思联络模型。

情形一：明示对明示，即在双方均为明示的情形下，上述①—⑤阶段是接续进行的。在链条型网络犯罪中，当行为人之间的意思联络形式表现为情形一时，对不同行为人之间具有意思联络的认定难度低，其证明难点更多体现在行为人相互交流的证据收集层面。

情形二：一方明示，一方暗示。暗示指行为人并不将自身的犯罪意图直接通过言词表达，相对人需要通过其行为判断或推断行为人的犯罪意图。若相对人在接收到行为人明确的犯罪意图后采用暗示的方式进行反

〔1〕 李光宇：“共同故意的基础问题检讨”，载《南京大学学报（哲学·人文科学·社会科学）》2017年第4期。

〔2〕 姜涛：“事前通谋与共同犯罪成立”，载《中国刑事法杂志》2014年第5期。

馈，则意思联络模型在③、④、⑤阶段会发生变化，由于③阶段中相对人的反馈信息是行为而非言词表达，故④阶段中的行为人在接收到信息后需要对该行为进行解读，此种情形下证明与认定意思联络的难点在于行为人对反馈信息的解读的准确性，若行为人准确地解读出该行为所代表的犯罪意图，则上述阶段不会发生中断；反之，若行为人误解或者部分误解该行为所代表的犯罪意图，则④和⑤之间就会发生断裂，可能使得行为人与相对人之间无法达成合意。

情形三：一方明示，一方容忍。容忍指相对人在了解行为人的犯罪意图和目的后并不排斥，而是采取放任或纵容的态度。该种情形下，意思联络的证明难点主要在于⑤阶段，若相对人在接收信息后选择退出，则双方不能达成合意，不成立；反之则达成合意，成立共犯。例如，行为人甲（系境外网络赌博犯罪的组织者）在网站发布招聘信息（内容为招聘厨师，工资每月 1.5 万元，工作地点为柬埔寨，并解决住宿问题），行为人乙（厨师）看到该招聘信息后由于受到高薪诱惑，遂办理护照出国并找到行为人甲。虽然行为人乙为该犯罪组织实施犯罪提供了帮助，但其对于行为人甲发布的招聘信息并没有完全解读，乙加入该犯罪组织的行为难以被认定其与行为人甲存在意思联络。此时，对行为人乙是否具备共同故意的证明需要结合其在了解该犯罪组织的性质及日常工作内容后是否仍然愿意提供饮食服务来进行判断和证明。如果行为人乙在了解后及时退出，则不成立共犯，反之若其了解后为了高薪仍然提供帮助，则成立共犯。类似的情形还有出租房屋的相对人，若相对人在知晓行为人所从事的犯罪活动后选择容忍（多出于受到较高租金诱惑），继续将房屋出租给犯罪组织，则可以认为其与行为人之间具有意思联络，存在共同的犯罪故意。

2. 对意思联络具体内容的证明

意思联络在内容上主要体现为共同性，包括共同的犯罪目的、共同的犯罪意志以及能够意识到自己是与其他行为人一起实施的犯罪行为。而在链条型网络犯罪中，上述意思联络的具体内容遭到不同程度的消解。

首先，就共同犯罪目的而言，行为人分别处于链条型网络犯罪的不同环节，能够完整且明确地知晓犯罪目的的行为人仅限于上层组织、管理者和控制者，下层实施犯罪的行为人以及未直接接触被害人的行为人除了知晓自身的工作内容之外，对犯罪组织的了解十分有限。例如，境外网络赌博犯罪组织中的网站系统维护员，其工作内容是维持赌博平台的正常运行，而并不知道该网站针对的用户是谁，赌资数额是多少，甚至该行为人对自身行为的违法性都缺乏认识（在赌博合法的国家和地区，行为人由于缺乏对参与赌博对象的认识，可能认为其从事的是合法行为），进而缺乏或者弱化了共同犯罪目的。其次，由于不同环节行为人对共同犯罪目的的认识不完全相同以及在犯罪组织中的影响力差异，当部分行为人（如网络赌博犯罪的控制者或管理者）欲实施超出既定犯罪目的的行为时（如对于拖欠赌资的行为人进行绑架、非法拘禁），其他行为人虽然不愿参与该行为但出于自身地位和影响力较低而无法拒绝。最后，对于能否意识到自己是与他人在共同实施犯罪，链条型网络犯罪较传统犯罪和普通网络犯罪规模更大、人数更多，同时具有明确的层级和不同环节的划分，除了组织者、管理者、控制者以外的行为人很难完全知晓犯罪组织的全部成员，更无从得知其他成员所从事的工作内容。

由于链条型网络犯罪的上述特点对意思联络的核心——共同性产生了不同程度的消解，有必要针对链条型网络犯罪中的意思联络具体内容的特殊性找寻相应的证明与认定方法，以适应维护网络空间安全、打击日益严峻的网络犯罪的刑事政策。对于共同的犯罪目的，行为人仅需要有概括的认知即可，例如，参与电信网络诈骗的行为人只需认识到自己与他人正在实施诈骗行为即可，而对于采取何种方式诈骗、诈骗对象是谁、诈骗所得数额大小和分配方式则不必知晓。对于共同的犯罪意志，只要犯罪组织所实施的犯罪行为没有明显超出既定犯罪目标（如为了实施电信网络诈骗犯罪而购买公民个人信息，为了控制犯罪组织成员而限制人身自由，将犯罪所得及收益进行洗钱等），且行为人没有明确地反对或排斥（如没有退出该犯罪组织等行为），则应认定具备共同的犯罪意志。对于能够意识到自己与其他行为人共同实施的犯罪行为，行为人只要能认识到自己属于犯罪组织中的一员且该犯罪组织成员所实施的犯罪行为与自己的认知没有实质的偏差（为了实现主要犯罪而采取的行为）即可，不需要对所有犯罪成员以及犯罪成员实施的所有行为都有清楚明确的认识。需要说明的是，对于意思联络在链条型网络犯罪中的共同性要求作如上解释并不是无限度地扩大共同犯罪的打击范围，其主要目的正是在于解决传统意思联络中对共同性的证明要求无法实现对链条型网络犯罪中不同环节行为人的行为进行充分评价的证明难题。

（四）合理适用“帮助信息网络犯罪活动罪”

如前所述，由于链条型网络犯罪的多环节性，证明不同环节之间的“共同合意”非常困难，因此，很难将全链条犯罪作为一个整体犯罪进行评价和追诉。为了解决这个问题，我国“帮助信息网络犯罪活动罪”作为独立罪名进入《刑法》，以解决“合意证据”缺乏而导致的链条型网络犯罪中共同故意证明与认定困难的问题。因此，应充分考虑本罪的合理适用，从另一个途径突破链条型网络犯罪的证明困境。但从实践情况看，该罪在具体适用中面临的困境主要包括“明知”的理解与适用、共犯从属性的突破、“情节严重”的判断标准三个方面，以下分别进行阐述。

1. 对“明知”的证明

“明知”作为主观层面的证明要件，较客观要件而言在证明过程中更加难以被证明，加之“帮助信息网络犯罪活动罪”又将“明知”作为入罪的构成要件之一，故而成为诉讼中控辩双方争论的焦点也属必然。在对“明知”进行证明之前，需要解释其含义是什么？关于“明知”，从规范层面看，通常认为是“故意”，包括直接故意或间接故意。在认识因素上，要求必须是“有认识”。[1]“明知”从字面含义可以理解为明确或清楚地知晓，对于知晓的客体，在该罪的语言环境中可以理解为对他人利用信息网络实施犯罪这一行为的明确知晓。其中，他人利用信息网络所实施的犯罪不需要达到定罪处罚的程度，行为人仅需知晓他人在利用信息网络实施违法犯罪行为即可。因为本罪的立法目的是破解网络犯罪的产业链条，将

〔1〕 张铁军：“帮助信息网络犯罪活动罪的若干司法适用难题疏解”，载《中国刑事法杂志》2017年第6期。

帮助行为与正犯进行区分后独立入罪，若将正犯是否入罪或是否处罚作为本罪的入罪标准之一，会使本罪的适用面大大缩减，违背全链条打击网络犯罪的立法目的与刑事政策。

在证明方法上，可将“相互印证”和刑事推定相结合。具体而言，当具备两个以上的不同证据（如行为人的口供、行为人与他人的聊天记录等）表明行为人明确知晓他人利用其提供的网络服务实施违法犯罪行为时，可以以印证方式证明行为人的主观明知。在缺乏口供等直接证据的情形下，若行为人出现了下列行为，可以根据相关证据进行合理推定。例如，行为人在被通信运营商或相关行政管理部门警告或处罚后仍然继续为他人提供网络服务、采用技术手段逃避监管、所获利益大大高于正常市场价值等。中立的网络行为是指不以非法目的为导向的网络正常营业或生产经营的行为，而上述情形超出了普通人对中立行为的一般认知，属于非中立的网络行为，可以据此推定行为人对他人可能利用网络服务从事违法犯罪行为是明知的。除此之外，相关司法解释还规定，若具有经告知或举报后，交易价格或方式明显异常等情形，行为人仍提供帮助且无相反证据的，可以认定为明知。[1]

2. 突破共犯从属性的立法与司法应对

“帮助信息网络犯罪活动罪”自入《刑法》以来便遭到了诸多质疑和反对，多集中于该罪对共犯从属性的突破，认为此罪系帮助行为正犯化的体现，[2]也有学者认为是帮助犯的量刑规则。[3]应该说，该罪的出现从严格意义上讲，的确是对共犯从属性的突破，因为该罪不要求以正犯受到刑事处罚为前提，无论法律条文内容还是司法实践[4]均是如此。但如果进

〔1〕《最高人民法院、最高人民检察院关于办理非法利用信息网络、帮助信息网络犯罪活动等刑事案件适用法律若干问题的解释》第11条。

〔2〕车浩：“刑事立法的法教义学反思——基于《刑法修正案（九）》的分析”，载《法学》2015年第10期。

〔3〕张明楷：“论帮助信息网络犯罪活动罪”，载《政治与法律》2016年第2期。

〔4〕例如，浙江省绍兴市上虞区人民法院2016年审结的“冷某帮助信息网络犯罪活动案”［参见（2016）浙0604刑初1032号刑事判决书］中，该案被告人冷某被判处“帮助信息网络犯罪活动罪”，而利用其帮助实施犯罪的诈骗分子在该案宣判时尚未被定罪处罚。

一步考察该罪的立法背景可知，当前网络犯罪逐步形成完整的产业链条、犯罪组织呈现不断精细化的趋势，“帮助信息网络犯罪活动罪”入《刑法》是立法机关在积极响应国家维护网络空间安全、全链条打击网络犯罪的战略目标与刑事政策下采取的应对之策。从司法层面来看，2015 年 11 月到 2019 年 10 月，通过检索发现，涉及该罪的上网判决不足 100 件，〔1〕其原因前文已作分析，在此不再赘述。要想实现“帮助信息网络犯罪活动罪”的立法目的，斩断链条型网络犯罪的产业链条，结合我国的具体情况，立法机关和司法机关应当尽快出台与该罪配套的相关法律、司法解释或指导案例，尽可能地明确该罪与诈骗罪等正犯的共同犯罪的界限以及该罪与其他相关联犯罪（如非法利用信息网络罪等）的界限，如此才能提升该罪的司法适用率，实现对网络犯罪的全链条打击。

3. “情节严重”的具体考量因素

“情节严重”作为本罪的构成要件之一，目的在于根据行为人提供的网络帮助行为对他人实施网络犯罪的帮助大小、作用强弱来判断该帮助行为所产生的危害程度，若危害程度低则不能构成本罪。但不同于相对确定的客观标准，“情节严重”在当前的法律环境下几乎只能由法官根据自由心证来行使自由裁量权，其具有很强的主观性。出于司法的公正性考量，有必要将裁判者的心证内容（至少包括考量的要素）尽可能地确定和公开。对于“情节严重”的界定与适用，我国也通过司法解释的形式进行了列举，〔2〕司法解释的出台为司法实践提供了明确的指引。但通过对该罪涉

〔1〕 数据来源于“无讼案例网”，载 https://www.itslaw.com，最后访问时间：2020 年 12 月 11 日。

〔2〕《最高人民法院、最高人民检察院关于办理非法利用信息网络、帮助信息网络犯罪活动等刑事案件适用法律若干问题的解释》第 12 条规定：明知他人利用信息网络实施犯罪，为其犯罪提供帮助，具有下列情形之一的，应当认定为刑法第 287 条之二第 1 款规定的“情节严重”：（1）为三个以上对象提供帮助的；（2）支付结算金额二十万元以上的；（3）以投放广告等方式提供资金五万元以上的；（4）违法所得一万元以上的；（5）二年内曾因非法利用信息网络、帮助信息网络犯罪活动、危害计算机信息系统安全受过行政处罚，又帮助信息网络犯罪活动的；（6）被帮助对象实施的犯罪造成严重后果的；（7）其他情节严重的情形。实施前款规定的行为，确因客观条件限制无法查证被帮助对象是否达到犯罪的程度，但相关数额总计达到前款第二项至第四项规定标准五倍以上，或者造成特别严重后果的，应当以“帮助信息网络犯罪活动罪”追究行为人的刑事责任。

及的56份上网裁判文书的梳理后发现，法官在判断行为人的帮助行为是否达到“情节严重”时考量的因素还包括：“帮助行为的次数”“非法获得财物的数额”“财物退赔情况”“被帮助者是否被处以刑罚”“被害人规模大小”等。其中，“对于被帮助者是否被处以刑罚”这一因素的出现，可以看出司法机关在适用本罪时是结合被帮助者的行为后果采取综合判定的方法进行裁量的，这在客观上提升了本罪的入罪门槛。笔者认为，综合性判定的方式值得肯定，但提升本罪入罪门槛的做法应当反思。从有效打击网络犯罪，解决链条型网络犯罪证明难题的角度出发，司法机关应当尊重立法原意，结合案件具体情节，客观、全面地对“情节严重”作出判定，既不能降低入罪门槛，也不能提升入罪门槛，以积极妥当地推进本罪相关条款的司法适用。

第三节　网络犯罪涉案数额的证明

如上所述，犯罪手段链条化、犯罪对象海量化是当前网络犯罪表现出的新特点，这也给网络犯罪案件涉案数额的证明带来了极大的困难。根据我国现行刑法的规定，多数案件的定罪量刑都采用“定性+定量”的方式进行，即除了对行为性质作出认定外，还需对案件中的相关数量（如侵犯公民个人信息犯罪）或金额（如网络电信诈骗犯罪）作出准确认定，从而进行恰当的定罪量刑。然而，网络犯罪的特点使得在司法认定环节对于“量”的证明极为困难，甚至根本无法在证据评价层面对涉案数额一一核实，“定性容易、定量难”成为网络犯罪案件证明的独特现象。这种证明困境的存在，客观上也造成了当前司法实践中对于网络犯罪案件呈现“重罪轻判、轻罪不判”的反常现象，直接影响了对网络犯罪案件的治理效果。鉴于此，有必要对网络犯罪中涉案数额的证明方法进行专门研究。

一、涉案数额的证明困境

具体来看，当前网络犯罪追诉中涉案数额的证明困境主要表现在数额认定难以精确和数额认定方法不明确两个大的方面，下面逐一进行分析。

（一）数额认定难以精确

在我国《刑法》和相关司法解释中，数量和金额大多作为定罪量刑的重要要素，在网络犯罪涉及的相关罪名中，这个特点更为凸显。[1]而关于数额的精细化规定，实际上是要求必须对相关证据的数额进行精确计算后才能将其作为定罪量刑的依据。但在实践中，鉴于网络犯罪自身特点、取证技术以及司法效率层面考虑等原因，对数额进行精确计算在多数案件中都存在障碍。单从网络犯罪自身的特点而言，主要面临以下几种困境。

1. 涉案数额庞大且查实困难

如上所述，网络犯罪往往具有犯罪对象海量化的特点。以电信诈骗为例，犯罪嫌疑人往往针对不特定多数人通过各种通讯手段散布诈骗信息，一方面，犯罪嫌疑人发送诈骗信息多是通过短信、聊天工具等批量发送，单次发送数量就很庞大，且犯罪嫌疑人往往作案时间较长，如此计算数据数量更加巨大。[2]另一方面，电信诈骗针对的对象是不特定多数人，受害者众多且地域分布广，甚至犯罪嫌疑人本人都无法说清楚被害人的具体情况，这就使得案件在侦查过程中难以确认全部受害者的人数以及被骗的金额，无法追踪每一笔涉案金额的具体来源，同时也难以在证据层面认定涉案钱款就是犯罪嫌疑人诈骗所得以及涉案金额具体数量。此外，根据法律规定，认定涉案数额不能仅凭电子数据直接认定，还需要人证、物证等其他证据的印证来构建证明体系。但实际上，网络犯罪的证明体系极为脆弱，不仅作为核心证据种类的电子数据极易被毁损，且人证（如被害人陈述、证人证言）和物证（如赃款赃物）极难全面获取和固定，这种情况使得网络犯罪案件的证明很难达到法律所设定的“排除合

---

〔1〕 陈家林、汪雪城：“网络诈骗犯罪刑事责任的评价困境与刑法调适——以 100 个随机案例为切入”，载《政治与法律》2017 年第 3 期。

〔2〕 马忠红：“论网络犯罪案件中的抽样取证——以电信诈骗犯罪为切入点”，载《中国人民公安大学学报（社会科学版）》2018 年第 6 期。

理怀疑”标准。上述问题的存在，在司法实践中就造成这样一种现象：从“定性层面”看，被告人成立犯罪；从“定量层面”看，司法机关“排除合理怀疑”地构建起的证明体系所认定的涉案数额，又无法达到定罪标准。如果因此使犯罪嫌疑人脱罪就必然会降低犯罪成本，而网络犯罪率居高不下的主要原因之一就在于犯罪成本与犯罪收益之间缺乏平衡。

2. 数据不真实及重复问题难以解决

以非法获取公民个人信息罪为例，涉案个人信息数据数量往往非常庞大,〔1〕这对侦查取证工作带来了极大的挑战，如何在上万、上百万甚至上亿条数据信息中认定每一数据信息的真实性，以及剔除所有重复信息进而对数据数量进行精确计算，成为当前摆在司法机关面前一个难以解决的难题。依靠现有技术，相关数据不真实及重复的问题仍然难以解决，导致在客观上无法对数据数量进行精确计算，即便司法层面简单认定，也存在诸多问题。通过查阅非法获取公民个人信息罪的二审判决书，可以发现多数被告人都是以数据不真实或者重复为理由提起上诉。

（二）数额认定方法不明确

通过梳理立法可发现，现行法律和司法解释，包括浙江省的地方探索性规定都涉及网络犯罪涉案数额的定罪量刑标准，但也存在明显区别。为了便于比较，笔者对几种典型的网络犯罪数额认定的相关规定以图表形式予以展示，见表6-3。

〔1〕 例如，在胡某甲、张某等犯侵犯公民个人信息罪案中，经勘验，从胡某甲、徐某、袁某、李某适用的个人电脑中分别勘验出含有公民个人信息的数据1.6亿余条、175.9万余条、89.3万余条、68.9万余条。参见湖北省汉江中级人民法院（2016）鄂16刑终81号裁定书。

表 6–3　几种典型的网络犯罪数额认定的相关规定

<table>
<tr><th>法律依据</th><th>网络犯罪类型</th><th colspan="3">定罪量刑标准（涉及数额）</th><th>数额认定相关表述</th></tr>
<tr><td rowspan="3">2016 年最高人民法院、最高人民检察院、公安部《关于办理电信网络诈骗等刑事案件适用法律若干问题的意见》</td><td rowspan="3">电信网络诈骗</td><td>诈骗罪</td><td colspan="2">诈骗公私财物价值 3000 元以上、3 万以上、50 万元以上的，应分别认定为“数额较大”“数额巨大”“数额特别巨大”</td><td rowspan="3">可以结合……等证据，综合认定被害人人数及诈骗资金数额等犯罪事实</td></tr>
<tr><td rowspan="2">诈骗罪（未遂）</td><td>情节严重</td><td>诈骗数额难以查证：(1) 发送诈骗信息 5000 条以上的，或拨打诈骗电话 500 人次以上；(2) 在互联网上发布诈骗信息，页面浏览量累计 5000 次以上</td></tr>
<tr><td>情节特别严重</td><td>诈骗数额难以查证，数量达到相应标准 10 倍以上的</td></tr>
<tr><td>2018 年浙江省《电信网络诈骗犯罪案件证据收集审查判断工作指引的通知》</td><td>电信网络诈骗</td><td colspan="3"></td><td>被害人数量超过百人，且证据充足，不影响对犯罪嫌疑人具体行为及诈骗数额的认定的，可以进行抽样取证</td></tr>
<tr><td>2017 最高人民法院、最高人民检察院《关于办理侵犯公民个人信息刑事案件适用法律若干问题的解释》</td><td>侵犯公民个人信息</td><td>侵犯公民个人信息罪（非法获取、出售或者提供公民个人信息的情形）</td><td>情节严重</td><td>非法获取、出售或者提供行踪轨迹信息、通信内容、征信信息、财产信息 50 条以上的；非法获取、出售或者提供住宿信息、通信记录、健康生理信息、交易信息等其他可能影响人身、财产安全的公民个人信息 500 条以上的；非法获取、出售或者提供此解释第 5 条第三项、第四项规定以外的公民个人信息 5000 条以上的；违法所得 5000 元以上的</td><td>对批量公民个人信息的条数，根据查获的数量直接认定，但是有证据证明信息不真实或者重复的除外</td></tr>
</table>

续表

法律依据	网络犯罪类型	定罪量刑标准（涉及数额）			数额认定相关表述
			情节特别严重	数量或者数额达到规定标准10倍以上的	
2010年最高人民法院、最高人民检察院《关于办理利用互联网、移动通讯终端、声讯台制作、复制、出版、贩卖、传播淫秽电子信息刑事案件具体应用法律若干问题的解释（二）》	利用互联网、移动通讯终端制作、复制、出版、贩卖、传播淫秽电子信息	制作、复制、出版、贩卖、传播淫秽物品牟利罪		制作、复制、出版、贩卖、传播淫秽电影、表演、动画等视频文件10个以上的；淫秽音频文件50个以上的；淫秽电子刊物、图片、文章、短信息等100件以上的；淫秽电子信息，实际被点击数达到5000次以上的；以会员制方式出版、贩卖、传播淫秽电子信息，注册会员达100人以上的；利用淫秽电子信息收取广告费、会员注册费或者其他费用，违法所得5000元以上的	
			情节严重	达到规定标准5倍以上	
			情节特别严重	达到规定标准25倍以上	

通过表6-3相关信息，可以发现当前立法呈现以下特点。

1. 数额是网络犯罪定罪量刑的直接标准

从表6-3可以看出，网络犯罪案件涉及多种数额的认定，例如涉案金额、拨打电话数量、发送信息数量、点击数、会员人数、浏览次数、转发次数等，且在情节严重、情节特别严重的相关规定中，常以达到规定标准的多少倍为衡量标准。上述数额是案件定罪量刑的直接标准，换言之，如果数额无法得到确定，上述案件就无法定罪量刑。

2. 缺乏明确的数额认定方法

从表6-3可以看出，相关解释或规定对某一类网络犯罪定罪量刑所涉及数额的标准有着精确的表述，但对于数额认定方法却表述模糊或者没有相关规定。以表6-3中的几种网络犯罪为例，在关于电信网络诈骗的司法解释中，运用了“结合其他相关证据综合认定”的类似表述，这可以看作是在相关具体情形出现时采取的置后手段，但不能作为面对庞大数据时进行数额认定的一般方法。浙江省《电信网络诈骗犯罪案件证据收集审查判断工作指引的通知》中提及了“抽样取证”这一方法，但该工作指引在性质上本身不具有法律效力，且在内容上并没有对“抽样取证”的适用条件、使用方法等进行详细的表述。而在侵犯公民个人信息的相关司法解释中，提及了“数据不真实和重复”问题，即对同一单位和个人出售的公民个人信息数量若有证据证明存在信息不真实或重复的情况，应该剔除不真实及重复的信息后再进行数据数量认定，但对如何进行剔除、若无法进行剔除时该如何认定没有规定。而对于其他几类犯罪，则都没有关于数额认定的相关表述。

二、涉案数额的证明方法的比较分析

由于相关法律规定得模糊，如何科学地进行数额认定成为困扰当前司法实践部门的一大难题。为了解决网络犯罪案件中数额证明难的问题，我国学者分别提出了等约计量、抽样取证、底线证明等多种方法。等约计量主张采用大约计量的方法，对网络犯罪案件中涉及的数额进行“估堆式”计量，在具体适用方法上与抽样取证有重合；抽样取证则主张基于统计学的方法从庞大的数据中提取样本进行取证，再根据相应比例对全部数据进行推定；底线证明主张只需按照法定的入罪和加重处罚两道关卡，提供能用以定罪量刑的最基本的证据即可，无需计算全部数额。上述几种方法在实践中各有利弊，但都存在较大争议，本文在此将进行具体分析。

（一）等约计量方法

由于现阶段对网络犯罪案件中海量的证据难以实现精确计量，国内有学者提出可以用等约计量的方式解决这一难题。等约计量就是按照大约等于的计算方式，对网络犯罪中的数额加以计量。支持等约计量的学者主张用等约计量方法完全替代精确计量，并以模糊数学的理论作为理论基础，认为由于实现精确计量是客观不能的，因此不应过度继续追求精确计量，而是通过其他量化手段对犯罪行为者侵犯法益的大小进行合理评估，将定罪量刑的标准逐步从以“数额”为标准向以“情节”为标准进行转化。在此基础上，提出可以通过抽样取证确定数额，通过建立专门的信息采集机构对信息真实性进行审查等具体手段。

这一方法看似为解决网络犯罪中的数额计量难题提出了崭新的解决路径，但实质上不仅与我国刑事诉讼法的原则性要求相违背，而且在实践中也很难真正实现。首先，上述方法将“等约计量”完全置于与“精确计量”相反的位置，实际上是允许对涉案数额进行大约计量后就进行定罪量刑，这与我国刑事诉讼法所规定的“案件事实清楚、证据确实、充分”的证明标准存在背离，在客观上降低了证明标准。其次，上述方法的支撑性观点是将犯罪评价因素由“定性+定量”转变为以“定量”为中心，这种观点不无道理，是网络犯罪问题研究中需要加以认真研究的一个问题。但是，网络犯罪是一个集合性概念，并不是单独罪名，例如电信诈骗只是诈骗罪的一种情形，如果如此转变，就是将网络犯罪的情形从传统罪名的评价体系中脱离出来，而对此，目前还需要进一步加强论证。

（二）抽样取证方法

刑事诉讼中的抽样取证，是指办案人员基于统计学的科学方法，从海量的物品或被害人中提取具有代表性的物或人作为样本对象进行取证，并据此证明全体对象的属性、数量、结构、比例等的一种刑事推定式的证明方法。[1]在司法实践中，抽样取证已经广泛运用于对生产销售不符合安全标准的食品以及侵犯知识产权的刑事案件之中，例如最高人民法院、最高人民检察院和公安部 2011 年颁布的《关于办理侵犯知识产权刑事案件适用法律若干问题的意见》中就明确规定，在办理此类案件时，公安机关可以根据工作需要进行抽样取证，还可以寻求同级行政执法部门和有关检验机构协助抽样取证。

在解决网络犯罪证明中数额认定难的问题上，采取抽样取证看似是最

〔1〕 万毅、纵博：“论刑事诉讼中的抽样取证”，载《江苏行政学院学报》2014 年第 4 期。

便捷的方法。笔者在“Openlaw”网站中以“侵犯公民个人信息”和“抽样”为关键词，共搜索到226篇裁判文书，说明司法实践中已经开始利用抽样取证的方法解决侵犯公民个人信息案件中涉及的相关个人信息不真实或重复的争议。例如，在刘某非法获取公民个人信息罪的一审判决书中，关于涉案证据的相关陈述中有如下描述：“北京市公安局顺义分局网络安全保卫大队出具的现场勘查检验工作记录证实，该大队工作人员对涉案黑色兼容机一台及U盘一个进行勘察，在该电脑中保存着QQ号码为×××与网名为‘数据一姐’‘提供高端’‘果粒橙’等买卖数据的聊天情况。登录该QQ号码的邮箱，发现收信箱内共有33个文档，共计23 120条信息，已发送邮件16封，共计7370条信息。U盘内文档共计1600条。”“北京市公安局顺义分局网络安全保卫大队出具的工作说明证实，网络安全保卫大队工作人员对涉案电脑内公民个人信息随机抽样15条，通过公安部全国人口信息查询对比该15条信息的真实性情况。”〔1〕在该案中，相关工作人员通过随机抽样的方法意在证明涉案个人信息的真实性，以核定取证时的个人信息数额可以作为定罪量刑的个人信息数额。然而，在涉案的共计32 090条个人信息中抽取15条个人信息作为抽样样本，抽样比例低至0.047%，以此作为证明所有涉案个人信息全部真实的证据显然说服力不足。又如，在刘某、张某等侵犯公民个人信息罪一审刑事判决书中，“公安机关抽取了被告人刘某出售给他人的400 883条涉及姓名和手机号码的信息，以5000倍数进行抽样验证，样本号码平均拨通率为80.63%”，对此被告人的辩护人在辩护意见中提到，“抽样倍数并无法律依据”。〔2〕这些争议的存在，实际上都暴露出当前在认定网络犯罪数额时使用抽样取证存在着无法保证取证样品的代表性，以及抽样比例不合理等问题。而且更为重要的是，由于目前并没有相关法律法规对网络犯罪案件中能否以及怎样使用抽样取证进行具体规定，因此抽样取证的合法性面临质疑。

综上所述，虽然使用抽样取证简单便利，且在司法实践中已经有一定

---

〔1〕参见北京市顺义区人民法院刑事判决书（2016）顺刑初字111号。

〔2〕参见无锡市惠山区人民法院刑事判决书（2018）苏0206刑初5号。

的经验，但在目前的刑事证据规则框架内，也不可避免地在是否降低了证明标准、如何保证抽样样品的代表性、如何设置抽样比例更合理、合法性能否保障等方面面临解释困境。

（三）底线证明方法

底线证明方法是刘品新教授提出的实现网络犯罪简易化证明的一种方法，此方法综合考虑了刑事诉讼“案件事实清楚，证据确实、充分”的证明标准以及我国《刑法》入罪或加重处罚的标准一般都是以数额衡量的特点，认为在面对网络犯罪案件海量的证据时，不需要对全部数额进行统计，只需要证明涉案数额是否达到了相关法条规定的入罪或加重处罚的数额标准。〔1〕这一方法的优点在于法条中规定的“底线”数额往往较小。例如，在《关于办理侵犯公民个人信息刑事案件适用法律若干问题的解释》中，“非法获取、出售或者提供行踪轨迹信息、通信内容、征信信息、财产信息50条以上的”属于情节严重情形，如果案件中被告人非法获取的行踪轨迹信息巨大难以逐条证明其真实性时，按照底线证明方法，只需在所有涉及行踪轨迹信息中逐条验证其真实性到50条时，就不必继续证明，即使存在信息重复，只要继续验证其他信息直至保证50条信息真实且无重复即可。底线证明方法很好地兼顾了“定性+定量”的认定标准，也能够在现有证据规则框架内满足“案件事实清楚，证据确实、充分”的证明标准，因此不失为破解当前网络犯罪数额认定难题的一个出路。但是，由于司法实践的复杂性和多样性，底线证明仍存在一些难以解决的问题。

首先，底线证明方法仍难以完全解决法定数额标准较大的问题。在《关于办理侵犯公民个人信息刑事案件适用法律若干问题的解释》中，“非法获取、出售或者提供第三项、第四项规定以外的公民个人信息5000条以上的”属于情节严重的情形，且“数量或者数额达到规定标准10倍以上的”属于情节特别严重的情形，此时“底线”数额就达到50 000条，数量仍然非常巨大。从上文笔者所总结的网络犯罪相关规定的表格（表6-3）可以发现，关于数额特别巨大的情形一般以相关标准的多少倍作为标准，

〔1〕刘品新：“网络犯罪证明简化论”，载《中国刑事法杂志》2017年第6期。

而基数与倍数相乘后数额往往较大，在这种情况下，再利用底线证明方法可能仍难以解决数额认定以及信息的真实性和重复性难题。

其次，底线证明难以解释与刑事推定之间的关系。当前，在刑事证据层面能否应用推定规则仍然存在一定争议，其原因在于刑事证明标准的特殊性。在运用底线证明时，首先应当解决的是证据推定规则的合法性，否则这一方法在应用中仍存在难以突破的理论和制度障碍。比如在刘品新教授文章所用的案例中，法院认定由于“被告人参与发送的信息总量达到了80万条左右，远远超过司法解释规定的5万条”，因此认定满足“其他特别严重情节”的要求。论者认为这说明法院认定被告人达到了加重处罚的底线，但是笔者认为这虽然体现了底线证明的思维，但并不是对底线证明方法的运用，而是基于高度盖然性的一种推定。且如果此案中报告人发送的信息总量不是80万而是6万或其他临近5万的数量，再考虑到信息的真实性和重复性，这一方法显然不能奏效。除此之外，网络犯罪中数额认定难并不完全来源于数据数量巨大，还可能来源于由于其特有的技术性而存在的数据被毁损难以恢复的情况，在这种情形下，底线证明也无法发挥其优势。

综上所述，当前犯罪数额的认定方法都能够解决一些问题，但都不能完全适应网络犯罪错综复杂的情况，因此，有必要确定一种层次性地选择使用方法，下文将进行详述。

三、数额证明方法的选择

通过上文中对网络犯罪案件数额认定困境及其原因的分析，笔者认为，在运用传统方法确实无法精确计算数额的情况下，借助其他方法既具必要性，也具合理性，同时也是提高司法效率的应有之义。司法是价值衡量的过程，[1]但是我们仍要坚持“案件事实清楚，证据确实、充分”的证明标准，严格规范各种数额认定方法在司法实践中的运用。如上文所述及

〔1〕 车剑锋：“刑法‘从旧兼从轻’原则基本问题论纲”，载《重庆工商大学学报（社会科学版）》2019年第3期。

的各种方法，其各有利弊，但仅仅依靠某一种方法都难以完全解决司法实践中可能遇到的各种情形，因此我们需要结合各个方法的优点有限制地规范使用。

（一）将底线证明方法作为首要选择

在对涉案数额进行精确计量确实存在难以克服的客观障碍时，笔者认为，应将底线证明方法作为数额认定的首要选择。从上文对几个典型网络犯罪的相关规定的梳理中可以发现，一般情况下，法条中入罪以及情节严重部分情形规定的数额标准都较小，例如“信息 50 条以上”“淫秽视频文件 10 个以上的、淫秽音频文件 50 个以上”“转发次数达到 500 次以上”等都可以通过底线证明方法解决。在电信网络诈骗中，如果受害人众多，无法一一核实被骗金额，也可以选取部分被害人，只要核实金额达到“底线金额”就可以不再依次向受害人取证。采取底线证明方法，易于解决定罪量刑数额标准较小但涉案数据数量庞大的情况下核实数据信息的真实性、重复性难题。比如，在侵犯公民个人信息的案例中，多数被告人都是以涉案个人信息有重复、不真实为理由提起上诉，但实际信息数量远远超过定罪量刑的标准数量，使用这一方法可以极大提高诉讼效率。而且从实践操作层面看，司法人员很容易凭借一般经验感知某一情形是否用底线证明方法就能解决。

但如上所述，底线证明无法应用于所有网络犯罪案件中，因此在适用时需要考虑案件类型是否属于在法条中“底线”数额本身就很大且涉及需要查证信息的真实性和重复性的情形。如果属于此类情形，则需要考虑其他认定方法的选用。

（二）将抽样取证作为补充手段

对于案件中存在海量数据，为了解决证明涉案数据的真实性和重复性问题就有必要引入抽样取证的方法来确定可以用于定罪量刑的数额。但是，应从立法层面对抽样取证的原则、抽样机构和抽样方法等进行详细的规定。

1. 明确规定使用原则

首先，要严格遵循置后使用的原则。应当通过立法明确，只有在涉案金额巨大或者数据信息数量巨大，对相关数额进行精确计算确定客观不可能，相关法律法规也没有对这一特殊情形进行专门规定且确定用底线证明方法也难以证明时，才可以置后采用抽样取证的方法。[1]其次，严格坚持“全面运用”原则。抽样取证所获得的证据只是全案证据链中的一环，不能仅凭抽样取证获得的数据作为定罪量刑的依据。例如，浙江省发布的《电信网络诈骗犯罪案件证据收集审查判断工作指引的通知》就明确规定，要在其他证据已经能充分证明被告人犯罪事实的情况下才可以进行抽样取证。经过抽样取证的证据一定要与其他证据进行综合认定，在达到“案件事实清楚，证据确实、充分”的条件下，才可以作为证据使用。[2]

2. 严格限定抽样机构

司法实践中，一般由司法人员委托鉴定机构进行相关抽样鉴定，例如，司法鉴定中心、司法鉴定所等以出具司法鉴定报告的形式保证其证据效力。当然也有例外情形，例如，在张某、陈某明、张某荣等提供侵入、非法控制计算机信息系统程序、工具罪的一审刑事判决书中提到，此案中抽样取证鉴定意见是由受害方腾讯公司提供。被告辩护人的辩护意见中也提到，由于鉴定意见出具的机构不具有相应的资质，因此其鉴定意见不能作为定案依据。[3]目前相关法律法规对此没有进行规定，但可以借鉴最高人民法院、最高人民检察院和公安部2011年《关于办理侵犯知识产权刑事案件适用法律若干问题的意见》第3条的相关规定，即“公安机关……商请同级行政执法部门、有关检验机构协助抽样取证”。在上述相关法律法规中，明确了可以抽样取证的机构，让更专业的机构负责抽样取证也能更大程度保证抽样结果的科学性和可信度。

3. 科学选择抽样方法

从统计学的角度来看，抽样主要有简单随机抽样、分层抽样、等距抽样、重点抽样等方法。在上文中提及笔者在“Openlaw”网站中以“侵犯公民个人信息”和“抽样”为关键词，共搜索到226篇裁判文书，虽然大

[1] 何家弘：《司法证明方法与推定规则》，法律出版社2018年版，第262页、第263页。

[2] 何家弘：“论推定规则适用中的证明责任和证明标准”，载《中外法学》2008年第6期。

[3] 参见绍兴市越城区人民法院刑事判决书（2018）浙0602刑初101号。

多数没有对抽样方法进行具体的描述，但其中有26篇裁判文书提及采取了随机抽样的方法。抽样取证的方法选择应该根据样本属性、抽样目的等因素决定。

笔者认为，采用抽样取证主要是为了解决数据总量过大时数据信息的真实性问题，如何确保均匀取样以及样品的代表性是需要重点考虑的因素。以侵犯公民个人信息的案件为例，如果被告人在不同时间向不同单位或者个人分别出售、提供了公民个人信息，很有可能不同时间或者面对不同的出售对象，个人信息真实性的比例是不同的，如果样品的代表性不能确保，很有可能导致最终的抽样结果不够严谨。在此基础上可以考虑分层抽样，分层抽样可以针对不同阶段、不同对象，把数据信息分成几组，再分别随机抽样，最终确定比率。[1]分层抽样比简单随机抽样的科学性更高，误差更小。

（三）将综合认定作为后援

底线证明和抽样取证都是为了解决网络犯罪案件涉案数据庞大而无法采用传统取证方法一一核实这一问题的不得已选择，两种方法采用的前提都是相关证据（底线证据、抽样证据）客观存在。但如果面对网络犯罪中证据被毁损难以修复时怎么办？由表6-3可知，现有司法解释已经给予这种情况一种解决出路，即明确规定了综合认定这一数额认定手段，且详细规定了可以适用的情形。[2]2016年《电信网络诈骗意见》明确规定，在"因犯罪嫌疑人、被告人故意隐匿、毁灭证据等原因，致拨打电话次数、发送信息条数的证据难以收集的"条件下，"可以根据经查证属实的日拨打人次数、日发送信息条数，结合犯罪嫌疑人、被告人实施犯罪的时间、犯罪嫌疑人、被告人的供述等相关证据，综合予以认定"。以及在"办理电信网络诈骗案件，确因被害人人数众多等客观条件的限制，无法逐一收集被害人陈述的"条件下，"可以结合已收集的被害人陈述，以及经查证属实的银行账户交易记录、第三方支付结算账户交易记录、通话记录、电

〔1〕于力超："抽样调查领域分层结构数据分析方法研究"，载《调研世界》2018年第2期。

〔2〕高艳东："网络犯罪定量证明标准的优化路径：从印证论到综合认定"，载《中国刑事法杂志》2019年第1期。

子数据等证据，综合认定被害人人数及诈骗资金数额等犯罪事实”。上述规定实际上确立了一种综合认定的数额认定方法。

综合认定可以看作是为了解决在证明标准高、数额认定难的困境下，当有罪者难以被认定有罪时，通过司法解释明确规定可以使用的一种“后援性”方案，也是推定规则在网络犯罪证明中适用的尝试。实际上，这从一个侧面说明，立法者已经开始充分考虑网络犯罪数量猛增且现有执法水平难以应对的客观现状，而对综合认定这一推定性方式引入刑事诉讼证明体系应作出有限制性许可。

为了不降低证明标准，有必要在法条中将综合认定的适用条件具体化、明确化，若条件规定模糊或适用面放宽，可能导致在司法实践中综合认定的不当适用，从而增加错案风险。但从另一个方面看，在网络犯罪案件中，目前相关司法解释只是针对电信网络诈骗中的某些情形有明确规定，且对相关适用条件规定比较苛刻，无法满足司法实践的需要。例如，在《电信网络诈骗意见》中，只明确规定了拨打电话次数和短信条数可以综合认定，而对利用其他通讯手段的数额认定没有规定。这就引发了在其他网络犯罪情形中，若遇到相似情形，是否也可考虑适用综合认定手段的问题。因此，笔者建议立法者可以对其他类型的网络犯罪也进行关于综合认定的相关规定，例如在解决侵犯公民个人信息的案件数据重复性问题时，将原有法条改为“确因依靠技术手段无法解决数据信息真实性重复性问题时，可以结合已收集的被害人陈述，被告人供述，电子数据等证据，综合认定涉案数据数额”。此外，建议对综合认定的适用条件加以严格规定，但对满足条件的具体情形可以模糊表述，例如，“因犯罪嫌疑人、被告人故意隐匿、毁灭证据等原因致使涉案数据数额难以确定的，可以结合犯罪嫌疑人、被告人实施犯罪的时间，犯罪嫌疑人、被告人的供述等相关证据，综合予以认定”。此外，也要充分保证被告人反驳的权利。[1]

综上所述，针对网络犯罪中数额认定难这一困境，笔者认为，可将底线证明方法作为首要选择，将规范的抽样取证作为补充手段，将综合认定

〔1〕 张平寿：“刑事司法中的犯罪数额概括化认定研究”，载《政治与法律》2018 年第 9 期。

作为后援。可以说，这是当前一种较为现实可行的解决路径。我们应当看到，网络犯罪数额认定难题，是传统刑法理论观念与网络时代犯罪更加复杂的情形相矛盾而产生的必然问题。网络犯罪中的疑难问题多、新问题频发，我们基于传统犯罪建立起来的法律体系、法律思维实际上已经解决不了层出不穷的新问题，因此，有必要从思维和制度两个层面都实现重构性发展和演进。

参考文献

一、中文类

（一）专著

[1] 白俊华主编:《证据法学》，群众出版社 2005 年版。

[2] 卞建林主编:《证据法学》，中国政法大学出版社 2000 年版。

[3] 常建平等编著:《网络安全与计算机犯罪》，中国人民公安大学出版社 2002 年版。

[4] 陈光中主编:《刑事诉讼法》，北京大学出版社、高等教育出版社 2012 年版。

[5] 陈浩然:《证据学原理》，华东理工大学出版社 2002 年版。

[6] 陈界融译著:《〈美国联邦证据规则（2004）〉译析》，中国人民大学出版社 2004 年版。

[7] 陈瑞华:《刑事证据法的理论问题》，法律出版社 2015 年版。

[8] 陈瑞华:《刑事证据法学》，北京大学出版社 2012 年版。

[9] 戴莹:《刑事侦查电子取证研究》，中国政法大学出版社 2013 年版。

[10] 戴长林主编:《网络犯罪司法实务研究及相关司法解释理解与适用》，人民法院出版社 2014 年版。

[11] 邓子滨:《刑事法中的推定》，中国人民公安大学出版社 2003 年版。

[12] 杜国栋:《论证据的完整性》，中国政法大学出版社 2012 年版。

[13] 樊崇义主编:《证据法学》，法律出版社 2013 年版。

[14] 樊传明:《证据评价论——证据法的一个阐释框架》，中国政法大学出版社 2018 年版。

[15] 何家弘、刘品新:《证据法学》，法律出版社 2008 年版。

[16] 何家弘:《司法证明方法与推定规则》，法律出版社 2018 年版。

[17] 何家弘主编:《刑事诉讼中科学证据的审查规则与采信标准》，中国人民公安大学出版社 2014 年版。

[18] 何家弘主编:《证据学论坛》（第六卷），中国检察出版社 2003 年版。

[19] 刘方权编译:《犯罪侦查中对计算机的搜查扣押与电子证据的获取》,中国检察出版社 2006 年版。

[20] 刘静坤:《证据审查规则与分析方法　原理·规范·实例》,法律出版社 2018 年版。

[21] 刘品新主编:《电子取证的法律规制》,中国法制出版社 2010 年版。

[22] 刘品新:《中国电子证据立法研究》,中国人民大学出版社 2005 年版。

[23] 吕国民:《国际贸易中 EDI 法律问题研究》,法律出版社 2001 年版。

[24] 麦永浩主编:《电子数据司法鉴定实务》,法律出版社 2011 年版。

[25] 皮勇:《网络犯罪比较研究》,中国人民公安大学出版社 2005 年版。

[26] 皮勇:《刑事诉讼中的电子证据规则研究》,中国人民公安大学出版社 2005 年版。

[27] 钱卫清:《法官决策论　影响司法过程的力量》,北京大学出版社 2008 年版。

[28] 孙晓东主编:《网络犯罪侦查》,清华大学出版社 2014 年版。

[29] 王进喜:《美国〈联邦证据规则〉(2011 年重塑版) 条解》,中国法制出版社 2012 年版。

[30] 熊志海:《网络证据收集与保全法律制度研究》,法律出版社 2013 年版。

[31] 熊志海:《信息视野下的证据法学》,法律出版社 2014 年版。

[32] 徐燕平主编:《刑事证据运用》,中国检察出版社 2008 年版。

[33] 杨宁:《推定规则研究》,法律出版社 2018 年版。

[34] 杨义先、钮心忻:《安全简史　从隐私保护到量子密码》,中国工信出版社集团、电子工业出版社 2017 年版。

[35] 易延友:《证据法学　原则规则案例》,法律出版社 2017 年版。

[36] 喻海松:《网络犯罪二十讲》,法律出版社 2018 年版。

[37] 云山城主编:《预审学》,中国人民公安大学出版社 2013 年版。

[38] 张保生主编:《证据法学》,中国政法大学出版社 2009 年版。

[39] 张保生等:《证据科学论纲》,经济科学出版社 2019 年版。

[40] 张明楷:《刑法学》,法律出版社 2011 年版。

(二) 译著

[1] [德] 奥莱·罗森贝克:《证明责任论——以德国民法典和民事诉讼法典为基础撰写》,庄敬华译,中国法制出版社 2002 年版。

[2] [德] 汉斯·普维庭:《现代证明责任问题》,吴越译,法律出版社 2006 年版。

[3] [美] 阿维娃·奥伦斯坦:《证据法要义》,汪诸豪等译,中国政法大学出版社

2018 年版。
[4] [美] Edmund M. Morgan:《证据法之基本问题》，李学灯译，世界书局 1982 年版。
[5] [美] 克雷格·布拉德利:《刑事诉讼革命的失败》，郑旭译，北京大学出版社 2009 年版。
[6] [美] Lance Spitzner:《honeypot：追踪黑客》，邓云佳译，清华大学出版社 2004 年版。
[7] [美] 罗纳德·J. 艾伦、理查德·B. 库恩斯、埃莉诺·斯威夫特:《证据法 文本、问题和案例》，张保生、王进喜、赵滢译，高等教育出版社 2006 年版。
[8] [美] 罗杰·帕克、迈克尔·萨克斯:《证据法学反思：跨学科视角的转型》，吴洪淇译，中国政法大学出版社 2015 年版。
[9] [美] W. 杰瑞·奇泽姆、布伦特·E. 特维编著:《犯罪重建》，刘静坤译，中国人民大学出版社 2010 年版。
[10] [美] 特伦斯·安德森、戴维·舒姆、威廉·特文宁:《证据分析》，张保生译，中国人民大学出版社 2012 年版。
[11] [美] 约翰·W. 斯特龙主编:《麦考密克论证据》，汤维建等译，中国政法大学出版社 2004 年版。
[12] [美] 亚历克斯·斯坦:《证据法的根基》，樊传明等译，中国人民大学出版社 2018 年版。
[13] [日] 西原春夫主编:《日本刑事法的形成与特色》，李海东等译，法律出版社、日本国成文堂，1997 年版。
[14] [瑞士] 萨拉·J. 萨默斯:《公正审判 欧洲刑事诉讼传统与欧洲人权法院》，朱奎彬、谢进杰译，中国政法大学出版社 2012 年版。
[15] [英] 杰拉尔德·科瓦契奇、安迪·琼斯:《高技术犯罪调查手册 建立和管理高技术犯罪防范计划》（原书第二版），吴渝等译，科学出版社 2009 年版。

（三）论文

[1] 卞建林、谢澍:“庭审实质化与鉴定意见的有效质证”，载《中国司法鉴定》2016 年第 6 期。
[2] 蔡虹、夏先华:“诉诸权威理论架构下的专家辅助人制度省思”，载《河北法学》2020 年第 3 期。
[3] 蔡杰、娄超:“论涉众型网络犯罪中电子证据的审查与认定”，载《北京邮电大学学报（社会科学版）》2015 年第 6 期。

[4] 曹晓宝:“电信网络诈骗案件的取证策略与证据体系构建”,载《中国刑警学院学报》2018年第2期。

[5] 车浩:“刑事立法的法教义学反思——基于《刑法修正案(九)》的分析”,载《法学》2015年第10期。

[6] 陈家林、汪雪城:“网络诈骗犯罪刑事责任的评价困境与刑法调适——以100个随机案例为切入”,载《政治与法律》2017年第3期。

[7] 陈瑞华:“论刑事法中的推定”,载《法学》2015年第5期。

[8] 陈瑞华:“论证据相互印证规则”,载《法商研究》2012年第1期。

[9] 陈瑞华:“实物证据的鉴真问题”,载《法学研究》2011年第5期。

[10] 陈瑞华:“证据的概念与法定种类”,载《法律适用》2012年第1期。

[11] 陈永生:“电子数据搜查、扣押的法律规制”,载《现代法学》2014年第5期。

[12] 陈永生:“计算机网络犯罪对刑事诉讼的挑战与制度应对”,载《法律科学(西北政法大学学报)》2014年第3期。

[13] 陈禹衡:“流量劫持的刑法规制思考——以第102号指导性案例为视角”,载《西南石油大学学报(社会科学版)》第2019年第6期。

[14] 褚福民:“证明困难解决体系视野下的刑事推定”,载《政法论坛》2011年第6期。

[15] 崔聪聪、李欲晓、韩松:“《网络安全法(草案二次审议稿)》第27条修改建议——以网络服务提供者协助解密义务为中心”,载《中国工程科学》2016年第6期。

[16] 丁宣尹、袁继红:“技术法律博弈之间:电子取证的实然困境与制度设计——基于浙江省的抽样调查分析”,载《江西警察学院学报》2018年第4期。

[17] 樊金英、杜志淳:“跨学科视野下对科学证据的审查认定”,载《证据科学》2019年第3期。

[18] 冯军、孙延庆:“侦查机关查询冻结制度的检视与完善”,载《东方法学》2010年第3期。

[19] 冯俊伟:“跨境电子取证制度的发展与反思”,载《法学杂志》2019年第6期。

[20] 冯潇洒:“对网络运营者的安全保护义务设定分析”,载《中国信息安全》2016年第9期。

[21] 高涵:“鉴定意见的证据评价方法体系”,载《山东社会科学》2020年第2期。

[22] 高艳东:“网络犯罪定量证明标准的优化路径:从印证论到综合认定”,载《中国刑事法杂志》2019年第1期。

[23] 郭秋香、朱金义："电子数据鉴定体系建设构想"，载《中国司法鉴定》2010 年第 2 期。
[24] 郭永帅、杨路、徐杨军："网络违法犯罪案件概述"，载《现代信息科技》2019 第 8 期。
[25] 韩思宁、李丽华、和文赟："网络空间下侦查阵地控制的范围及路径"，载《广西警察学院学报》2019 年第 5 期。
[26] 何家弘："从自然推定到人造推定——关于推定范畴的反思"，载《法学研究》2008 年第 4 期。
[27] 何家弘："论推定规则适用中的证明责任和证明标准"，载《中外法学》2008 年第 6 期。
[28] 何家弘："司法证明同一论"，载《中国刑事法杂志》2001 年第 1 期。
[29] 胡铭："电子数据在刑事证据体系中的定位与审查判断规则——基于网络假货犯罪案件裁判文书的分析"，载《法学研究》2019 年第 2 期。
[30] 姜涛："事前通谋与共同犯罪成立"，载《中国刑事法杂志》2014 年第 5 期。
[31] 蒋丽华："勘验、检查笔录规则研究"，载《中国司法鉴定》2003 年第 1 期。
[32] 焦艳鹏、杨红梅："网络诈骗犯罪刑事司法样态实证研究——以 389 份生效刑事判决书为分析对象"，载《甘肃政法学院学报》2017 年第 4 期。
[33] 康怀宇、康玉著："刑事程序法事实的证明方法——自由证明及其具体运用的比较法研究"，载《社会科学研究》2009 年第 3 期。
[34] 劳东燕："认真对待刑事推定"，载《法学研究》2007 年第 2 期。
[35] 黎宏："论'帮助信息网络犯罪活动罪'的性质及其适用"，载《法律适用》2017 年第 21 期。
[36] 李光宇："共同故意的基础问题检讨"，载《南京大学学报（哲学·人文科学·社会科学）》2017 年第 4 期。
[37] 李建明："刑事证据相互印证的合理性与合理限度"，载《法学研究》2005 年第 6 期。
[38] 李兰英等："网络涉众型经济犯罪的实证分析与应对举措——以福建省厦门市为例"，载《厦门大学法律评论》2019 年第 1 期。
[39] 李萌等："基于区块链的公共数据电子证据系统及关联性分析"，载《智能系统学报》2019 年第 6 期。
[40] 李睿懿、王珂："惩治电信网络诈骗犯罪的主要法律适用疑难问题"，载《法律适用》2017 年第 9 期。

[41] 李雅健、郑飞："乱象与规制：中国刑事证据保管制度研究"，载《证据科学》2019 年第 1 期。

[42] 李祖军、张霄霄："刑事诉讼中言词证据的鉴真问题研究"，载《华侨大学学报（哲学社会科学版）》2017 年第 1 期。

[43] 刘品新："电子证据的关联性"，载《法学研究》2016 年第 6 期。

[44] 刘品新："网络犯罪证明简化论"，载《中国刑事法杂志》2017 年第 6 期。

[45] 刘宪权："论信息网络技术滥用行为的刑事责任——《刑法修正案（九）》相关条款的理解与适用"，载《政法论坛》2015 年第 6 期。

[46] 刘译矾："论电子数据的双重鉴真"，载《当代法学》2018 年第 3 期。

[47] 龙卫球、裴炜："电子证据概念与审查认定规则的构建研究"，载《北京航空航天大学学报（社会科学版）》2016 年第 2 期。

[48] 龙宗智："进步及其局限——由证据制度调整的观察"，载《政法论坛》2012 年第 5 期。

[49] 龙宗智："刑事印证证明新探"，载《法学研究》2017 年第 2 期。

[50] 龙宗智："证据分类制度及其改革"，载《法学研究》2005 年第 5 期。

[51] 梁坤："基于数据主权的国家刑事取证管辖模式"，载《法学研究》2019 年第 2 期。

[52] 梁坤："跨境远程电子取证制度之重塑"，载《环球法律评论》2019 年第 2 期。

[53] 陆而启："智识互转：印证规范解析"，载《证据科学》2011 年第 4 期。

[54] 罗猛、邓超："从精确计量到等约计量：犯罪对象海量化下数额认定的困境及因应"，载《预防青少年犯罪研究》2016 年第 2 期。

[55] 吕萍："对证据法定形式体例的几点构想"，载《中国刑事法杂志》2002 年第 5 期。

[56] 马明亮："笔尖上的真相——解读刑事诉讼法新增笔录类证据"，载《政法论坛》2014 年第 2 期。

[57] 马明亮："诉讼对抗与笔录类证据的运用"，载《证据科学》2013 年第 1 期。

[58] 马忠红："论网络犯罪案件中的抽样取证——以电信诈骗犯罪为切入点"，载《中国人民公安大学学报（社会科学版）》2018 年第 6 期。

[59] 梅传强、张嘉艺："论毒品犯罪的共犯认定思路"，载《西南政法大学学报》2019 年第 3 期。

[60] 裴苍龄："论证据的种类"，载《法学研究》2003 年第 5 期。

[61] 裴苍龄："论证据资料"，载《法律科学（西北政法学院学报）》1998 年第 1 期。

[62] 裴炜："犯罪侦查中网络服务提供商的信息披露义务——以比例原则为指导"，载《比较法研究》《》2016 年第 4 期。

[63] 皮勇："《网络犯罪公约》中的证据调查制度与我国相关刑事程序法比较"，载《中国法学》2003 年第 4 期。

[64] 齐爱民、祝高峰："论国家数据主权制度的确立与完善"，载《苏州大学学报（哲学社会科学版）》2016 年第 1 期。

[65] 任彦君："网络中财产性利益的刑法保护模式探析"，载《法商研究》2017 年第 5 期。

[66] 宋鹏："电子证据在网络传销案件侦查中的运用"，载《湖南警察学院学报》2016 年第 6 期。

[67] 孙道萃："犯罪主体的网络化演变动向与立法修正脉络"，载《中国应用法学》2019 年第 5 期。

[68] 台冶强："规制电子证据鉴定的几个基本问题"，载《中国司法鉴定》2012 年第 2 期。

[69] 涂龙科："网络内容管理义务与网络服务提供者的刑事责任"，载《法学评论》2016 年第 3 期。

[70] 万春等："《关于办理刑事案件收集提取和审查判断电子数据若干问题的规定》理解与适用"，载《人民检察》2017 年第 1 期。

[71] 万毅、纵博："论刑事诉讼中的抽样取证"，载《江苏行政学院学报》2014 年第 4 期。

[72] 汪海燕："印证：经验法则、证据规则与证明模式"，载《当代法学》2018 年第 4 期。

[73] 王丹娜："网络犯罪治理：虚拟与现实的博弈"，载《中国信息安全》2018 年第 6 期。

[74] 王浩："网络语境下侵财犯罪的演变、异化与趋势分析"，载《犯罪研究》2018 年第 5 期。

[75] 王晶晶："英国标准协会（BSI）发布了新的电子信息证据效力和法律可采性的英国标准"，载《中国标准化》2009 年第 3 期。

[76] 王婧："刑事审判中电子证据的量化采信——以京津冀三地刑事裁判文书为样本"，载《天津法学》2019 年第 1 期。

[77] 王立华："鉴定结论、勘验、检查笔录的独立性"，载《中国刑事法杂志》2000 年第 2 期。

[78] 王祺国、王晓霞、周迪："网络犯罪中的印证证明"，载《人民检察》2018年第3期。

[79] 王燃："大数据时代个人信息保护视野下的电子取证以网络平台为视角"，载《山东警察学院学报》2015年第5期。

[80] 王熠珏："我国网络犯罪治理的回溯与反思"，载《石河子大学学报（哲学社会科学版）》2019年第1期。

[81] 王志刚："从'快播案'看当前电子数据运用困境"，载《法治研究》2016年第4期。

[82] 王志刚："论补强证据规则在网络犯罪证明体系中的构建——以被追诉人身份认定为中心"，载《河北法学》2015年第11期。

[83] 王志刚："论电子数据提取笔录的属性与适用"，载《证据科学》2014年第6期。

[84] 吴丹红、黄世元："传闻证据规则研究"，载《国家检察官学院学报》2004年第1期。

[85] 吴沈括、陈柄臣、甄妮："欧盟《电子证据条例》（草案）研析"，载《网信军民融合》2018年第12期。

[86] 徐伟、翁小平、王馨仝："跨境电子取证：谨慎的立法与冲动的司法——兼谈对数据主权的影响"，载《信息安全与通信保密》2020年第7期。

[87] 许可："数据主权视野中的CLOUD法案"，载《中国信息安全》2018年第4期。

[88] 邢永杰、张杨杨："刑事诉讼中电子数据真实性审查'三步法则'"，载《中国人民公安大学学报（社会科学版）》2019年第4期。

[89] 叶媛博："论多元化跨境电子取证制度的构建"，载《中国人民公安大学学报（社会科学版）》2020年第4期。

[90] 于冲："网络犯罪帮助行为正犯化的规范解读与理论省思"，载《中国刑事法杂志》2017年第1期。

[91] 喻海松："《关于办理网络犯罪案件适用刑事诉讼程序若干问题的意见》的理解与适用"，载《人民司法》2014年第17期。

[92] 张保生、满运龙、龙卫球："美国证据法的价值基础——以《联邦证据规则》为例的分析"，载《中国政法大学学报》2009年第6期。

[93] 张立军："网络犯罪案件的侦办体会"，载《中国刑事警察》2018年第4期。

[94] 张明楷："论帮助信息网络犯罪活动罪"，载《政治与法律》2016年第2期。

[95] 张平寿："刑事司法中的犯罪数额概括化认定研究"，载《政治与法律》2018年第9期。

[96] 张铁军:“帮助信息网络犯罪活动罪的若干司法适用难题疏解”，载《中国刑事法杂志》2017 年第 6 期。

[97] 张文芳:“刑事诉讼中专家辅助人制度的解析与完善”，载《政法学刊》2019 年第 3 期。

[98] 张溪瑨:“刑事印证证明模式之反思与重塑”，载《人民检察》2018 年第 3 期。

[99] 赵辉:“我国网络犯罪的发展趋势与对策”，载《学术探索》2005 第 2 期。

[100] 赵杰:“司法鉴定意见科学可靠性审查”，载《证据科学》2018 年第 3 期。

[101] 赵楠婷:“非接触性犯罪的发展趋势与治理对策研究”，载《上海公安学院学报》2019 年第 3 期。

[102] 周洪波:“实质证据与辅助证据”，载《法商研究》2011 年第 3 期。

[103] 周新:“刑事案件电子证据的审查采信”，载《广东社会科学》2019 年第 6 期。

[104] 朱怀宏、黄彬:“电信网络诈骗新型违法犯罪侦防的思考——以椒江‘4·10’特大网络兼职招聘诈骗案件的侦破为例”，载《公安学刊（浙江警察学院学报）》2018 年第 4 期。

[105] 朱玉玲:“笔录类证据及其相关问题——以刑事诉讼为视角”，载《广西社会科学》2008 年第 12 期。

[106] 左卫民:“‘印证’证明模式反思与重塑:基于中国刑事错案的反思”，载《中国法学》2016 年第 1 期。

二、外文类

（一）专著

[1] Daniel K. Gelb, Defending a Criminal Case from the Ground to the Cloud. 27 Crim. Just, 2012.

[2] Kenneth S. Cohen, Expert Witnessing and Scientific Testimony: Surviving in the Courtroom, Talor & Francis Group LLC , 2008.

[3] Peter A. Joy, Kevin C. McMunigal, Deceit in Defense Investigations. 25 Crim. Just, 2010.

[4] Rachel S. Martin, Watch What You Type: as the FBI Records Your Keystrokes, The Fourth Amendment Develops Carpal Tunnel Syndrome. 40 am. Crim. L. Rev. 2003.

[5] Russell G. Smith, Peter Grabosky & Gregor Urbas, Cyber Criminalson Trial, Cambridge University Press, 2004.

（二）论文

[1] A. Valjarevic, H. S. Venter, "Hamonised Digital Forensic Investigation Process Model", Proceedings of the "Information Security for South Africa (ISSA) ", IEEE, 2012.

[2] Ashley Deeks, "Intelligence Communities, Peer Constraints, and the Law", Harvard National Security Journal, (2015).

[3] Clifford May, "Computer-basedEvidence", Computer Law & Security Report, vol. 16 no. 3 (2000).

[4] Daniel K. Gelb, "Defending a Criminal Case from the Ground to the Cloud", 27 Crim. Just, 28 (2012).

[5] David A. Ginkowski, "The Plain View Doctrine and Computer Searches", 19-WTR Crim. Just, 14 (2005).

[6] David A. Schlueter, "Technology-Related Rules", 19-WTR Crim. Just 14 (2005).

[7] David A. Schlueter, "Technology-Related Rules", 24-FALL Crim. Just 72 (2009).

[8] David H. Angeli, "The Plain View Doctrine and Computer Searches", 34-AUG Champion 18 (2010).

[9] Earl J. Silbert, Brian S. Chilton, "Technology's Potential Erosion of the Fourth Amendment", 25-SPG Crim. Just. 4 (2010).

[10] Edward J. Imwinkelried, "Idtification of Original, Real Evidence", 61 Mil. L. Rev. 145 (1973).

[11] Edward J. Imwinkelried, "Idtification of Original, Real Evidence", 61 Mil. L. Rev. 145 (1973).

[12] Erin Kenneally, "Confluence of Digital Evidence and the Law, On the Forensic Soundness of Live-Remote Digital Evidence Collection", 5 UCLA Journal of Law and Technology (2005).

[13] Fred Galves, Christine Galves, "Ensuring the Admissibility of Electronic Forensic Evidence and Enhancing Its Probative Value at rial", 19-SPG Crim. Just. 37, (2004).

[14] James Adam, "Suppressing Evidence Gained by Government Surveillanc of Computers", 19-SPG Crim. Just. 46 (2004).

[15] Orin S. Kerr, "Searches and Seizures in a Digital World", 119 Harv. L. Rev. 531 (2005).

[16] Paul C. Giannelli, "Chain of Custody and the Handling of Real Evidence", 20 Am. Crim.

L. Rev. 527 (1982-1983).

[17] Peter A. Joy, Kevin C. McMunigal, "Deceit in Defense Investigations", 25 Crim. Just. 36 (2010).

[18] Rachel S. Martin, "Watch What You Type: as the FBI Records Your Keystrokes, the Fourth Amendment Develops Carpal Tunnel Syndrome", Criminal Investigation , 40 am. Crim. L. Rev, 1271 (2003).

[19] Redford M, "U. S. and EU Legislation on Cybercrime", Intelligence and Security Informatics Conference (EISIC), (2011).

[20] Richard A. Ginkowski, "Getting to Know and Love Electronic Evidence", 19-WTR Crim. Just, 14. (2005).

[21] Richard H. Angeli, "Getting To Know and Love Electronic Evidence", 34-AUG Champion 18 (2010).

[22] Shalaginov, A. J. W. Johnsen & K. Franke, "Cyber Crime Investigations in the Era of Big Data", 2017 IEEE International Conference on Big Data (BIGDATA), (2017).

附　录　相关制度规定摘编

按语：

随着我国对网络犯罪治理力度的不断加大，相关立法及司法解释等不断完善和跟进。通过梳理可发现，我国在网络犯罪案件证据与证明方面的制度规定呈现出以下几个特点：一是内容更迭较快。相关制度规定集中出现于2010年之后，且相关制度规定伴随着信息技术的发展及网络犯罪手段的演化而高频更新，逐渐走向细致化、体系化。二是以电子数据应用规则为核心展开。从网络犯罪案件的证据规则体系看，电子数据居于核心地位，对于电子数据的提取、保存、流转、审查、质证及认定是现行规则体系的主要内容。三是位阶多层、分布零散。我国在本领域的现行制度规则涵盖法律、司法解释、部门规章以及“地方性办案指引”等多位阶，且分布较为零散。在法律层面除了刑事诉讼法外，电子签名法、网络安全法等相关法律也作出了网络犯罪案件办理中证据适用的参照性规定；在司法解释层面，相关制度规定较为集中，而且更新速度较快；在部门规章层面，则主要体现为公安部在电子数据取证方面的规定；除此之外，“地方性办案指引”中也作出了具体性规定，如《浙江省关于办理电信网络诈骗犯罪案件若干问题的解答》《甘肃省办理电信网络诈骗犯罪案件指导意见》等。

为了便于读者系统性地了解我国当前在本领域的立法情况以及与前文所提观点对照，本书以附录形式对我国现行法律、司法解释及部门规章中有关网络犯罪案件证据与证明的规定以由近及远的排序方式进行了梳理摘录，特此说明。

第一部分　法律类

一 《中华人民共和国电子签名法》

（颁布日期：2019年4月23日）

第一条　为了规范电子签名行为，确立电子签名的法律效力，维护有关各方的合法权益，制定本法。

第二条　本法所称电子签名，是指数据电文中以电子形式所含、所附用于识别签名人身份并表明签名人认可其中内容的数据。

本法所称数据电文，是指以电子、光学、磁或者类似手段生成、发送、接收或者储存的信息。

第三条　民事活动中的合同或者其他文件、单证等文书，当事人可以约定使用或者不使用电子签名、数据电文。

当事人约定使用电子签名、数据电文的文书，不得仅因为其采用电子签名、数据电文的形式而否定其法律效力。

前款规定不适用下列文书：

（一）涉及婚姻、收养、继承等人身关系的；

（二）涉及停止供水、供热、供气等公用事业服务的；

（三）法律、行政法规规定的不适用电子文书的其他情形。

第四条　能够有形地表现所载内容，并可以随时调取查用的数据电文，视为符合法律、法规要求的书面形式。

第五条　符合下列条件的数据电文，视为满足法律、法规规定的原件形式要求：

（一）能够有效地表现所载内容并可供随时调取查用；

（二）能够可靠地保证自最终形成时起，内容保持完整、未被更改。但是，在数据电文上增加背书以及数据交换、储存和显示过程中发生的形式变化不影响数据电文的完整性。

第六条　符合下列条件的数据电文，视为满足法律、法规规定的文件保存要求：

（一）能够有效地表现所载内容并可供随时调取查用；

（二）数据电文的格式与其生成、发送或者接收时的格式相同，或者格式不相同但是能够准确表现原来生成、发送或者接收的内容；

（三）能够识别数据电文的发件人、收件人以及发送、接收的时间。

第七条　数据电文不得仅因为其是以电子、光学、磁或者类似手段生成、发送、接收或者储存的而被拒绝作为证据使用。

第八条　审查数据电文作为证据的真实性，应当考虑以下因素：

（一）生成、储存或者传递数据电文方法的可靠性；

（二）保持内容完整性方法的可靠性；

（三）用以鉴别发件人方法的可靠性；

（四）其他相关因素。

第九条　数据电文有下列情形之一的，视为发件人发送：

（一）经发件人授权发送的；

（二）发件人的信息系统自动发送的；

（三）收件人按照发件人认可的方法对数据电文进行验证后结果相符的。

当事人对前款规定的事项另有约定的，从其约定。

第十条　法律、行政法规规定或者当事人约定数据电文需要确认收讫的，应当确认收讫。发件人收到收件人的收讫确认时，数据电文视为已经收到。

第十一条　数据电文进入发件人控制之外的某个信息系统的时间，视为该数据电文的发送时间。

收件人指定特定系统接收数据电文的，数据电文进入该特定系统的时间，视为该数据电文的接收时间；未指定特定系统的，数据电文进入收件人的任何系统的首次时间，视为该数据电文的接收时间。

当事人对数据电文的发送时间、接收时间另有约定的，从其约定。

第十二条　发件人的主营业地为数据电文的发送地点，收件人的主营业地为数据电文的接收地点。没有主营业地的，其经常居住地为发送或者接收地点。

当事人对数据电文的发送地点、接收地点另有约定的，从其约定。

第十三条 电子签名同时符合下列条件的，视为可靠的电子签名：

（一）电子签名制作数据用于电子签名时，属于电子签名人专有；

（二）签署时电子签名制作数据仅由电子签名人控制；

（三）签署后对电子签名的任何改动能够被发现；

（四）签署后对数据电文内容和形式的任何改动能够被发现。

当事人也可以选择使用符合其约定的可靠条件的电子签名。

第十四条 可靠的电子签名与手写签名或者盖章具有同等的法律效力。

第十五条 电子签名人应当妥善保管电子签名制作数据。电子签名人知悉电子签名制作数据已经失密或者可能已经失密时，应当及时告知有关各方，并终止使用该电子签名制作数据。

第十六条 电子签名需要第三方认证的，由依法设立的电子认证服务提供者提供认证服务。

第十七条 提供电子认证服务，应当具备下列条件：

（一）取得企业法人资格；

（二）具有与提供电子认证服务相适应的专业技术人员和管理人员；

（三）具有与提供电子认证服务相适应的资金和经营场所；

（四）具有符合国家安全标准的技术和设备；

（五）具有国家密码管理机构同意使用密码的证明文件；

（六）法律、行政法规规定的其他条件。

第十八条 从事电子认证服务，应当向国务院信息产业主管部门提出申请，并提交符合本法第十七条规定条件的相关材料。国务院信息产业主管部门接到申请后经依法审查，征求国务院商务主管部门等有关部门的意见后，自接到申请之日起四十五日内作出许可或者不予许可的决定。予以许可的，颁发电子认证许可证书；不予许可的，应当书面通知申请人并告知理由。

取得认证资格的电子认证服务提供者，应当按照国务院信息产业主管部门的规定在互联网上公布其名称、许可证号等信息。

第十九条　电子认证服务提供者应当制定、公布符合国家有关规定的电子认证业务规则，并向国务院信息产业主管部门备案。

电子认证业务规则应当包括责任范围、作业操作规范、信息安全保障措施等事项。

第二十条　电子签名人向电子认证服务提供者申请电子签名认证证书，应当提供真实、完整和准确的信息。

电子认证服务提供者收到电子签名认证证书申请后，应当对申请人的身份进行查验，并对有关材料进行审查。

第二十一条　电子认证服务提供者签发的电子签名认证证书应当准确无误，并应当载明下列内容：

（一）电子认证服务提供者名称；

（二）证书持有人名称；

（三）证书序列号；

（四）证书有效期；

（五）证书持有人的电子签名验证数据；

（六）电子认证服务提供者的电子签名；

（七）国务院信息产业主管部门规定的其他内容。

第二十二条　电子认证服务提供者应当保证电子签名认证证书内容在有效期内完整、准确，并保证电子签名依赖方能够证实或者了解电子签名认证证书所载内容及其他有关事项。

第二十三条　电子认证服务提供者拟暂停或者终止电子认证服务的，应当在暂停或者终止服务九十日前，就业务承接及其他有关事项通知有关各方。

电子认证服务提供者拟暂停或者终止电子认证服务的，应当在暂停或者终止服务六十日前向国务院信息产业主管部门报告，并与其他电子认证服务提供者就业务承接进行协商，作出妥善安排。

电子认证服务提供者未能就业务承接事项与其他电子认证服务提供者达成协议的，应当申请国务院信息产业主管部门安排其他电子认证服务提供者承接其业务。

电子认证服务提供者被依法吊销电子认证许可证书的，其业务承接事项的处理按照国务院信息产业主管部门的规定执行。

第二十四条 电子认证服务提供者应当妥善保存与认证相关的信息，信息保存期限至少为电子签名认证证书失效后五年。

第二十五条 国务院信息产业主管部门依照本法制定电子认证服务业的具体管理办法，对电子认证服务提供者依法实施监督管理。

第二十六条 经国务院信息产业主管部门根据有关协议或者对等原则核准后，中华人民共和国境外的电子认证服务提供者在境外签发的电子签名认证证书与依照本法设立的电子认证服务提供者签发的电子签名认证证书具有同等的法律效力。

第二十七条 电子签名人知悉电子签名制作数据已经失密或者可能已经失密未及时告知有关各方、并终止使用电子签名制作数据，未向电子认证服务提供者提供真实、完整和准确的信息，或者有其他过错，给电子签名依赖方、电子认证服务提供者造成损失的，承担赔偿责任。

第二十八条 电子签名人或者电子签名依赖方因依据电子认证服务提供者提供的电子签名认证服务从事民事活动遭受损失，电子认证服务提供者不能证明自己无过错的，承担赔偿责任。

第二十九条 未经许可提供电子认证服务的，由国务院信息产业主管部门责令停止违法行为；有违法所得的，没收违法所得；违法所得三十万元以上的，处违法所得一倍以上三倍以下的罚款；没有违法所得或者违法所得不足三十万元的，处十万元以上三十万元以下的罚款。

第三十条 电子认证服务提供者暂停或者终止电子认证服务，未在暂停或者终止服务六十日前向国务院信息产业主管部门报告的，由国务院信息产业主管部门对其直接负责的主管人员处一万元以上五万元以下的罚款。

第三十一条 电子认证服务提供者不遵守认证业务规则、未妥善保存与认证相关的信息，或者有其他违法行为的，由国务院信息产业主管部门责令限期改正；逾期未改正的，吊销电子认证许可证书，其直接负责的主管人员和其他直接责任人员十年内不得从事电子认证服务。吊销电子认证许可证书的，应当予以公告并通知工商行政管理部门。

第三十二条　伪造、冒用、盗用他人的电子签名，构成犯罪的，依法追究刑事责任；给他人造成损失的，依法承担民事责任。

第三十三条　依照本法负责电子认证服务业监督管理工作的部门的工作人员，不依法履行行政许可、监督管理职责的，依法给予行政处分；构成犯罪的，依法追究刑事责任。

第三十四条　本法中下列用语的含义：

（一）电子签名人，是指持有电子签名制作数据并以本人身份或者以其所代表的人的名义实施电子签名的人；

（二）电子签名依赖方，是指基于对电子签名认证证书或者电子签名的信赖从事有关活动的人；

（三）电子签名认证证书，是指可证实电子签名人与电子签名制作数据有联系的数据电文或者其他电子记录；

（四）电子签名制作数据，是指在电子签名过程中使用的，将电子签名与电子签名人可靠地联系起来的字符、编码等数据；

（五）电子签名验证数据，是指用于验证电子签名的数据，包括代码、口令、算法或者公钥等。

第三十五条　国务院或者国务院规定的部门可以依据本法制定政务活动和其他社会活动中使用电子签名、数据电文的具体办法。

二 《中华人民共和国刑事诉讼法》

（颁布日期：2018 年 10 月 26 日）

第五十条　可以用于证明案件事实的材料，都是证据。

证据包括：

（一）物证；

（二）书证；

（三）证人证言；

（四）被害人陈述；

（五）犯罪嫌疑人、被告人供述和辩解；

（六）鉴定意见；

（七）勘验、检查、辨认、侦查实验等笔录；

（八）视听资料、电子数据。

证据必须经过查证属实，才能作为定案的根据。

第五十四条 人民法院、人民检察院和公安机关有权向有关单位和个人收集、调取证据。有关单位和个人应当如实提供证据。

行政机关在行政执法和查办案件过程中收集的物证、书证、视听资料、电子数据等证据材料，在刑事诉讼中可以作为证据使用。

对涉及国家秘密、商业秘密、个人隐私的证据，应当保密。

凡是伪造证据、隐匿证据或者毁灭证据的，无论属于何方，必须受法律追究。

三 《中华人民共和国国际刑事司法协助法》

（颁布/施行日期：2018 年 10 月 26 日）

第二十五条 办案机关需要外国就下列事项协助调查取证的，应当制作刑事司法协助请求书并附相关材料，经所属主管机关审核同意后，由对外联系机关及时向外国提出请求：

（一）查找、辨认有关人员；

（二）查询、核实涉案财物、金融账户信息；

（三）获取并提供有关人员的证言或者陈述；

（四）获取并提供有关文件、记录、电子数据和物品；

（五）获取并提供鉴定意见；

（六）勘验或者检查场所、物品、人身、尸体；

（七）搜查人身、物品、住所和其他有关场所；

（八）其他事项。

请求外国协助调查取证时，办案机关可以同时请求在执行请求时派员到场。

第二十六条 向外国请求调查取证的，请求书及所附材料应当根据需要载明下列事项：

（一）被调查人的姓名、性别、住址、身份信息、联系方式和有助于确认被调查人的其他资料；

（二）需要向被调查人提问的问题；

（三）需要查找、辨认人员的姓名、性别、住址、身份信息、联系方式、外表和行为特征以及有助于查找、辨认的其他资料；

（四）需要查询、核实的涉案财物的权属、地点、特性、外形和数量等具体信息，需要查询、核实的金融账户相关信息；

（五）需要获取的有关文件、记录、电子数据和物品的持有人、地点、特性、外形和数量等具体信息；

（六）需要鉴定的对象的具体信息；

（七）需要勘验或者检查的场所、物品等的具体信息；

（八）需要搜查的对象的具体信息；

（九）有助于执行请求的其他材料。

四　《中华人民共和国监察法》

（颁布/施行日期：2018 年 3 月 20 日）

第二十五条　监察机关在调查过程中，可以调取、查封、扣押用以证明被调查人涉嫌违法犯罪的财物、文件和电子数据等信息。采取调取、查封、扣押措施，应当收集原物原件，会同持有人或者保管人、见证人，当面逐一拍照、登记、编号，开列清单，由在场人员当场核对、签名，并将清单副本交财物、文件的持有人或者保管人。

对调取、查封、扣押的财物、文件，监察机关应当设立专用账户、专门场所，确定专门人员妥善保管，严格履行交接、调取手续，定期对账核实，不得毁损或者用于其他目的。对价值不明物品应当及时鉴定，专门封存保管。

查封、扣押的财物、文件经查明与案件无关的，应当在查明后三日内解除查封、扣押，予以退还。

第三十三条　监察机关依照本法规定收集的物证、书证、证人证言、被调查人供述和辩解、视听资料、电子数据等证据材料，在刑事诉讼中可以作为证据使用。

五《中华人民共和国网络安全法》

(施行日期：2017年6月1日)

第十条 建设、运营网络或者通过网络提供服务，应当依照法律、行政法规的规定和国家标准的强制性要求，采取技术措施和其他必要措施，保障网络安全、稳定运行，有效应对网络安全事件，防范网络违法犯罪活动，维护网络数据的完整性、保密性和可用性。

第十八条 国家鼓励开发网络数据安全保护和利用技术，促进公共数据资源开放，推动技术创新和经济社会发展。

第二十一条 国家实行网络安全等级保护制度。网络运营者应当按照网络安全等级保护制度的要求，履行下列安全保护义务，保障网络免受干扰、破坏或者未经授权的访问，防止网络数据泄露或者被窃取、篡改：

(一) 制定内部安全管理制度和操作规程，确定网络安全负责人，落实网络安全保护责任；

(二) 采取防范计算机病毒和网络攻击、网络侵入等危害网络安全行为的技术措施；

(三) 采取监测、记录网络运行状态、网络安全事件的技术措施，并按照规定留存相关的网络日志不少于六个月；

(四) 采取数据分类、重要数据备份和加密等措施；

(五) 法律、行政法规规定的其他义务。

第二十七条 任何个人和组织不得从事非法侵入他人网络、干扰他人网络正常功能、窃取网络数据等危害网络安全的活动；不得提供专门用于从事侵入网络、干扰网络正常功能及防护措施、窃取网络数据等危害网络安全活动的程序、工具；明知他人从事危害网络安全的活动的，不得为其提供技术支持、广告推广、支付结算等帮助。

第六十六条 关键信息基础设施的运营者违反本法第三十七条规定，在境外存储网络数据，或者向境外提供网络数据的，由有关主管部门责令改正，给予警告，没收违法所得，处五万元以上五十万元以下罚款，并可以责令暂停相关业务、停业整顿、关闭网站、吊销相关业务许可证或者吊销营业执照；对直接负责的主管人员和其他直接责任人员处一万元以上十万元以下罚款。

第七十六条 第四款本法下列用语的含义：

（四）网络数据，是指通过网络收集、存储、传输、处理和产生的各种电子数据。

第二部分 司法解释类

一 《最高人民法院关于适用〈中华人民共和国刑事诉讼法〉的解释》

（施行日期：2021 年 3 月 1 日）

第五十三条 辩护律师可以查阅、摘抄、复制案卷材料。其他辩护人经人民法院许可，也可以查阅、摘抄、复制案卷材料。合议庭、审判委员会的讨论记录以及其他依法不公开的材料不得查阅、摘抄、复制。

辩护人查阅、摘抄、复制案卷材料的，人民法院应当提供便利，并保证必要的时间。

值班律师查阅案卷材料的，适用前两款规定。

复制案卷材料可以采用复印、拍照、扫描、电子数据拷贝等方式。

第七十五条 行政机关在行政执法和查办案件过程中收集的物证、书证、视听资料、电子数据等证据材料，经法庭查证属实，且收集程序符合有关法律、行政法规规定的，可以作为定案的根据。

根据法律、行政法规规定行使国家行政管理职权的组织，在行政执法和查办案件过程中收集的证据材料，视为行政机关收集的证据材料。

第一百一十条 对电子数据是否真实，应当着重审查以下内容：

（一）是否移送原始存储介质；在原始存储介质无法封存、不便移动时，有无说明原因，并注明收集、提取过程及原始存储介质的存放地点或者电子数据的来源等情况；

（二）是否具有数字签名、数字证书等特殊标识；

（三）收集、提取的过程是否可以重现；

（四）如有增加、删除、修改等情形的，是否附有说明；

（五）完整性是否可以保证。

第一百一十一条 对电子数据是否完整，应当根据保护电子数据完整性的相应方法进行审查、验证：

（一）审查原始存储介质的扣押、封存状态；

（二）审查电子数据的收集、提取过程，查看录像；

（三）比对电子数据完整性校验值；

（四）与备份的电子数据进行比较；

（五）审查冻结后的访问操作日志；

（六）其他方法。

第一百一十二条 对收集、提取电子数据是否合法，应当着重审查以下内容：

（一）收集、提取电子数据是否由二名以上调查人员、侦查人员进行，取证方法是否符合相关技术标准；

（二）收集、提取电子数据，是否附有笔录、清单，并经调查人员、侦查人员、电子数据持有人、提供人、见证人签名或者盖章；没有签名或者盖章的，是否注明原因；对电子数据的类别、文件格式等是否注明清楚；

（三）是否依照有关规定由符合条件的人员担任见证人，是否对相关活动进行录像；

（四）采用技术调查、侦查措施收集、提取电子数据的，是否依法经过严格的批准手续；

（五）进行电子数据检查的，检查程序是否符合有关规定。

第一百一十三条 电子数据的收集、提取程序有下列瑕疵，经补正或者作出合理解释的，可以采用；不能补正或者作出合理解释的，不得作为定案的根据：

（一）未以封存状态移送的；

（二）笔录或者清单上没有调查人员或者侦查人员、电子数据持有人、提供人、见证人签名或者盖章的；

（三）对电子数据的名称、类别、格式等注明不清的；

（四）有其他瑕疵的。

第一百一十四条　电子数据具有下列情形之一的，不得作为定案的根据：

（一）系篡改、伪造或者无法确定真伪的；

（二）有增加、删除、修改等情形，影响电子数据真实性的；

（三）其他无法保证电子数据真实性的情形。

第一百一十五条　对视听资料、电子数据，还应当审查是否移送文字抄清材料以及对绰号、暗语、俗语、方言等不易理解内容的说明。未移送的，必要时，可以要求人民检察院移送。

第一百一十八条　移送技术调查、侦查证据材料的，应当附采取技术调查、侦查措施的法律文书、技术调查、侦查证据材料清单和有关说明材料。

移送采用技术调查、侦查措施收集的视听资料、电子数据的，应当制作新的存储介质，并附制作说明，写明原始证据材料、原始存储介质的存放地点等信息，由制作人签名，并加盖单位印章。

二 《人民检察院办理网络犯罪案件规定》

（颁布/施行日期：2021 年 1 月 22 日）

第七条　人民检察院办理网络犯罪案件应当加强对电子数据收集、提取、保全、固定等的审查，充分运用同一电子数据往往具有的多元关联证明作用，综合运用电子数据与其他证据，准确认定案件事实。

第十一条　人民检察院办理网络犯罪案件应当重点围绕主体身份同一性、技术手段违法性、上下游行为关联性等方面全面审查案件事实和证据，注重电子数据与其他证据之间的相互印证，构建完整的证据体系。

第十三条　人民检察院可以通过以下方式了解案件办理情况：

（一）查阅案件材料；

（二）参加公安机关对案件的讨论；

（三）了解讯（询）问犯罪嫌疑人、被害人、证人的情况；

（四）了解、参与电子数据的收集、提取；

（五）其他方式。

第十五条 人民检察院可以根据案件侦查情况，向公安机关提出以下取证意见：

（一）能够扣押、封存原始存储介质的，及时扣押、封存；

（二）扣押可联网设备时，及时采取信号屏蔽、信号阻断或者切断电源等方式，防止电子数据被远程破坏；

（三）及时提取账户密码及相应数据，如电子设备、网络账户、应用软件等的账户密码，以及存储于其中的聊天记录、电子邮件、交易记录等；

（四）及时提取动态数据，如内存数据、缓存数据、网络连接数据等；

（五）及时提取依赖于特定网络环境的数据，如点对点网络传输数据、虚拟专线网络中的数据等；

（六）及时提取书证、物证等客观证据，注意与电子数据相互印证。

第十七条 认定网络犯罪的犯罪嫌疑人，应当结合全案证据，围绕犯罪嫌疑人与原始存储介质、电子数据的关联性、犯罪嫌疑人网络身份与现实身份的同一性，注重审查以下内容：

（一）扣押、封存的原始存储介质是否为犯罪嫌疑人所有、持有或者使用；

（二）社交、支付结算、网络游戏、电子商务、物流等平台的账户信息、身份认证信息、数字签名、生物识别信息等是否与犯罪嫌疑人身份关联；

（三）通话记录、短信、聊天信息、文档、图片、语音、视频等文件内容是否能够反映犯罪嫌疑人的身份；

（四）域名、IP 地址、终端 MAC 地址、通信基站信息等是否能够反映电子设备为犯罪嫌疑人所使用；

（五）其他能够反映犯罪嫌疑人主体身份的内容。

第二十一条　人民检察院办理网络犯罪案件，确因客观条件限制无法逐一收集相关言词证据的，可以根据记录被害人人数、被侵害的计算机信息系统数量、涉案资金数额等犯罪事实的电子数据、书证等证据材料，在审查被告人及其辩护人所提辩解、辩护意见的基础上，综合全案证据材料，对相关犯罪事实作出认定。

第二十三条　对鉴定意见、电子数据等技术性证据材料，需要进行专门审查的，应当指派检察技术人员或者聘请其他有专门知识的人进行审查并提出意见。

第二十四条　人民检察院在审查起诉过程中，具有下列情形之一的，可以依法自行侦查：

（一）公安机关未能收集的证据，特别是存在灭失、增加、删除、修改风险的电子数据，需要及时收集和固定的；

（二）经退回补充侦查未达到补充侦查要求的；

（三）其他需要自行侦查的情形。

第二十七条　电子数据是以数字化形式存储、处理、传输的，能够证明案件事实的数据，主要包括以下形式：

（一）网页、社交平台、论坛等网络平台发布的信息；

（二）手机短信、电子邮件、即时通信、通讯群组等网络通讯信息；

（三）用户注册信息、身份认证信息、数字签名、生物识别信息等用户身份信息；

（四）电子交易记录、通信记录、浏览记录、操作记录、程序安装、运行、删除记录等用户行为信息；

（五）恶意程序、工具软件、网站源代码、运行脚本等行为工具信息；

（六）系统日志、应用程序日志、安全日志、数据库日志等系统运行信息；

（七）文档、图片、音频、视频、数字证书、数据库文件等电子文件及其创建时间、访问时间、修改时间、大小等文件附属信息。

第二十八条　电子数据取证主要包括以下方式：收集、提取电子数据；电子数据检查和侦查实验；电子数据检验和鉴定。

收集、提取电子数据可以采取以下方式：

（一）扣押、封存原始存储介质；

（二）现场提取电子数据；

（三）在线提取电子数据；

（四）冻结电子数据；

（五）调取电子数据。

第二十九条 人民检察院办理网络犯罪案件，应当围绕客观性、合法性、关联性的要求对电子数据进行全面审查。注重审查电子数据与案件事实之间的多元关联，加强综合分析，充分发挥电子数据的证明作用。

第三十条 对电子数据是否客观、真实，注重审查以下内容：

（一）是否移送原始存储介质，在原始存储介质无法封存、不便移动时，是否说明原因，并注明相关情况；

（二）电子数据是否有数字签名、数字证书等特殊标识；

（三）电子数据的收集、提取过程及结果是否可以重现；

（四）电子数据有增加、删除、修改等情形的，是否附有说明；

（五）电子数据的完整性是否可以保证。

第三十一条 对电子数据是否完整，注重审查以下内容：

（一）原始存储介质的扣押、封存状态是否完好；

（二）比对电子数据完整性校验值是否发生变化；

（三）电子数据的原件与备份是否相同；

（四）冻结后的电子数据是否生成新的操作日志。

第三十二条 对电子数据的合法性，注重审查以下内容：

（一）电子数据的收集、提取、保管的方法和过程是否规范；

（二）查询、勘验、扣押、调取、冻结等的法律手续是否齐全；

（三）勘验笔录、搜查笔录、提取笔录等取证记录是否完备；

（四）是否由符合法律规定的取证人员、见证人、持有人（提供人）等参与，因客观原因没有见证人、持有人（提供人）签名或者盖章的，是否说明原因；

（五）是否按照有关规定进行同步录音录像；

（六）对于收集、提取的境外电子数据是否符合国（区）际司法协作及相关法律规定的要求。

第三十三条 对电子数据的关联性，注重审查以下内容：

（一）电子数据与案件事实之间的关联性；

（二）电子数据及其存储介质与案件当事人之间的关联性。

第三十四条 原始存储介质被扣押封存的，注重从以下方面审查扣押封存过程是否规范：

（一）是否记录原始存储介质的品牌、型号、容量、序列号、识别码、用户标识等外观信息，是否与实物一一对应；

（二）是否封存或者计算完整性校验值，封存前后是否拍摄被封存原始存储介质的照片，照片是否清晰反映封口或者张贴封条处的状况；

（三）是否由取证人员、见证人、持有人（提供人）签名或者盖章。

第三十五条 对原始存储介质制作数据镜像予以提取固定的，注重审查以下内容：

（一）是否记录原始存储介质的品牌、型号、容量、序列号、识别码、用户标识等外观信息，是否记录原始存储介质的存放位置、使用人、保管人；

（二）是否附有制作数据镜像的工具、方法、过程等必要信息；

（三）是否计算完整性校验值；

（四）是否由取证人员、见证人、持有人（提供人）签名或者盖章。

第三十六条 提取原始存储介质中的数据内容并予以固定的，注重审查以下内容：

（一）是否记录原始存储介质的品牌、型号、容量、序列号、识别码、用户标识等外观信息，是否记录原始存储介质的存放位置、使用人、保管人；

（二）所提取数据内容的原始存储路径，提取的工具、方法、过程等信息，是否一并提取相关的附属信息、关联痕迹、系统环境等信息；

（三）是否计算完整性校验值；

（四）是否由取证人员、见证人、持有人（提供人）签名或者盖章。

第三十七条 对于在线提取的电子数据，注重审查以下内容：

（一）是否记录反映电子数据来源的网络地址、存储路径或者数据提取时的进入步骤等；

（二）是否记录远程计算机信息系统的访问方式、电子数据的提取日期和时间、提取的工具、方法等信息，是否一并提取相关的附属信息、关联痕迹、系统环境等信息；

（三）是否计算完整性校验值；

（四）是否由取证人员、见证人、持有人（提供人）签名或者盖章。

对可能无法重复提取或者可能出现变化的电子数据，是否随案移送反映提取过程的拍照、录像、截屏等材料。

第三十八条 对冻结的电子数据，注重审查以下内容：

（一）冻结手续是否符合规定；

（二）冻结的电子数据是否与案件事实相关；

（三）冻结期限是否即将到期、有无必要继续冻结或者解除；

（四）冻结期间电子数据是否被增加、删除、修改等。

第三十九条 对调取的电子数据，注重审查以下内容：

（一）调取证据通知书是否注明所调取的电子数据的相关信息；

（二）被调取单位、个人是否在通知书回执上签名或者盖章；

（三）被调取单位、个人拒绝签名、盖章的，是否予以说明；

（四）是否计算完整性校验值或者以其他方法保证电子数据的完整性。

第四十条 对电子数据进行检查、侦查实验，注重审查以下内容：

（一）是否记录检查过程、检查结果和其他需要记录的内容，并由检查人员签名或者盖章；

（二）是否记录侦查实验的条件、过程和结果，并由参加侦查实验的人员签名或者盖章；

（三）检查、侦查实验使用的电子设备、网络环境等是否与发案现场一致或者基本一致；

（四）是否使用拍照、录像、录音、通信数据采集等一种或者多种方式客观记录检查、侦查实验过程。

第四十一条 对电子数据进行检验、鉴定，注重审查以下内容：

（一）鉴定主体的合法性。包括审查司法鉴定机构、司法鉴定人员的资质，委托鉴定事项是否符合司法鉴定机构的业务范围，鉴定人员是否存在回避等情形；

（二）鉴定材料的客观性。包括鉴定材料是否真实、完整、充分，取得方式是否合法，是否与原始电子数据一致；

（三）鉴定方法的科学性。包括鉴定方法是否符合国家标准、行业标准，方法标准的选用是否符合相关规定；

（四）鉴定意见的完整性。是否包含委托人、委托时间、检材信息、鉴定或者分析论证过程、鉴定结果以及鉴定人签名、日期等内容；

（五）鉴定意见与其他在案证据能否相互印证。

对于鉴定机构以外的机构出具的检验、检测报告，可以参照本条规定进行审查。

第四十二条 行政机关在行政执法和查办案件过程中依法收集、提取的电子数据，人民检察院经审查符合法定要求的，可以作为刑事案件的证据使用。

第四十三条 电子数据的收集、提取程序有下列瑕疵，经补正或者作出合理解释的，可以采用；不能补正或者作出合理解释的，不得作为定案的根据：

（一）未以封存状态移送的；

（二）笔录或者清单上没有取证人员、见证人、持有人（提供人）签名或者盖章的；

（三）对电子数据的名称、类别、格式等注明不清的；

（四）有其他瑕疵的。

第四十四条 电子数据系篡改、伪造、无法确定真伪的，或者有其他无法保证电子数据客观、真实情形的，不得作为定案的根据。

电子数据有增加、删除、修改等情形，但经司法鉴定、当事人确认等方式确定与案件相关的重要数据未发生变化，或者能够还原电子数据原始状态、查清变化过程的，可以作为定案的根据。

第四十五条　对于无法直接展示的电子数据，人民检察院可以要求公安机关提供电子数据的内容、存储位置、附属信息、功能作用等情况的说明，随案移送人民法院。

第四十六条　人民检察院依法提起公诉的网络犯罪案件，具有下列情形之一的，可以建议人民法院召开庭前会议：

（一）案情疑难复杂的；

（二）跨国（边）境、跨区域案件社会影响重大的；

（三）犯罪嫌疑人、被害人等人数众多、证据材料较多的；

（四）控辩双方对电子数据合法性存在较大争议的；

（五）案件涉及技术手段专业性强，需要控辩双方提前交换意见的；

（六）其他有必要召开庭前会议的情形。

必要时，人民检察院可以向法庭申请指派检察技术人员或者聘请其他有专门知识的人参加庭前会议。

第四十七条　人民法院开庭审理网络犯罪案件，公诉人出示证据可以借助多媒体示证、动态演示等方式进行。必要时，可以向法庭申请指派检察技术人员或者聘请其他有专门知识的人进行相关技术操作，并就专门性问题发表意见。

公诉人在出示电子数据时，应当从以下方面进行说明：

（一）电子数据的来源、形成过程；

（二）电子数据所反映的犯罪手段、人员关系、资金流向、行为轨迹等案件事实；

（三）电子数据与被告人供述、被害人陈述、证人证言、物证、书证等的相互印证情况；

（四）其他应当说明的内容。

第四十八条　在法庭审理过程中，被告人及其辩护人针对电子数据的客观性、合法性、关联性提出辩解或者辩护意见的，公诉人可以围绕争议点从证据来源是否合法，提取、复制、制作过程是否规范，内容是否真实完整，与案件事实有无关联等方面，有针对性地予以答辩。

第六十二条　本规定中下列用语的含义：

（三）完整性校验值，是指为防止电子数据被篡改或者破坏，使用散列算法等特定算法对电子数据进行计算，得出的用于校验数据完整性的数据值；

（四）数字签名，是指利用特定算法对电子数据进行计算，得出的用于验证电子数据来源和完整性的数据值；

（五）数字证书，是指包含数字签名并对电子数据来源、完整性进行认证的电子文件；

三《人民检察院刑事诉讼规则》

（颁布/施行日期：2019 年 12 月 30 日）

第六十四条　行政机关在行政执法和查办案件过程中收集的物证、书证、视听资料、电子数据等证据材料，经人民检察院审查符合法定要求的，可以作为证据使用。

行政机关在行政执法和查办案件过程中收集的鉴定意见、勘验、检查笔录，经人民检察院审查符合法定要求的，可以作为证据使用。

第六十五条　监察机关依照法律规定收集的物证、书证、证人证言、被调查人供述和辩解、视听资料、电子数据等证据材料，在刑事诉讼中可以作为证据使用。

第三百三十六条　人民检察院对物证、书证、视听资料、电子数据及勘验、检查、辨认、侦查实验等笔录存在疑问的，可以要求调查人员或者侦查人员提供获取、制作的有关情况，必要时也可以询问提供相关证据材料的人员和见证人并制作笔录附卷，对物证、书证、视听资料、电子数据进行鉴定。

第三百九十八条　公诉人在法庭上应当依法进行下列活动：

（一）宣读起诉书，代表国家指控犯罪，提请人民法院对被告人依法审判；

（二）讯问被告人；

（三）询问证人、被害人、鉴定人；

（四）申请法庭出示物证，宣读书证、未到庭证人的证言笔录、鉴定人的鉴定意见、勘验、检查、辨认、侦查实验等笔录和其他作为证据的文书，播放作为证据的视听资料、电子数据等；

（五）对证据采信、法律适用和案件情况发表意见，提出量刑建议及理由，针对被告人、辩护人的辩护意见进行答辩，全面阐述公诉意见；

（六）维护诉讼参与人的合法权利；

（七）对法庭审理案件有无违反法律规定诉讼程序的情况记明笔录；

（八）依法从事其他诉讼活动。

四 《最高人民法院关于互联网法院审理案件若干问题的规定》

（施行日期：2018年9月7日）

第九条 互联网法院组织在线证据交换的，当事人应当将在线电子数据上传、导入诉讼平台，或者将线下证据通过扫描、翻拍、转录等方式进行电子化处理后上传至诉讼平台进行举证，也可以运用已经导入诉讼平台的电子数据证明自己的主张。

第十一条 当事人对电子数据真实性提出异议的，互联网法院应当结合质证情况，审查判断电子数据生成、收集、存储、传输过程的真实性，并着重审查以下内容：

（一）电子数据生成、收集、存储、传输所依赖的计算机系统等硬件、软件环境是否安全、可靠；

（二）电子数据的生成主体和时间是否明确，表现内容是否清晰、客观、准确；

（三）电子数据的存储、保管介质是否明确，保管方式和手段是否妥当；

（四）电子数据提取和固定的主体、工具和方式是否可靠，提取过程是否可以重现；

（五）电子数据的内容是否存在增加、删除、修改及不完整等情形；

（六）电子数据是否可以通过特定形式得到验证。当事人提交的电子数据，通过电子签名、可信时间戳、哈希值校验、区块链等证据收集、固定和防篡改的技术手段或者通过电子取证存证平台认证，能够证明其真实性的，互联网法院应当确认。当事人可以申请具有专门知识的人就电子数据技术问题提出意见。互联网法院可以根据当事人申请或者依职权，委托鉴定电子数据的真实性或者调取其他相关证据进行核对。

五 《检察机办理电信网络诈骗案件指引》

（颁布日期：2018 年 11 月 9 日）

（六）电子数据的审查

1. 电子数据真实性的审查

（1）是否移送原始存储介质；在原始存储介质无法封存、不便移动时，有无说明原因，并注明收集、提取过程及原始存储介质的存放地点或者电子数据的来源等情况。

（2）电子数据是否具有数字签名、数字证书等特殊标识。

（3）电子数据的收集、提取过程是否可以重现。

（4）电子数据如有增加、删除、修改等情形的，是否附有说明。

（5）电子数据的完整性是否可以保证。

2. 电子数据合法性的审查

（1）收集、提取电子数据是否由二名以上侦查人员进行，取证方法是否符合相关技术标准。

（2）收集、提取电子数据，是否附有笔录、清单，并经侦查人员、电子数据持有人（提供人）、见证人签名或者盖章；没有持有人（提供人）签名或者盖章的，是否注明原因；对电子数据的类别、文件格式等是否注明清楚。

（3）是否依照有关规定由符合条件的人员担任见证人，是否对相关活动进行录像。

（4）电子数据检查是否将电子数据存储介质通过写保护设备接入到检查设备；有条件的，是否制作电子数据备份，并对备份进行检查；无法制作备份且无法使用写保护设备的，是否附有录像。

（5）通过技术侦查措施，利用远程计算机信息系统进行网络远程勘验收集到电子数据，作为证据使用的，是否随案移送批准采取技术侦查措施的法律文书和所收集的证据材料，是否对其来源等作出书面说明。

(6) 对电子数据作出鉴定意见的鉴定机构是否具有司法鉴定资质。

3. 电子数据的采信

(1) 经过公安机关补正或者作出合理解释可以采信的电子数据：未以封存状态移送的；笔录或者清单上没有侦查人员、电子数据持有人（提供人)、见证人签名或者盖章的；对电子数据的名称、类别、格式等注明不清的；有其他瑕疵的。

(2) 不能采信的电子数据：电子数据系篡改、伪造或者无法确定真伪的；电子数据有增加、删除、修改等情形，影响电子数据真实性的；其他无法保证电子数据真实性的情形。

六《最高人民检察院关于印发〈人民检察院办理死刑第二审案件和复核监督工作指引（试行）〉的通知》

(颁布/施行日期：2018 年 3 月 31 日)

第十五条 【对技术侦查措施收集证据的审查】侦查机关采取技术侦查措施收集的物证、书证、电子数据等证据材料没有移送，影响定罪量刑的，检察人员可以要求侦查机关将相关证据材料连同批准采取技侦措施的法律文书一并移送，必要时可以到侦查机关技术侦查部门核查原始证据。

七《人民法院办理刑事案件第一审普通程序法庭调查规程（试行）》

(施行日期：2018 年 1 月 1 日)

第三十三条 对于物证、书证、视听资料、电子数据等证据应当出示原物、原件。取得原物、原件确有困难的，可以出示照片、录像、副本、复制件等足以反映原物、原件外形和特征以及真实内容的材料，并说明理由。

对于鉴定意见和勘验、检查、辨认、侦查实验等笔录，应当出示原件。

八《最高人民检察院、公安部关于公安机关办理经济犯罪案件的若干规定》

（施行日期：2018年1月1日）

第三十六条 公安机关办理经济犯罪案件，应当遵守法定程序，遵循有关技术标准，全面、客观、及时地收集、提取电子数据；人民检察院应当围绕真实性、合法性、关联性审查判断电子数据。

依照规定程序通过网络在线提取的电子数据，可以作为证据使用。

第三十八条 公安机关办理非法集资、传销以及利用通讯工具、互联网等技术手段实施的经济犯罪案件，确因客观条件的限制无法逐一收集被害人陈述、证人证言等相关证据的，可以结合已收集的言词证据和依法收集并查证属实的物证、书证、视听资料、电子数据等实物证据，综合认定涉案人员人数和涉案资金数额等犯罪事实，做到证据确实、充分。

九《最高人民法院、最高人民检察院、公安部关于办理电信网络诈骗等刑事案件适用法律若干问题的意见》

（施行日期：2016年12月20日）

六、证据的收集和审查判断

（一）办理电信网络诈骗案件，确因被害人人数众多等客观条件的限制，无法逐一收集被害人陈述的，可以结合已收集的被害人陈述，以及经查证属实的银行账户交易记录、第三方支付结算账户交易记录、通话记录、电子数据等证据，综合认定被害人人数及诈骗资金数额等犯罪事实。

（二）公安机关采取技术侦查措施收集的案件证明材料，作为证据使用的，应当随案移送批准采取技术侦查措施的法律文书和所收集的证据材料，并对其来源等作出书面说明。

（三）依照国际条约、刑事司法协助、互助协议或平等互助原则，请求证据材料所在地司法机关收集，或通过国际警务合作机制、国际刑警组织启动合作取证程序收集的境外证据材料，经查证属实，可以作为定案的依据。公安机关应对其来源、提取人、提取时间或者提供人、提供时间以及保管移交的过程等作出说明。

对其他来自境外的证据材料，应当对其来源、提供人、提供时间以及提取人、提取时间进行审查。能够证明案件事实且符合刑事诉讼法规定的，可以作为证据使用。

十《最高人民法院、最高人民检察院、公安部关于办理刑事案件收集提取和审查判断电子数据若干问题的规定》

（施行日期：2016 年 10 月 1 日）

第一条 电子数据是案件发生过程中形成的，以数字化形式存储、处理、传输的，能够证明案件事实的数据。

电子数据包括但不限于下列信息、电子文件：

（一）网页、博客、微博客、朋友圈、贴吧、网盘等网络平台发布的信息；

（二）手机短信、电子邮件、即时通信、通讯群组等网络应用服务的通信信息；

（三）用户注册信息、身份认证信息、电子交易记录、通信记录、登录日志等信息；

（四）文档、图片、音视频、数字证书、计算机程序等电子文件。

以数字化形式记载的证人证言、被害人陈述以及犯罪嫌疑人、被告人供述和辩解等证据，不属于电子数据。确有必要的，对相关证据的收集、提取、移送、审查，可以参照适用本规定。

第二条 侦查机关应当遵守法定程序，遵循有关技术标准，全面、客观、及时地收集、提取电子数据；人民检察院、人民法院应当围绕真实性、合法性、关联性审查判断电子数据。

第三条 人民法院、人民检察院和公安机关有权依法向有关单位和个人收集、调取电子数据。有关单位和个人应当如实提供。

第四条 电子数据涉及国家秘密、商业秘密、个人隐私的，应当保密。

第五条 对作为证据使用的电子数据，应当采取以下一种或者几种方法保护电子数据的完整性：

（一）扣押、封存电子数据原始存储介质；

（二）计算电子数据完整性校验值；

（三）制作、封存电子数据备份；

（四）冻结电子数据；

（五）对收集、提取电子数据的相关活动进行录像；

（六）其他保护电子数据完整性的方法。

第六条　初查过程中收集、提取的电子数据，以及通过网络在线提取的电子数据，可以作为证据使用。

第七条　收集、提取电子数据，应当由二名以上侦查人员进行。取证方法应当符合相关技术标准。

第八条　收集、提取电子数据，能够扣押电子数据原始存储介质的，应当扣押、封存原始存储介质，并制作笔录，记录原始存储介质的封存状态。

封存电子数据原始存储介质，应当保证在不解除封存状态的情况下，无法增加、删除、修改电子数据。封存前后应当拍摄被封存原始存储介质的照片，清晰反映封口或者张贴封条处的状况。

封存手机等具有无线通信功能的存储介质，应当采取信号屏蔽、信号阻断或者切断电源等措施。

第九条　具有下列情形之一，无法扣押原始存储介质的，可以提取电子数据，但应当在笔录中注明不能扣押原始存储介质的原因、原始存储介质的存放地点或者电子数据的来源等情况，并计算电子数据的完整性校验值：

（一）原始存储介质不便封存的；

（二）提取计算机内存数据、网络传输数据等不是存储在存储介质上的电子数据的；

（三）原始存储介质位于境外的；

（四）其他无法扣押原始存储介质的情形。

对于原始存储介质位于境外或者远程计算机信息系统上的电子数据，

可以通过网络在线提取。

为进一步查明有关情况，必要时，可以对远程计算机信息系统进行网络远程勘验。进行网络远程勘验，需要采取技术侦查措施的，应当依法经过严格的批准手续。

第十条 由于客观原因无法或者不宜依据第八条、第九条的规定收集、提取电子数据的，可以采取打印、拍照或者录像等方式固定相关证据，并在笔录中说明原因。

第十一条 具有下列情形之一的，经县级以上公安机关负责人或者检察长批准，可以对电子数据进行冻结：

（一）数据量大，无法或者不便提取的；

（二）提取时间长，可能造成电子数据被篡改或者灭失的；

（三）通过网络应用可以更为直观地展示电子数据的；

（四）其他需要冻结的情形。

第十二条 冻结电子数据，应当制作协助冻结通知书，注明冻结电子数据的网络应用账号等信息，送交电子数据持有人、网络服务提供者或者有关部门协助办理。解除冻结的，应当在三日内制作协助解除冻结通知书，送交电子数据持有人、网络服务提供者或者有关部门协助办理。

冻结电子数据，应当采取以下一种或者几种方法：

（一）计算电子数据的完整性校验值；

（二）锁定网络应用账号；

（三）其他防止增加、删除、修改电子数据的措施。

第十三条 调取电子数据，应当制作调取证据通知书，注明需要调取电子数据的相关信息，通知电子数据持有人、网络服务提供者或者有关部门执行。

第十四条 收集、提取电子数据，应当制作笔录，记录案由、对象、内容、收集、提取电子数据的时间、地点、方法、过程，并附电子数据清单，注明类别、文件格式、完整性校验值等，由侦查人员、电子数据持有人（提供人）签名或者盖章；电子数据持有人（提供人）无法签名或者拒绝签名的，应当在笔录中注明，由见证人签名或者盖章。有条件的，应当对相关活动进行录像。

第十五条　收集、提取电子数据，应当根据刑事诉讼法的规定，由符合条件的人员担任见证人。由于客观原因无法由符合条件的人员担任见证人的，应当在笔录中注明情况，并对相关活动进行录像。

针对同一现场多个计算机信息系统收集、提取电子数据的，可以由一名见证人见证。

第十六条　对扣押的原始存储介质或者提取的电子数据，可以通过恢复、破解、统计、关联、比对等方式进行检查。必要时，可以进行侦查实验。

电子数据检查，应当对电子数据存储介质拆封过程进行录像，并将电子数据存储介质通过写保护设备接入到检查设备进行检查；有条件的，应当制作电子数据备份，对备份进行检查；无法使用写保护设备且无法制作备份的，应当注明原因，并对相关活动进行录像。

电子数据检查应当制作笔录，注明检查方法、过程和结果，由有关人员签名或者盖章。进行侦查实验的，应当制作侦查实验笔录，注明侦查实验的条件、经过和结果，由参加实验的人员签名或者盖章。

第十七条　对电子数据涉及的专门性问题难以确定的，由司法鉴定机构出具鉴定意见，或者由公安部指定的机构出具报告。对于人民检察院直接受理的案件，也可以由最高人民检察院指定的机构出具报告。

具体办法由公安部、最高人民检察院分别制定。

第十八条　收集、提取的原始存储介质或者电子数据，应当以封存状态随案移送，并制作电子数据的备份一并移送。

对网页、文档、图片等可以直接展示的电子数据，可以不随案移送打印件；人民法院、人民检察院因设备等条件限制无法直接展示电子数据的，侦查机关应当随案移送打印件，或者附展示工具和展示方法说明。

对冻结的电子数据，应当移送被冻结电子数据的清单，注明类别、文件格式、冻结主体、证据要点、相关网络应用账号，并附查看工具和方法的说明。

第十九条　对侵入、非法控制计算机信息系统的程序、工具以及计算机病毒等无法直接展示的电子数据，应当附电子数据属性、功能等情况的说明。

对数据统计量、数据同一性等问题，侦查机关应当出具说明。

第二十条 公安机关报请人民检察院审查批准逮捕犯罪嫌疑人，或者对侦查终结的案件移送人民检察院审查起诉的，应当将电子数据等证据一并移送人民检察院。人民检察院在审查批准逮捕和审查起诉过程中发现应当移送的电子数据没有移送或者移送的电子数据不符合相关要求的，应当通知公安机关补充移送或者进行补正。

对于提起公诉的案件，人民法院发现应当移送的电子数据没有移送或者移送的电子数据不符合相关要求的，应当通知人民检察院。

公安机关、人民检察院应当自收到通知后三日内移送电子数据或者补充有关材料。

第二十一条 控辩双方向法庭提交的电子数据需要展示的，可以根据电子数据的具体类型，借助多媒体设备出示、播放或者演示。必要时，可以聘请具有专门知识的人进行操作，并就相关技术问题作出说明。

第二十二条 对电子数据是否真实，应当着重审查以下内容：

（一）是否移送原始存储介质；在原始存储介质无法封存、不便移动时，有无说明原因，并注明收集、提取过程及原始存储介质的存放地点或者电子数据的来源等情况；

（二）电子数据是否具有数字签名、数字证书等特殊标识；

（三）电子数据的收集、提取过程是否可以重现；

（四）电子数据如有增加、删除、修改等情形的，是否附有说明；

（五）电子数据的完整性是否可以保证。

第二十三条 对电子数据是否完整，应当根据保护电子数据完整性的相应方法进行验证：

（一）审查原始存储介质的扣押、封存状态；

（二）审查电子数据的收集、提取过程，查看录像；

（三）比对电子数据完整性校验值；

（四）与备份的电子数据进行比较；

（五）审查冻结后的访问操作日志；

（六）其他方法。

第二十四条　对收集、提取电子数据是否合法，应当着重审查以下内容：

（一）收集、提取电子数据是否由二名以上侦查人员进行，取证方法是否符合相关技术标准；

（二）收集、提取电子数据，是否附有笔录、清单，并经侦查人员、电子数据持有人（提供人）、见证人签名或者盖章；没有持有人（提供人）签名或者盖章的，是否注明原因；对电子数据的类别、文件格式等是否注明清楚；

（三）是否依照有关规定由符合条件的人员担任见证人，是否对相关活动进行录像；

（四）电子数据检查是否将电子数据存储介质通过写保护设备接入到检查设备；有条件的，是否制作电子数据备份，并对备份进行检查；无法制作备份且无法使用写保护设备的，是否附有录像。

第二十五条　认定犯罪嫌疑人、被告人的网络身份与现实身份的同一性，可以通过核查相关IP地址、网络活动记录、上网终端归属、相关证人证言以及犯罪嫌疑人、被告人供述和辩解等进行综合判断。

认定犯罪嫌疑人、被告人与存储介质的关联性，可以通过核查相关证人证言以及犯罪嫌疑人、被告人供述和辩解等进行综合判断。

第二十六条　公诉人、当事人或者辩护人、诉讼代理人对电子数据鉴定意见有异议，可以申请人民法院通知鉴定人出庭作证。人民法院认为鉴定人有必要出庭的，鉴定人应当出庭作证。

经人民法院通知，鉴定人拒不出庭作证的，鉴定意见不得作为定案的根据。对没有正当理由拒不出庭作证的鉴定人，人民法院应当通报司法行政机关或者有关部门。

公诉人、当事人或者辩护人、诉讼代理人可以申请法庭通知有专门知识的人出庭，就鉴定意见提出意见。

对电子数据涉及的专门性问题的报告，参照适用前三款规定。

第二十七条 电子数据的收集、提取程序有下列瑕疵，经补正或者作出合理解释的，可以采用；不能补正或者作出合理解释的，不得作为定案的根据：

（一）未以封存状态移送的；

（二）笔录或者清单上没有侦查人员、电子数据持有人（提供人）、见证人签名或者盖章的；

（三）对电子数据的名称、类别、格式等注明不清的；

（四）有其他瑕疵的。

第二十八条 电子数据具有下列情形之一的，不得作为定案的根据：

（一）电子数据系篡改、伪造或者无法确定真伪的；

（二）电子数据有增加、删除、修改等情形，影响电子数据真实性的；

（三）其他无法保证电子数据真实性的情形。

第二十九条 本规定中下列用语的含义：

（一）存储介质，是指具备数据信息存储功能的电子设备、硬盘、光盘、优盘、记忆棒、存储卡、存储芯片等载体。

（二）完整性校验值，是指为防止电子数据被篡改或者破坏，使用散列算法等特定算法对电子数据进行计算，得出的用于校验数据完整性的数据值。

（三）网络远程勘验，是指通过网络对远程计算机信息系统实施勘验，发现、提取与犯罪有关的电子数据，记录计算机信息系统状态，判断案件性质，分析犯罪过程，确定侦查方向和范围，为侦查破案、刑事诉讼提供线索和证据的侦查活动。

（四）数字签名，是指利用特定算法对电子数据进行计算，得出的用于验证电子数据来源和完整性的数据值。

（五）数字证书，是指包含数字签名并对电子数据来源、完整性进行认证的电子文件。

（六）访问操作日志，是指为审查电子数据是否被增加、删除或者修改，由计算机信息系统自动生成的对电子数据访问、操作情况的详细记录。

十一 《最高人民法院、最高人民检察院、公安部关于办理网络犯罪案件适用刑事诉讼程序若干问题的意见》

（颁布日期：2014 年 5 月 4 日）

五、关于电子数据的取证与审查

13. 收集、提取电子数据，应当由二名以上具备相关专业知识的侦查人员进行。取证设备和过程应当符合相关技术标准，并保证所收集、提取的电子数据的完整性、客观性。

14. 收集、提取电子数据，能够获取原始存储介质的，应当封存原始存储介质，并制作笔录，记录原始存储介质的封存状态，由侦查人员、原始存储介质持有人签名或者盖章；持有人无法签名或者拒绝签名的，应当在笔录中注明，由见证人签名或者盖章。有条件的，侦查人员应当对相关活动进行录像。

15. 具有下列情形之一，无法获取原始存储介质的，可以提取电子数据，但应当在笔录中注明不能获取原始存储介质的原因、原始存储介质的存放地点等情况，并由侦查人员、电子数据持有人、提供人签名或者盖章；持有人、提供人无法签名或者拒绝签名的，应当在笔录中注明，由见证人签名或者盖章；有条件的，侦查人员应当对相关活动进行录像：

（1）原始存储介质不便封存的；

（2）提取计算机内存存储的数据、网络传输的数据等不是存储在存储介质上的电子数据的；

（3）原始存储介质位于境外的；

（4）其他无法获取原始存储介质的情形。

16. 收集、提取电子数据应当制作笔录，记录案由、对象、内容，收集、提取电子数据的时间、地点、方法、过程，电子数据的清单、规格、类别、文件格式、完整性校验值等，并由收集、提取电子数据的侦查人员签名或者盖章。远程提取电子数据的，应当说明原因，有条件的，应当对相关活动进行录像。通过数据恢复、破解等方式获取被删除、隐藏或者加密的电子数据的，应当对恢复、破解过程和方法作出说明。

17. 收集、提取的原始存储介质或者电子数据，应当以封存状态随案移送，并制作电子数据的复制件一并移送。对文档、图片、网页等可以直接展示的电子数据，可以不随案移送电子数据打印件，但应当附有展示方法说明和展示工具；人民法院、人民检察院因设备等条件限制无法直接展示电子数据的，公安机关应当随案移送打印件。

对侵入、非法控制计算机信息系统的程序、工具以及计算机病毒等无法直接展示的电子数据，应当附有电子数据属性、功能等情况的说明。

对数据统计数量、数据同一性等问题，公安机关应当出具说明。

18. 对电子数据涉及的专门性问题难以确定的，由司法鉴定机构出具鉴定意见，或者由公安部指定的机构出具检验报告。

十二 《最高人民法院、最高人民检察院、公安部关于办理非法集资刑事案件适用法律若干问题的意见》

（颁布日期：2014 年 3 月 25 日）

六、关于证据的收集问题

办理非法集资刑事案件中，确因客观条件的限制无法逐一收集集资参与人的言词证据的，可结合已收集的集资参与人的言词证据和依法收集并查证属实的书面合同、银行账户交易记录、会计凭证及会计账簿、资金收付凭证、审计报告、互联网电子数据等证据，综合认定非法集资对象人数和吸收资金数额等犯罪事实。

十三 《最高人民法院、最高人民检察院、公安部关于办理网络赌博犯罪案件适用法律若干问题的意见》

（颁布日期：2010 年 8 月 31 日）

五、关于电子证据的收集与保全

侦查机关对于能够证明赌博犯罪案件真实情况的网站页面、上网记录、电子邮件、电子合同、电子交易记录、电子账册等电子数据，应当作为刑事证据予以提取、复制、固定。

侦查人员应当对提取、复制、固定电子数据的过程制作相关文字说明，记录案由、对象、内容以及提取、复制、固定的时间、地点、方法，电子数据的规格、类别、文件格式等，并由提取、复制、固定电子数据的制作人、电子数据的持有人签名或者盖章，附所提取、复制、固定的电子数据一并随案移送。

对于电子数据存储在境外的计算机上的，或者侦查机关从赌博网站提取电子数据时犯罪嫌疑人未到案的，或者电子数据的持有人无法签字或者拒绝签字的，应当由能够证明提取、复制、固定过程的见证人签名或者盖章，记明有关情况。必要时，可对提取、复制、固定有关电子数据的过程拍照或者录像。

十四《最高人民法院、最高人民检察院、公安部、国家安全部、司法部印发〈关于办理死刑案件审查判断证据若干问题的规定〉的通知》

（施行日期：2010 年 7 月 1 日）

第二十七条　对视听资料应当着重审查以下内容：

（一）视听资料的来源是否合法，制作过程中当事人有无受到威胁、引诱等违反法律及有关规定的情形；

（二）是否载明制作人或者持有人的身份，制作的时间、地点和条件以及制作方法；

（三）是否为原件，有无复制及复制份数；调取的视听资料是复制件的，是否附有无法调取原件的原因、制作过程和原件存放地点的说明，是否有制作人和原视听资料持有人签名或者盖章；

（四）内容和制作过程是否真实，有无经过剪辑、增加、删改、编辑等伪造、变造情形；

（五）内容与案件事实有无关联性。

对视听资料有疑问的，应当进行鉴定。

对视听资料，应当结合案件其他证据，审查其真实性和关联性。

第二十八条　具有下列情形之一的视听资料，不能作为定案的根据：

（一）视听资料经审查或者鉴定无法确定真伪的；

（二）对视听资料的制作和取得的时间、地点、方式等有异议，不能作出合理解释或者提供必要证明的。

第二十九条 对于电子邮件、电子数据交换、网上聊天记录、网络博客、手机短信、电子签名、域名等电子证据，应当主要审查以下内容：

（一）该电子证据存储磁盘、存储光盘等可移动存储介质是否与打印件一并提交；

（二）是否载明该电子证据形成的时间、地点、对象、制作人、制作过程及设备情况等；

（三）制作、储存、传递、获得、收集、出示等程序和环节是否合法，取证人、制作人、持有人、见证人等是否签名或者盖章；

（四）内容是否真实，有无剪裁、拼凑、篡改、添加等伪造、变造情形；

（五）该电子证据与案件事实有无关联性。对电子证据有疑问的，应当进行鉴定。对电子证据，应当结合案件其他证据，审查其真实性和关联性。

十五《人民检察院电子证据鉴定程序规则（试行）》

（施行日期：2009年）

第一条 为规范人民检察院电子证据鉴定工作程序，根据《人民检察院鉴定机构登记管理办法》、《人民检察院鉴定人登记管理办法》和《人民检察院鉴定规则》（试行）等有关规定，结合检察机关电子证据鉴定工作实际，制定本规则。

第二条 电子证据是指由电子信息技术应用而出现的各种能够证明案件真实情况的材料及其派生物。

第三条 电子证据鉴定是人民检察院司法鉴定人根据相关的理论和方法，对诉讼活动中涉及的电子证据进行检验鉴定，并作出意见的一项专门性技术活动。

第四条 电子证据鉴定范围：

（一）电子证据数据内容一致性的认定；

（二）对各类存储介质或设备存储数据内容的认定；

（三）对各类存储介质或设备已删除数据内容的认定；

（四）加密文件数据内容的认定；

（五）计算机程序功能或系统状况的认定；

（六）电子证据的真伪及形成过程的认定；

（七）根据诉讼需要进行的关于电子证据的其他认定。

第五条 进行电子证据鉴定，委托单位应当提交以下材料：

（一）鉴定委托书；

（二）检材清单；

（三）检材及有关检材的各种记录材料（接受、收集、调取或扣押工作记录，使用和封存记录；检材是复制件的，还应有复制工作记录）；

（四）委托说明（包括检材的来源、真实完整、合法取得、固定及封存状况等）；

（五）其他所需材料。

第九条 鉴定机构决定受理，应当填写《检验鉴定委托受理登记表》，并制作《电子证据检材清单》。检材未采取封存措施或记录材料不全的应当予以注明。

第二十一条 根据鉴定要求，经检验鉴定确定的电子证据应当复制保存于安全的存储介质中。无法复制的，可通过截取屏幕图像、拍照、录像、打印等方式固定提取。

第二十二条 检验鉴定完成后，应当制作检验鉴定文书。检验鉴定文书包括鉴定书和检验报告，经检验鉴定确定的电子证据作为检验鉴定文书的附件。

十六 《最高人民法院、最高人民检察院、海关总署关于印发〈办理走私刑事案件适用法律若干问题的意见〉的通知》

（颁布日期：2002 年 7 月 8 日）

二、关于电子数据证据的收集、保全问题

走私犯罪侦查机关对于能够证明走私犯罪案件真实情况的电子邮件、电子合同、电子账册、单位内部的电子信息资料等电子数据应当作为刑事证据予以收集、保全。

侦查人员应当对提取、复制电子数据的过程制作有关文字说明，记明案由、对象、内容，提取、复制的时间、地点，电子数据的规格、类别、文件格式等，并由提取、复制电子数据的制作人、电子数据的持有人和能够证明提取、复制过程的见证人签名或者盖章，附所提取、复制的电子数据一并随案移送。

电子数据的持有人不在案或者拒绝签字的，侦查人员应当记明情况；有条件的可将提取、复制有关电子数据的过程拍照或者录像。

第三部分　部门规章类

一 《公安机关办理刑事案件程序规定》

（施行日期：2020 年 9 月 1 日）

第五十六条　可以用于证明案件事实的材料，都是证据。

证据包括：

（一）物证；

（二）书证；

（三）证人证言；

（四）被害人陈述；

（五）犯罪嫌疑人供述和辩解；

（六）鉴定意见；

（七）勘验、检查、侦查实验、搜查、查封、扣押、提取、辨认等笔录；

（八）视听资料、电子数据。

证据必须经过查证属实，才能作为认定案件事实的根据。

第五十七条　公安机关必须依照法定程序，收集能够证实犯罪嫌疑人有罪或者无罪、犯罪情节轻重的各种证据。必须保证一切与案件有关或者了解案情的公民，有客观地充分地提供证据的条件，除特殊情况外，可以吸收他们协助调查。

第五十八条　公安机关向有关单位和个人收集、调取证据时，应当告知其必须如实提供证据。

对涉及国家秘密、商业秘密、个人隐私的证据，应当保密。

对于伪造证据、隐匿证据或者毁灭证据的，应当追究其法律责任。

第五十九条　公安机关向有关单位和个人调取证据，应当经办案部门负责人批准，开具调取证据通知书。被调取单位、个人应当在通知书上盖章或者签名，拒绝盖章或者签名的，公安机关应当注明。必要时，应当采用录音或者录像等方式固定证据内容及取证过程。

第六十条　公安机关接受或者依法调取的行政机关在行政执法和查办案件过程中收集的物证、书证、视听资料、电子数据、检验报告、鉴定意见、勘验笔录、检查笔录等证据材料，可以作为证据使用。

第六十三条　物证的照片、录像或者复制品，书证的副本、复制件，视听资料、电子数据的复制件，应当附有关制作过程及原件、原物存放处的文字说明，并由制作人和物品持有人或者物品持有单位有关人员签名。

第六十六条　收集、调取电子数据，能够扣押电子数据原始存储介质的，应当扣押原始存储介质，并制作笔录、予以封存。

确因客观原因无法扣押原始存储介质的，可以现场提取或者网络在线提取电子数据。无法扣押原始存储介质，也无法现场提取或者网络在线提取的，可以采取打印、拍照或者录音录像等方式固定相关证据，并在笔录中注明原因。

收集、调取的电子数据，足以保证完整性，无删除、修改、增加等情形的，可以作为证据使用。经审查无法确定真伪，或者制作、取得的时间、地点、方式等有疑问，不能提供必要证明或者作出合理解释的，不能作为证据使用。

第六十七条　物证的照片、录像或者复制品，书证的副本、复制件，视听资料、电子数据的复制件，应当附有关制作过程及原件、原物存放处的文字说明，并由制作人和物品持有人或者物品持有单位有关人员签名。

第七十一条　采用刑讯逼供等非法方法收集的犯罪嫌疑人供述和采用暴力、威胁等非法方法收集的证人证言、被害人陈述，应当予以排除。

收集物证、书证、视听资料、电子数据违反法定程序，可能严重影响司法公正的，应当予以补正或者作出合理解释；不能补正或者作出合理解释的，对该证据应当予以排除。

在侦查阶段发现有应当排除的证据的，经县级以上公安机关负责人批准，应当依法予以排除，不得作为提请批准逮捕、移送审查起诉的依据。

人民检察院认为可能存在以非法方法收集证据情形，要求公安机关进行说明的，公安机关应当及时进行调查，并向人民检察院作出书面说明。

二 《公安机关办理刑事案件电子数据取证规则》

（施行日期：2019 年 2 月 1 日）

第一条 为规范公安机关办理刑事案件电子数据取证工作，确保电子数据取证质量，提高电子数据取证效率，根据《中华人民共和国刑事诉讼法》《公安机关办理刑事案件程序规定》等有关规定，制定本规则。

第二条 公安机关办理刑事案件应当遵守法定程序，遵循有关技术标准，全面、客观、及时地收集、提取涉案电子数据，确保电子数据的真实、完整。

第三条 电子数据取证包括但不限于：

（一）收集、提取电子数据；

（二）电子数据检查和侦查实验；

（三）电子数据检验与鉴定。

第四条 公安机关电子数据取证涉及国家秘密、警务工作秘密、商业秘密、个人隐私的，应当保密；对于获取的材料与案件无关的，应当及时退还或者销毁。

第五条 公安机关接受或者依法调取的其他国家机关在行政执法和查办案件过程中依法收集、提取的电子数据可以作为刑事案件的证据使用。

第六条 收集、提取电子数据，应当由二名以上侦查人员进行。必要时，可以指派或者聘请专业技术人员在侦查人员主持下进行收集、提取电子数据。

第七条 收集、提取电子数据，可以根据案情需要采取以下一种或者几种措施、方法：

（一）扣押、封存原始存储介质；

（二）现场提取电子数据；

（三）网络在线提取电子数据；

（四）冻结电子数据；

（五）调取电子数据。

第八条　具有下列情形之一的，可以采取打印、拍照或者录像等方式固定相关证据：

（一）无法扣押原始存储介质并且无法提取电子数据的；

（二）存在电子数据自毁功能或装置，需要及时固定相关证据的；

（三）需现场展示、查看相关电子数据的。

根据前款第二、三项的规定采取打印、拍照或者录像等方式固定相关证据后，能够扣押原始存储介质的，应当扣押原始存储介质；不能扣押原始存储介质但能够提取电子数据的，应当提取电子数据。

第九条　采取打印、拍照或者录像方式固定相关证据的，应当清晰反映电子数据的内容，并在相关笔录中注明采取打印、拍照或者录像等方式固定相关证据的原因，电子数据的存储位置、原始存储介质特征和所在位置等情况，由侦查人员、电子数据持有人（提供人）签名或者盖章；电子数据持有人（提供人）无法签名或者拒绝签名的，应当在笔录中注明，由见证人签名或者盖章。

第十条　在侦查活动中发现的可以证明犯罪嫌疑人有罪或者无罪、罪轻或者罪重的电子数据，能够扣押原始存储介质的，应当扣押、封存原始存储介质，并制作笔录，记录原始存储介质的封存状态。

勘验、检查与电子数据有关的犯罪现场时，应当按照有关规范处置相关设备，扣押、封存原始存储介质。

第十一条　对扣押的原始存储介质，应当按照以下要求封存：

（一）保证在不解除封存状态的情况下，无法使用或者启动被封存的原始存储介质，必要时，具备数据信息存储功能的电子设备和硬盘、存储卡等内部存储介质可以分别封存；

（二）封存前后应当拍摄被封存原始存储介质的照片。照片应当反映原始存储介质封存前后的状况，清晰反映封口或者张贴封条处的状况；必要时，照片还要清晰反映电子设备的内部存储介质细节；

（三）封存手机等具有无线通信功能的原始存储介质，应当采取信号屏蔽、信号阻断或者切断电源等措施。

第十二条 对扣押的原始存储介质，应当会同在场见证人和原始存储介质持有人（提供人）查点清楚，当场开列《扣押清单》一式三份，写明原始存储介质名称、编号、数量、特征及其来源等，由侦查人员、持有人（提供人）和见证人签名或者盖章，一份交给持有人（提供人），一份交给公安机关保管人员，一份附卷备查。

第十三条 对无法确定原始存储介质持有人（提供人）或者原始存储介质持有人（提供人）无法签名、盖章或者拒绝签名、盖章的，应当在有关笔录中注明，由见证人签名或者盖章。由于客观原因无法由符合条件的人员担任见证人的，应当在有关笔录中注明情况，并对扣押原始存储介质的过程全程录像。

第十四条 扣押原始存储介质，应当收集证人证言以及犯罪嫌疑人供述和辩解等与原始存储介质相关联的证据。

第十五条 扣押原始存储介质时，可以向相关人员了解、收集并在有关笔录中注明以下情况：

（一）原始存储介质及应用系统管理情况，网络拓扑与系统架构情况，是否由多人使用及管理，管理及使用人员的身份情况；

（二）原始存储介质及应用系统管理的用户名、密码情况；

（三）原始存储介质的数据备份情况，有无加密磁盘、容器，有无自毁功能，有无其它移动存储介质，是否进行过备份，备份数据的存储位置等情况；

（四）其他相关的内容。

第十六条 具有下列无法扣押原始存储介质情形之一的，可以现场提取电子数据：

（一）原始存储介质不便封存的；

（二）提取计算机内存数据、网络传输数据等不是存储在存储介质上的电子数据的；

（三）案件情况紧急，不立即提取电子数据可能会造成电子数据灭失或者其他严重后果的；

（四）关闭电子设备会导致重要信息系统停止服务的；

（五）需通过现场提取电子数据排查可疑存储介质的；

（六）正在运行的计算机信息系统功能或者应用程序关闭后，没有密码无法提取的；

（七）其他无法扣押原始存储介质的情形。

无法扣押原始存储介质的情形消失后，应当及时扣押、封存原始存储介质。

第十七条　现场提取电子数据可以采取以下措施保护相关电子设备：

（一）及时将犯罪嫌疑人或者其他相关人员与电子设备分离；

（二）在未确定是否易丢失数据的情况下，不能关闭正在运行状态的电子设备；

（三）对现场计算机信息系统可能被远程控制的，应当及时采取信号屏蔽、信号阻断、断开网络连接等措施；

（四）保护电源；

（五）有必要采取的其他保护措施。

第十八条　现场提取电子数据，应当遵守以下规定：

（一）不得将提取的数据存储在原始存储介质中；

（二）不得在目标系统中安装新的应用程序。如果因为特殊原因，需要在目标系统中安装新的应用程序的，应当在笔录中记录所安装的程序及目的；

（三）应当在有关笔录中详细、准确记录实施的操作。

第十九条　现场提取电子数据，应当制作《电子数据现场提取笔录》，注明电子数据的来源、事由和目的、对象、提取电子数据的时间、地点、方法、过程、不能扣押原始存储介质的原因、原始存储介质的存放地点，并附《电子数据提取固定清单》，注明类别、文件格式、完整性校验值等，由侦查人员、电子数据持有人（提供人）签名或者盖章；电子数据持有人

(提供人) 无法签名或者拒绝签名的，应当在笔录中注明，由见证人签名或者盖章。

第二十条　对提取的电子数据可以进行数据压缩，并在笔录中注明相应的方法和压缩后文件的完整性校验值。

第二十一条　由于客观原因无法由符合条件的人员担任见证人的，应当在《电子数据现场提取笔录》中注明情况，并全程录像，对录像文件应当计算完整性校验值并记入笔录。

第二十二条　对无法扣押的原始存储介质且无法一次性完成电子数据提取的，经登记、拍照或者录像后，可以封存后交其持有人（提供人）保管，并且开具《登记保存清单》一式两份，由侦查人员、持有人（提供人）和见证人签名或者盖章，一份交给持有人（提供人），另一份连同照片或者录像资料附卷备查。

持有人（提供人）应当妥善保管，不得转移、变卖、毁损，不得解除封存状态，不得未经办案部门批准接入网络，不得对其中可能用作证据的电子数据增加、删除、修改。必要时，应当保持计算机信息系统处于开机状态。

对登记保存的原始存储介质，应当在七日以内作出处理决定，逾期不作出处理决定的，视为自动解除。经查明确实与案件无关的，应当在三日以内解除。

第二十三条　对公开发布的电子数据、境内远程计算机信息系统上的电子数据，可以通过网络在线提取。

第二十四条　网络在线提取应当计算电子数据的完整性校验值；必要时，可以提取有关电子签名认证证书、数字签名、注册信息等关联性信息。

第二十五条　网络在线提取时，对可能无法重复提取或者可能会出现变化的电子数据，应当采用录像、拍照、截获计算机屏幕内容等方式记录以下信息：

（一）远程计算机信息系统的访问方式；

（二）提取的日期和时间；

（三）提取使用的工具和方法；

（四）电子数据的网络地址、存储路径或者数据提取时的进入步骤等；

（五）计算完整性校验值的过程和结果。

第二十六条 网络在线提取电子数据应当在有关笔录中注明电子数据的来源、事由和目的、对象，提取电子数据的时间、地点、方法、过程，不能扣押原始存储介质的原因，并附《电子数据提取固定清单》，注明类别、文件格式、完整性校验值等，由侦查人员签名或者盖章。

第二十七条 网络在线提取时需要进一步查明下列情形之一的，应当对远程计算机信息系统进行网络远程勘验：

（一）需要分析、判断提取的电子数据范围的；

（二）需要展示或者描述电子数据内容或者状态的；

（三）需要在远程计算机信息系统中安装新的应用程序的；

（四）需要通过勘验行为让远程计算机信息系统生成新的除正常运行数据外电子数据的；

（五）需要收集远程计算机信息系统状态信息、系统架构、内部系统关系、文件目录结构、系统工作方式等电子数据相关信息的；

（六）其他网络在线提取时需要进一步查明有关情况的情形。

第二十八条 网络远程勘验由办理案件的县级公安机关负责。上级公安机关对下级公安机关刑事案件网络远程勘验提供技术支援。对于案情重大、现场复杂的案件，上级公安机关认为有必要时，可以直接组织指挥网络远程勘验。

第二十九条 网络远程勘验应当统一指挥，周密组织，明确分工，落实责任。

第三十条 网络远程勘验应当由符合条件的人员作为见证人。由于客观原因无法由符合条件的人员担任见证人的，应当在《远程勘验笔录》中注明情况，并按照本规则第二十五条的规定录像，录像可以采用屏幕录像或者录像机录像等方式，录像文件应当计算完整性校验值并记入笔录。

第三十一条 远程勘验结束后，应当及时制作《远程勘验笔录》，详细记录远程勘验有关情况以及勘验照片、截获的屏幕截图等内容。由侦查人员和见证人签名或者盖章。

远程勘验并且提取电子数据的，应当按照本规则第二十六条的规定，在《远程勘验笔录》注明有关情况，并附《电子数据提取固定清单》。

第三十二条 《远程勘验笔录》应当客观、全面、详细、准确、规范，能够作为还原远程计算机信息系统原始情况的依据，符合法定的证据要求。

对计算机信息系统进行多次远程勘验的，在制作首次《远程勘验笔录》后，逐次制作补充《远程勘验笔录》。

第三十三条 网络在线提取或者网络远程勘验时，应当使用电子数据持有人、网络服务提供者提供的用户名、密码等远程计算机信息系统访问权限。

采用技术侦查措施收集电子数据的，应当严格依照有关规定办理批准手续。收集的电子数据在诉讼中作为证据使用时，应当依照刑事诉讼法第一百五十四条规定执行。

第三十四条 对以下犯罪案件，网络在线提取、远程勘验过程应当全程同步录像：

（一）严重危害国家安全、公共安全的案件；

（二）电子数据是罪与非罪、是否判处无期徒刑、死刑等定罪量刑关键证据的案件；

（三）社会影响较大的案件；

（四）犯罪嫌疑人可能被判处五年有期徒刑以上刑罚的案件；

（五）其他需要全程同步录像的重大案件。

第三十五条 网络在线提取、远程勘验使用代理服务器、点对点传输软件、下载加速软件等网络工具的，应当在《网络在线提取笔录》或者《远程勘验笔录》中注明采用的相关软件名称和版本号。

第三十六条 具有下列情形之一的，可以对电子数据进行冻结：

（一）数据量大，无法或者不便提取的；

（二）提取时间长，可能造成电子数据被篡改或者灭失的；

（三）通过网络应用可以更为直观地展示电子数据的；

（四）其他需要冻结的情形。

第三十七条 冻结电子数据，应当经县级以上公安机关负责人批准，制作《协助冻结电子数据通知书》，注明冻结电子数据的网络应用账号等信息，送交电子数据持有人、网络服务提供者或者有关部门协助办理。

第三十八条 不需要继续冻结电子数据时，应当经县级以上公安机关负责人批准，在三日以内制作《解除冻结电子数据通知书》，通知电子数据持有人、网络服务提供者或者有关部门执行。

第三十九条 冻结电子数据的期限为六个月。有特殊原因需要延长期限的，公安机关应当在冻结期限届满前办理继续冻结手续。每次续冻期限最长不得超过六个月。继续冻结的，应当按照本规则第三十七条的规定重新办理冻结手续。逾期不办理继续冻结手续的，视为自动解除。

第四十条 冻结电子数据，应当采取以下一种或者几种方法：

（一）计算电子数据的完整性校验值；

（二）锁定网络应用账号；

（三）采取写保护措施；

（四）其他防止增加、删除、修改电子数据的措施。

第四十一条 公安机关向有关单位和个人调取电子数据，应当经办案部门负责人批准，开具《调取证据通知书》，注明需要调取电子数据的相关信息，通知电子数据持有人、网络服务提供者或者有关部门执行。被调取单位、个人应当在通知书回执上签名或者盖章，并附完整性校验值等保护电子数据完整性方法的说明，被调取单位、个人拒绝盖章、签名或者附说明的，公安机关应当注明。必要时，应当采用录音或者录像等方式固定证据内容及取证过程。

公安机关应当协助因客观条件限制无法保护电子数据完整性的被调取单位、个人进行电子数据完整性的保护。

第四十二条 公安机关跨地域调查取证的，可以将《办案协作函》和相关法律文书及凭证传真或者通过公安机关信息化系统传输至协作地公安机关。协作地办案部门经审查确认后，在传来的法律文书上加盖本地办案部门印章后，代为调查取证。

协作地办案部门代为调查取证后，可以将相关法律文书回执或者笔录邮寄至办案地公安机关，将电子数据或者电子数据的获取、查看工具和方法说明通过公安机关信息化系统传输至办案地公安机关。

办案地公安机关应当审查调取电子数据的完整性，对保证电子数据的完整性有疑问的，协作地办案部门应当重新代为调取。

第四十三条 对扣押的原始存储介质或者提取的电子数据，需要通过数据恢复、破解、搜索、仿真、关联、统计、比对等方式，以进一步发现和提取与案件相关的线索和证据时，可以进行电子数据检查。

第四十四条 电子数据检查，应当由二名以上具有专业技术的侦查人员进行。必要时，可以指派或者聘请有专门知识的人参加。

第四十五条 电子数据检查应当符合相关技术标准。

第四十六条 电子数据检查应当保护在公安机关内部移交过程中电子数据的完整性。移交时，应当办理移交手续，并按照以下方式核对电子数据：

（一）核对其完整性校验值是否正确；

（二）核对封存的照片与当前封存的状态是否一致。

对于移交时电子数据完整性校验值不正确、原始存储介质封存状态不一致或者未封存可能影响证据真实性、完整性的，检查人员应当在有关笔录中注明。

第四十七条 检查电子数据应当遵循以下原则：

（一）通过写保护设备接入到检查设备进行检查，或者制作电子数据备份、对备份进行检查；

（二）无法使用写保护设备且无法制作备份的，应当注明原因，并全程录像；

（三）检查前解除封存、检查后重新封存前后应当拍摄被封存原始存储介质的照片，清晰反映封口或者张贴封条处的状况；

（四）检查具有无线通信功能的原始存储介质，应当采取信号屏蔽、信号阻断或者切断电源等措施保护电子数据的完整性。

第四十八条 检查电子数据，应当制作《电子数据检查笔录》，记录以下内容：

（一）基本情况。包括检查的起止时间，指挥人员、检查人员的姓名、职务，检查的对象，检查的目的等；

（二）检查过程。包括检查过程使用的工具，检查的方法与步骤等；

（三）检查结果。包括通过检查发现的案件线索、电子数据等相关信息。

（四）其他需要记录的内容。

第四十九条　电子数据检查时需要提取电子数据的，应当制作《电子数据提取固定清单》，记录该电子数据的来源、提取方法和完整性校验值。

第五十条　为了查明案情，必要时，经县级以上公安机关负责人批准可以进行电子数据侦查实验。

第五十一条　电子数据侦查实验的任务包括：

（一）验证一定条件下电子设备发生的某种异常或者电子数据发生的某种变化；

（二）验证在一定时间内能否完成对电子数据的某种操作行为；

（三）验证在某种条件下使用特定软件、硬件能否完成某种特定行为、造成特定后果；

（四）确定一定条件下某种计算机信息系统应用或者网络行为能否修改、删除特定的电子数据；

（五）其他需要验证的情况。

第五十二条　电子数据侦查实验应当符合以下要求：

（一）应当采取技术措施保护原始存储介质数据的完整性；

（二）有条件的，电子数据侦查实验应当进行二次以上；

（三）侦查实验使用的电子设备、网络环境等应当与发案现场一致或者基本一致；必要时，可以采用相关技术方法对相关环境进行模拟或者进行对照实验；

（四）禁止可能泄露公民信息或者影响非实验环境计算机信息系统正常运行的行为。

第五十三条　进行电子数据侦查实验，应当使用拍照、录像、录音、通信数据采集等一种或多种方式客观记录实验过程。

第五十四条 进行电子数据侦查实验，应当制作《电子数据侦查实验笔录》，记录侦查实验的条件、过程和结果，并由参加侦查实验的人员签名或者盖章。

第五十五条 为了查明案情，解决案件中某些专门性问题，应当指派、聘请有专门知识的人进行鉴定，或者委托公安部指定的机构出具报告。

需要聘请有专门知识的人进行鉴定，或者委托公安部指定的机构出具报告的，应当经县级以上公安机关负责人批准。

第五十六条 侦查人员送检时，应当封存原始存储介质、采取相应措施保护电子数据完整性，并提供必要的案件相关信息。

第五十七条 公安部指定的机构及其承担检验工作的人员应当独立开展业务并承担相应责任，不受其他机构和个人影响。

第五十八条 公安部指定的机构应当按照法律规定和司法审判机关要求承担回避、保密、出庭作证等义务，并对报告的真实性、合法性负责。

公安部指定的机构应当运用科学方法进行检验、检测，并出具报告。

第五十九条 公安部指定的机构应当具备必需的仪器、设备并且依法通过资质认定或者实验室认可。

第六十条 委托公安部指定的机构出具报告的其他事宜，参照《公安机关鉴定规则》等有关规定执行。

三 《公安机关鉴定规则》

（颁布/施行日期：2017 年 2 月 16 日）

第二条 本规则所称的鉴定，是指为解决案（事）件调查和诉讼活动中某些专门性问题，公安机关鉴定机构的鉴定人运用自然科学和社会科学的理论成果与技术方法，对人身、尸体、生物检材、痕迹、文件、视听资料、电子数据及其它相关物品、物质等进行检验、鉴别、分析、判断，并出具鉴定意见或检验结果的科学实证活动。

第十六条 公安机关办案部门对与案（事）件有关需要检验鉴定的人

身、尸体、生物检材、痕迹、文件、视听资料、电子数据及其它相关物品、物质等，应当及时委托鉴定。

四 《公安机关执法细则》

（颁布日期：2016年7月5日）

7-01. 一般规定

计算机犯罪现场勘验与电子证据检查，依照本章规定执行，本章没有规定的，依照本细则第六章规定执行。

7-02. 勘验、检查的机构和人员

计算机犯罪现场勘验与电子证据检查，应当由县级以上公安机关网络安全保卫部门负责组织实施。必要时，可以指派或者聘请具有专门知识的人参加。

7-03. 电子证据的固定与封存

1. 固定和封存的目的。固定和封存电子证据的目的是保护电子证据的完整性、真实性和原始性。

作为证据使用的存储媒介、电子设备和电子数据应当在现场固定或封存。

2. 封存的方法。封存电子设备和存储媒介的方法是：

（1）采用的封存方法应当保证在不解除封存状态的情况下，无法使用被封存的存储媒介和启动被封存电子设备。

（2）封存前后应当拍摄被封存电子设备和存储媒介的照片并制作《封存电子证据清单》，照片应当从各个角度反映设备封存前后的状况，清晰反映封口或张贴封条处的状况。

3. 固定的方式。固定存储媒介和电子数据包括以下方式：

（1）完整性校验方式。是指计算电子数据和存储媒介的完整性校验值，并制作、填写《固定电子证据清单》；

（2）备份方式。是指复制、制作原始存储媒介的备份，并依照本条第2款规定的方法封存原始存储媒介；

（3）封存方式。对于无法计算存储媒介完整性校验值或制作备份的情形，应当依照本条第 2 款规定的方法封存原始存储媒介，并在《现场勘验检查笔录》上注明不计算完整性校验值或制作备份的理由。

7-04. 现场勘验检查

1. 现场勘验检查程序。现场勘验检查是指在犯罪现场实施勘验，以提取、固定现场存留的与犯罪有关的电子证据和其他相关证据。

现场勘验检查程序包括：

（1）保护现场；

（2）收集证据；

（3）提取、固定易丢失数据；

（4）在线分析；

（5）提取、固定证物。

2. 录像。对现场状况以及提取数据、封存物品文件的过程，在线分析的关键步骤应当录像，录像带应当编号封存。

3. 照相。在现场拍摄的照片应当统一编号制作《勘验检查照片记录表》。

4. 制作《固定电子证据清单》。在现场提取的易丢失数据以及现场在线分析时生成和提取的电子数据，应当计算其完整性校验值并制作、填写《固定电子证据清单》，以保证其完整性和真实性。

5. 在线分析。在线分析是指在现场不关闭电子设备的情况下直接分析和提取电子系统中的数据。除以下情形外，一般不得实施在线分析：

（1）案件情况紧急，在现场不实施在线分析可能会造成严重后果的；

（2）情况特殊，不允许关闭电子设备或扣押电子设备的；

（3）在线分析不会损害目标设备中重要电子数据的完整性、真实性的。重要电子数据是指可能作为证据的电子数据。

6. 易丢失数据提取和在线分析。易丢失数据提取和在线分析，应当遵循以下原则：

（1）不得将生成、提取的数据存储在原始存储媒介中。

（2）不得在目标系统中安装新的应用程序。如果因为特殊原因，需要在目标系统中安装新的应用程序的，应当在《现场勘验检查笔录》中记录所安装的程序及其目的。

（3）应当在《现场勘验检查笔录》中详细、准确记录实施的操作以及对目标系统可能造成的影响。

7. 制作《现场勘验检查工作记录》。现场勘验检查结束后，应当及时制作《现场勘验检查工作记录》。《现场勘验检查工作记录》由《现场勘验检查笔录》、《固定电子证据清单》、《封存电子证据清单》和《勘验检查照片记录表》等内容组成。

《现场勘验检查笔录》的内容一般包括：

（1）基本情况。包括勘验检查的地点，起止时间，指挥人员、勘查人员的姓名、职务，见证人的姓名、住址等；

（2）现场情形。包括现场的设备环境、网络结构、运行状态等；

（3）勘查过程。包括勘查的基本情况，易丢失证据提取的过程、产生的数据，在线勘验、检查过程中实施的操作、对数据可能产生的影响、提取的数据，封存物品、固定证据的有关情况等；

（4）勘查结果。包括提取物证的有关情况、勘查形成的结论以及发现的案件线索等。

《勘验检查照片记录表》应当记录该照片拍摄的内容、对象，并编号入卷。

拍摄的照片可以是数码照片或者光学照片。

7-05. 远程勘验

1. 远程勘验的目的。远程勘验的目的是通过网络对远程目标系统实施勘验，以提取、固定远程目标系统的状态和存留的电子数据。

2. 远程勘验方法。远程勘验过程中提取的目标系统状态信息、目标网站内容以及勘验过程中生成的其他电子数据，应当计算其完整性校验值并制作《固定电子证据清单》。

3. 记录关键步骤。应当采用录像、照相、截获计算机屏幕内容等方式记录远程勘验过程中提取、生成电子证据等关键步骤。

4. 制作《远程勘验工作记录》。远程勘验结束后，应当及时制作《远程勘验工作记录》。《远程勘验工作记录》由《远程勘验笔录》、《固定电子证据清单》、《勘验检查照片记录表》以及截获的屏幕截图等内容组成。

《远程勘验笔录》的内容一般包括：

（1）基本情况。包括勘验的起止时间，指挥人员、勘验人员的姓名、职务，勘验的对象，勘验的目的等；

（2）勘验过程。包括勘验使用的工具，勘验的方法与步骤，提取和固定数据的方法等；

（3）勘验结果。包括通过勘验发现的案件线索，目标系统的状况，目标网站的内容等。

7-06. 电子证据检查

1. 电子证据检查的目的。电子证据检查的目的是检查已扣押、封存、固定的电子证据，以发现和提取与案件相关的线索和证据。

2. 电子证据检查的方法。侦查人员将电子证据移交给检查人员时应同时提供《固定电子证据清单》和《封存电子证据清单》的复印件，检查人员应当依照以下原则检查电子证据的完整性：

（1）对于以完整性校验方式保护的电子数据，检查人员应当核对其完整性校验值是否正确；

（2）对于以封存方式保护的电子设备或存储媒介，检查人员应当比对封存的照片与当前封存的状态是否一致；

（3）存储媒介完整性校验值不正确、封存状态不一致或未封存的，检查人员应当在《电子证据检查笔录》中注明，并由送检人签名。

3. 电子证据检查的内容。电子证据检查包括：

（1）检查、分析电子证据中包含的电子数据，提取与案件相关的电子证据；

（2）检查、分析电子证据中包含的电子数据，制作《电子证据检查笔录》描述检查结论。

从电子证据中提取电子数据，应当制作《提取电子数据清单》，记录该电子数据的来源和提取方法。

4. 电子证据检查的对象。

（1）复制、制作原始存储媒介的备份应当遵循以下原则：

①复制并重新封存原始存储媒介；

②对解除封存状态、开始复制、复制结束、重新封存等关键步骤应当录像记录检查人员实施的操作；

③复制完成后，应当依照本章第 7-03 条第 2 款规定重新封存原始存储媒介，并制作、填写《封存电子证据清单》。

（2）除下列情形外，不得直接检查原始存储媒介，应当制作、复制原始存储媒介的备份，并在备份存储媒介上实施检查：

①情况紧急的重大案件，不立即检查可能延误案件的侦查工作，导致严重后果的；

②已计算存储媒介的完整性校验值，检查过程能够保证不修改原始存储媒介所存储的数据的；

③因技术条件限制，无法复制原始存储媒介的。

（3）检查原始电子设备，或者因前项描述的原因，需要直接检查原始存储媒介的，应当遵循以下原则：

①对解除封存状态、检查过程的关键操作、重新封存等重要步骤应当录像；

②检查完毕后应当依照本章第 7-03 条第 2 款规定重新封存原始存储媒介和原始电子设备，并制作、填写《封存电子证据清单》；

③应当制作《原始证据使用记录》，记录直接检查原始证据的原因和目的、实施的操作、对原始存储媒介和原始电子设备中存储的信息可能产生的影响，并由两名检查人员签名。

5. 制作《电子证据检查工作记录》。电子证据检查结束后，应当及时制作《电子证据检查工作记录》。《电子证据检查工作记录》由《电子证据检查笔录》、《提取电子数据清单》、《封存电子证据清单》和《原始证据使用记录》等内容构成。

《电子证据检查笔录》的内容一般包括：

（1）基本情况。包括检查的起止时间，指挥人员、勘验人员的姓名、职务，检查的对象，检查的目的等；

（2）检查过程。包括检查过程使用的工具，检查的方法与步骤，提取数据的方法等；

（3）检查结果。包括通过检查发现的案件线索，提取的信息内容等。

五 《公安机关刑事案件现场勘验检查规则》

（颁布/施行日期：2015 年 10 月 22 日）

第三十二条 勘验、检查人员应当及时采集并记录现场周边的视频信息、基站信息、地理信息及电子信息等相关信息。勘验、检查与电子数据有关的犯罪现场时，应当按照有关规范处置相关设备，保护电子数据和其他痕迹、物证。